江戸の野菜

消えた三河島菜を求めて

野村圭佑

【付】明治の野菜資料『穀菜弁覧 初篇』

はじめに

スーパーや八百屋の店先には、いつでも色鮮やかな野菜があふれている。もはや消費者は、冬場に青菜が食べられないなどといった、季節による野菜の種類の偏りから起こるビタミン不足などに、気を遣う心配もない（もっとも、近頃では、各種栄養素の不足は、コンビニエンス・ストアーなどで手軽に購入できる栄養補助食品で補うのが流行らしいが）。しかし、店頭をよく見ると、どの野菜もごくわずかの品種しか流通しておらず、さらには一年を通して同じ野菜が並ぶため、季節の移り変わりも感じられないので、逆に少々さびしい気もする。

かつては、各地で地域の特徴を活かした、季節ごとに出回る野菜作りが行なわれ、名産品が作られていた。江戸にも特に知られた菜があった。私の育った東京都荒川区の「三河島《みかわしま》の菜っぱ」もそんな野菜のひとつであった。それは、「三河島菜《みかわしまな》」とも呼ばれ、昭和初期まで優秀な漬け菜とされていたが、今では絶滅したらしい。

なぜ三河島菜は絶滅したのか。それを知るには「菜っぱ」とは一体どのような野菜なのか、その性質やそれを育てた風土、栽培地域の伝統や文化を知らねばならない。また、時代による食生活の変化と菜っぱ以外の野菜の移り変わりの関係についても探る必要がありそうだ。

三河島菜を調べるうちに、江戸で栽培された野菜の多くは、川との関係が深いことが分かってきた。野菜ばかりではなく、そもそも江戸という特殊な政治・軍事都市が維持されるためには、川が重要な役割を果たしていた。そのため周辺地域は、さまざまな犠牲を強いられて、災害から自らを守るための工夫をしてきた。人々は、そうした地域独特の風景のなかで特産品を作り出した。

三河島菜は、一地域の産物ではあるが、それを調べることは、野菜の栽培、流通、販売、都市と農村との間のリサイクルの関係、舟運、品種改良、飢饉や野草の利用まで、当時の生活の一端を知ることにつながるのではないだろうか。

明治になると、政府は、外国から野菜を積極的に導入する。そして、品種改良や普及のため、外国からの導入種や在来種の種子の配布を行なった。その様子が見られる一例として、巻末に全文を掲載した『穀菜弁覧　初篇』がある。コマツナや亀戸大根とともに三河島菜もこれに含まれていて、三河島菜を有望視して全国に普及させようとしたことが分かる。

現在では、東京の荒川や隅田川に沿った地域は市街地となり、わずかにコマツナや亀戸大根をのぞいては、野菜は栽培されていない。しかし、江戸の野菜を振り返ることは、単に昔を懐かしむだけではなく、地域の歴史と文化の伝承を振り返ることにもつながる。日本全国に各地域独特の野菜は数多くあったはずである。最近では、地域独特の野菜を見直す農家や消費者の動きもある。また、野菜作りを趣味として行なう人も増えている。そうした時に、その地域の歴史や自然環境に育まれてきた野菜を見直し、できれば栽培して、それを使った郷土料理を作ることは、楽しく、意味のあることではないだろうか。

また、ふだん自分の住む地域の地形の特徴などに関心が少ない都市住民にとっては、それらを再認識することとなり、ひいてはよその物まねではない街づくりをし、川の持つ気候緩和の機能や、川を活かした都市における自然再生への方向を考えることにもつながらないであろうか。そんな思いから本書を書こうと思い立った。

それぞれの専門家の目から見れば、しろうとの見当はずれで噴飯ものの珍説もあろうかと思うが、読者の皆様のご海容とご教示をお願いする次第である。

江戸の野菜◎目次

目次

第三部　野菜の改良と広がり

第一部

江戸の野菜とその産地

かつて江戸・東京で有名な漬け菜があった。それは「三河島菜」とも呼ばれ、落語の「まくら」にもしばしば登場して、庶民に親しまれていた。例えば、昭和の大名人と謳われる六代目三遊亭圓生の「蕎麦の殿様」では、三河島産の菜が次のように語られている。


「これはせんだって食した香の物とおなじであるか」と、大名が家来に問う。

「は」

「おなじ品でありながら、今日のはちと味が悪いようにこころえるが、いかがいたしたものじゃ」

「先日召し上がりましたる品は、三河島から取り寄せましてござりまする」

「なんじゃ、三河島というのは」

「これは地名にござりまして、菜の本場といたしておりますところ、下肥をかけましたるゆえ、葉も軟らかく、味わいもよろしうございますが、今日のは、お下屋敷で製しましたる品で、肥料に干鰯《ほしか》をかけましたものにて、ちと味がおとるかと存じられまする」

「うんうんさようか、しからば菜というものは下肥をかけると味わいがよろしくなるものか」

「御意にござります」

「くるしうない。少々これへかけてまいれ」


〔『圓生全集』第一巻「蕎麦の殿様」青蛙房〕

このように名の知れた三河島菜ではあったが、最近では、三河島の地名そのものがなくなり、下肥も農村で使われなくなって久しく、分からない人が多くなったため、この「まくら」も演じられることがほとんどなくなったようである。

また、近年出版された野菜関係の本を開いてみても、三河島菜についての記述はほとんどない。いったいそれはどんな菜で、野菜の中でどのように評価されていたのか、そして、なぜ消えてしまったのか……。どうしても知りたくて長年調べてきた。すると、その菜や多くの野菜を通じて、江戸・東京の食生活の一端が見えるように思えてきた。

江戸にはどんな野菜があったのか、また、人々はそれをどのように料理して食べていたのであろうか。三河島菜のことを述べる前に、まずはそれ以外の野菜について見ていくことにしよう。

第一章では江戸庶民の遊び心が生みだした、種々の「見立番付《みたてばんづけ》」を読み解き、そこから浮かびあがる野菜の姿に注目した。続く第二章では江戸時代の自然誌ともいえる第一級の資料、岩崎常正《いわさきつねまさ》の『武江産物志《ぶこうさんぶつし》』に記された野菜を取りあげて、産地との関係などにも言及しつつ、解説を試みた。

なお、各項目の小見出しは、見立番付や『武江産物志』の原文に従った。そのため、古い字体や振り仮名が読みにくい場合もあるので、解説文中では野菜の名を改めて書き出した。また、野菜名には植物分類上、大変重要な「科名」も書き添えた。煩わしく感じられる向きもあるかもしれないが、野菜もまた植物であることを再認識していただければ幸いである。

第一章　見立番付に見る江戸の料理と野菜

江戸の野菜には、どんな種類や品種があったのか。なかには地域特産の野菜もあったはずである。植物としての江戸の野菜を知るためには、それなりの専門の資料があるだろう。しかし、視点を変えて料理や生活などの側面から、江戸の野菜を知ることはできないだろうか。例えば、『守貞謾稿《もりさだまんこう》』（喜田川守貞著、嘉永六・一八五三年頃完成）は、京都・大坂と江戸での商売や風俗について書いたものだが、さまざまな食べ物を売り歩く「振り売り」の姿や各種の料理なども記録している。また、料理の本がある。江戸時代には『豆腐百珍』（天明二・一七八二年刊）をはじめとする多くの料理本が出版されている。浮世絵や絵画、『江戸名所図会』（斎藤月岑《げっしん》他著、天保七・一八三六年刊）など書物の挿絵の中にも、野菜や果物が描かれたものがある。

変わったものには、「見立番付《みたてばんづけ》」がある。江戸時代には、うなぎ屋やその他の料理茶屋（飲食店）から各地の名物、ツバキやアサガオの花の品種にいたるまで、いろいろなものを集めてランク付けし、相撲の番付に似せて一覧表に印刷することが流行《はや》った。これを「見立番付」と呼ぶ。そのなかにも、江戸の野菜や料理をかいま見ることができる。

ただ残念なことに、洒落や遊び心からの見立番付には、幕府から叱りを受けるような内容でなくても、発行年月日も発行者も書かれていないものが多い。その点が資料とするには、やや難点ではあるのだが。

1 おかずの番付

『日々徳用倹約料理角力取組《ひびとくようけんやくりょうりすもうとりくみ》』というおかずを集めた「見立番付」がある。この番付には例によって発行場所も年月日も書かれていない。内容から判断して、江戸で出版されたもので、時代は小松菜という名称が出てくることから江戸後期（幕末）のものではないかと思われる。

「為御菜《おさいのため》」と大きく中央の上にあり、「毎年毎日於テ　世界台所　晴雨共三百六十日之間取行《とりおこなう》」として、さまざまな日常的なおかずを、左に魚類方、右に精進方と分けてある。

行司として、沢庵漬《たくあんづけ》、ぬかみそ漬、大坂漬（ダイコンと青シソの塩漬）、ナスビ漬、茎菜漬（ダイコンの葉の漬け物）、梅干し、寺納豆（蒸しダイズにムギこがしと麹を加えて発酵後、干した納豆）、かくや古漬（古漬を塩出しして醤油で味付けしたもの）、みそ漬、ラッキョウ漬、カラシ漬、ほそね漬（細根ダイコンの漬け物）（210頁「細根ダイコン」参照）、奈良漬が書かれている。

世話役には、でんぶ（魚肉の加工品）、ひしお（醤。味噌醤油の原型、また塩辛も指す）、ざぜん豆（黒

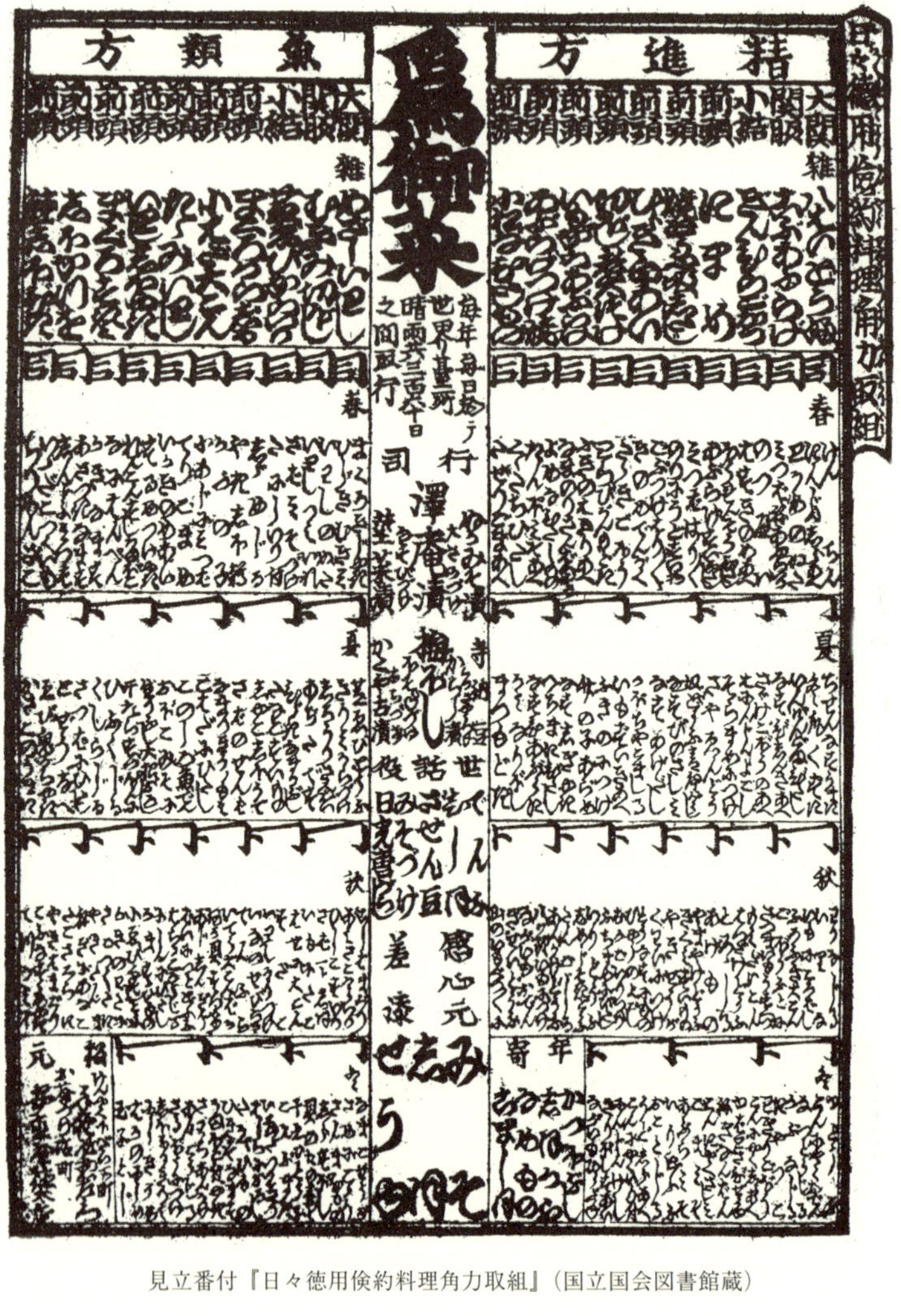

見立番付『日々徳用倹約料理角力取組』（国立国会図書館蔵）

豆を甘く煮たもの）、みそ漬、日光唐辛子。感心元（勧進元）と差添（勧進元の補助者）には、みそ、しお、しょうゆ。年寄には、かつおぶし、しおから、なめもの（なめ味噌やノリの佃煮など）、ゴマ塩が書き上げられている。

番付の左隅の版元（発行者）の欄には、「けんやくほだい所町　ね段屋安右衛門　お茶づけ塩町　安売屋徳太郎」とあり、「けんやくほだい所町」は倹約放題と台所とをかけて洒落ている。

つぎに、当時の野菜とその料理を知るために、文字を多少改めて、野菜料理の「精進方」の全文と「魚類方」の野菜に関する部分を書き出し、注釈を付けてみた。読み取れなかった字もあり、間違いもあるかもしれないが、ざっと見ていただきたい。

精進方

大関　雑　八はいどうふ　八杯豆腐。『守貞謾稿』には、豆腐を細長く棒状に切った絵があり「この如く細く刻むを、八杯という、鰹節、醤油汁に加えて食す、これにも紫海苔を用う」とある。『豆腐百珍』には、「真の八杯とうふ」として、「きぬごしのすくい豆腐を用い、水六杯、酒一杯で煮た後、醤油一杯を入れ煮るべし」とあり、一口に八杯豆腐といっても、その内容はいろいろあったらしい

関脇　こぶあぶらげ　コブとあぶら揚げの煮物

小結　きんぴらごぼう　キンピラゴボウ

前頭　にまめ　煮豆

前頭　焼きとうふ吸したじ　焼き豆腐のすまし汁。吸したじとはすまし汁のこと

前頭　ひじき白あい　ヒジキの白和え。白和えは白ゴマと豆腐をすり混ぜて砂糖、白味噌、酢、塩などで味付けしたもの。

前頭　切ぼし煮つけ　切干しダイコンの煮つけ

前頭　いもがらあぶらげ　サトイモの葉柄の干したもの（ズイキとあぶら揚げの煮物

前頭　あぶらげつけ焼　あぶら揚げのつけ焼き

前頭　小松なひたしもの　コマツナの浸し物、おしたしのこと

同　春　けんちん　くずした豆腐と切った野菜を油で炒めて実としたすまし汁

同　にんじん志らあへ　ニンジンの白和え

同　わかめのぬた　ぬたとは酢味噌で和えた料理、ワカメは春の季語

同　みつばねあぶらいり　根ミツバの油煎り、油炒め

同　のっぺい　あぶら揚げや種々の野菜を入れた汁

同　はすきのめあへ　レンコンの木の芽和え。木の芽はサンショウの芽。

同　ほうれんそうひたし　ホウレンソウの浸し

同　あぶらげ吸いしたし　あぶら揚げのすまし汁

同　みつばはりはり　ミツバとはりはり漬けか?、はりはりは干しダイコンの漬け物

同　のりにうどすい物　ノリとウドの吸い物

同　ごぶつけはりはり　五分漬け。五分（約一・五センチメートル）の長さに切った干しダイコンを、醤油、みりん、砂糖などで漬けたもの

同　きのめでんがく　サンショウの芽を味噌と混ぜ、豆腐にぬって焼いたもの

同　たたきごぼう　ゆでたゴボウを叩いてから味付けしたもの

同　わらびがんもどき　ワラビとがんもどきの煮物

同　ふきのはきりあへ　フキの葉を刻んだ和え物？

同　なまのりさんばいす　生ノリ三杯酢。品川辺では干しノリの他に、生のままでも売った。42頁参照

同　よめなひたしもの　カントウヨメナの浸し

同　たんぽみそあへ　タンポポの味噌和え、当然カントウタンポポである

同　くくたちひたし　ククタチ（ナノハナ）浸し

同　たぜりごまあへ　セリのゴマ和え

夏

同　ちせんなすうまに　茶筅《ちゃせん》ナスか？　茶筅のように切込みを入れたナスのうま煮

同　冬瓜くずに　トウガンのあんかけ

同　いんげんごまひたし　俗に言うインゲンマメで、ゴガツササゲ（別名インゲンササゲ）のこと。69頁参照

同　なすび志んきあへ　しんきは不明、シュンギクか？

同　ささげごぼうのあへ　ササゲの若いさやとゴボウの和え物？

同　はにんじんよごし　葉ニンジンよごし、よごしとは和え物のこと
同　そらまめにつけ　ソラマメ煮つけ
同　さやえんどう　サヤエンドウ
同　奴とうふ□□《(不明)》がらし　奴豆腐と□□《(不明)》がらし
同　なすびのさしみ　ナスの刺身
同　なすあげだし　ナスに片栗粉をまぶして油で揚げたもの
同　かぶちゃごましる　カボチャゴマ汁
同　いもずいきあへ　サトイモのズイキの和え物
同　ふきのにつけ　フキの煮つけ
同　竹の子あらめ　タケノコと海草のアラメの煮物？
同　なす志ぎやき　シギ焼き。ナスに油を塗って焼き、味付け味噌をつけた料理
同　へちまにびたし　ヘチマの若い実の煮びたし
同　なすびあぶらに　ナスの油煮
同　かみなりぼし　シロウリの中をくり抜きらせん状に切って塩漬けして日に干したもの
同　まつもどき　ナスを細く切り油炒めした汁物

同　秋　わかなじる　コマツナの若菜、つまみ菜の汁か？
同　い里な　煎り菜、菜の炒め物

同　いもにころばし　サトイモの煮っころがし
同　ふろふき大こん　風呂吹きダイコン、軟らかくゆでて練り味噌をぬって食べる
同　ごぼうふとに　ゴボウ太煮
同　さつまいもうす切　サツマイモの薄切り
同　もみだいこん　ダイコンの塩もみ？
同　はつだけどうふ　ハツタケと豆腐
同　とろろじる　ヤマノイモなどをすり、だし汁を加えたもの
同　あげもの　野菜のてんぷらのこと。魚介類に衣をつけて油で揚げたものをてんぷら、関西ではつけ揚げといった。野菜を揚げたものは「あげもの」という
同　やまかけどうふ　八杯豆腐にトロロをかけたもの、いもかけ豆腐ともいう
同　きくみすいもの　菊実は食用キクのこと。菊実はお浸し、酢の物などにもする
同　やきせうが　焼きショウガ
同　くわいにつけ　クワイの煮つけ
同　とうなすにもの　トウナスすなわちカボチャの煮物
同　ひゆうのよごし　ヒユのよごし、よごしとは和え物のこと
同　むかごいりつけ　ヤマノイモのムカゴの煎りつけ
同　ふちまめにびたし　フジマメの煮びたし、こちらが本当のインゲンマメ
同　いりどうふ　ゆでてから水気を切り味付けして煎った豆腐

同　志めじすきどうふ　シメジとすき豆腐？
同　だんごじる　団子汁、すいとんのようなものか？
同　あんかけどうふ　くずあんをかけた豆腐
同　八つ頭いもにつけ　ヤツガシラの煮つけ
同　ながいもおでん　ナガイモのおでん
同　ぎせいどうふ　擬製豆腐、水切りした豆腐に野菜や卵など加えて厚焼き玉子のように焼いた料理
同　山のいもぐつぐつ煮　ヤマノイモ（自然薯）の煮物、芋かゆ？

冬

同　ゆどうふ　湯豆腐
同　こんにゃくおでん　コンニャクのおでん
同　なっとうじる　納豆汁
同　かぶな汁　蕪菜はカブに同じ。カブのみそ汁
同　冷やっこ　冷奴
同　わぎりごぼう　輪切りのゴボウを煮たもの？
同　こんにゃくしらあへ　コンニャクの白和え
同　ゆばわさびせうゆ　ゆばとワサビ醤油
同　ねぎなんばん　ネギとあぶら揚げを入れたかけ蕎麦か？
同　こんにゃくさしみ　コンニャクの刺身

同　ごまみそ　ゴマ味噌
同　あぶらみそ　あぶら味噌
同　いりどうふ　ゆでてから水気を切り味付けして煎った豆腐
同　おことじる　御事汁。一二月八日、御事始め、御事納めにつくるアズキと豆腐、その他の野菜を入れた味噌汁
同　うどしらあへ　ウドの白和え
同　こんにゃくいりつけ　コンニャクの煎りつけ
同　にんじんけし　不明
同　きりぼしすあい　切干しダイコンの酢和え？
同　ながいもむかごゆ　ナガイモムカゴ、ゆは不明

魚類方

関取　むきみ切ぼし　貝のむきみと切干しダイコンを煮たもの
前頭　こはだ大こん　コハダとダイコンの煮物か？
同　春　こあじにみつば　小アジにミツバ
同　いかきの芽あい　イカの木の芽和え

同　　れんこんすじかまぼこ　レンコンとすじかまぼこ。すじかまぼこは魚の皮や骨を入れたかまぼこのこと
同　　なにはんぺん　菜にはんぺん
同　　あさつきなます　アサツキはネギに似て細い野菜で、春先は美味
同　　いいだこつくいも　イイダコとツクネイモのとろろ？

同　夏　志ろうりさんばい　シロウリの三杯酢
同　　あぢたです　アジのタデ酢添え
同　　ひじきなまりぶし　ヒジキとカツオのなまりぶし
同　　さばのせんば　サバの船場煮。魚と短冊形に切ったダイコンとを煮た料理
同　　なまりきゅうりもみ　カツオのなまりのキュウリもみ
同　　生りぶし大根おろし　カツオのなまりとダイコンおろし
同　　干だらすっぽんに　干ダラを笹がきゴボウなどと煮てスッポンの味に似せたもの

同　秋　いもにたこ　サトイモとタコの煮物？
同　　はぜに大こん　ハゼにダイコンの煮物？
同　　いてう大こんばか　銀杏切りにしたダイコンとバカガイの煮物
同　　ねぎにあなご　ネギとアナゴの煮物？

同　冬　なまこせうが　　ナマコとショウガ
同　　こんぶまき　　コブ巻き
同　　にしきうり　　巻貝のアカニシとキュウリ

季節に敏感な野菜の料理

この番付の魚類方および精進方の料理は、なかには今でも食べられているものもあるし、およそ東京オリンピック（一九六四年）以前には、東京の一般家庭で普通に食べていたものも少なくない。使われている主な野菜などを書き出してみると、次のようになる（魚類方も含む）。

アサツキ、ウド、カボチャ、キク（食用キク）、木の芽（サンショウ）、キュウリ、ククタチ、クワイ、ゴボウ、コマツナ、ゴマ、コンニャク、サツマイモ、サトイモ（ヤツガシラを含む）、ササゲ、サヤエンドウ、ショウガ、シロウリ、セリ、ソラマメ、ダイコン（切干しダイコンを含む）、ダイズ（黒豆、豆腐、あぶら揚げ、ゆば、納豆）、タケノコ、タンポポ、ツクネイモ、トウガン、ナガイモ（ムカゴを含む）、ナス、ニンジン、ネギ、ヘチマ、ヒユ、フキ、フジマメ、ホウレンソウ、ミツバ、ヤマノイモ、ヨメナ、レンコン、ワサビ、ワラビ、きのこ（ハツタケ、シメジ）、海藻類（ヒジキ、ノリ、ワカメ、コンブ、アラメ）。

タンポポやヨメナ、ヘチマ（沖縄、南九州では今も夏野菜）など、今では日常食べる機会の少ないものも含まれているが、春には木の芽和え、夏にはナス、ソラマメ、サヤエンドウ、秋にはハツタケ、シメジ、ヤツガシラなど季節の変化に応じて旬の野菜が使われている。冬にはコンニャクやダイズの加工品が多く、青物が少ないことが目立つ。ビタミンなどの補給には問題がありそうだ。

全体として豆腐、あぶら揚げ、ゆばなどダイズの加工品の利用が多く、切干しダイコンやズイキ〔サトイモの葉柄〕、各種の漬け物など保存食も利用している。ワカメ、生ノリ、ヒジキ、アラメ、コンブなど海草の利用も見られる。

菜っぱの類には、コマツナの浸し物やククタチ〔ナノハナ〕の浸し、ホウレンソウの浸しが見られる。また、行司の欄で見るように、沢庵漬けをはじめ漬け物がとくに多いのに、漬け菜の類がこの番付には見られない。江戸時代にはキョウナ〔ミズナ〕やタカナなどはあったが、冬の保存食としての漬け菜の種類は少なかった。ハクサイなど今ではお馴染みの漬け菜は、江戸時代には日本に渡来していなかったからである〔119頁参照〕。三河島の漬け菜が珍重された理由もこのあたりにあったと思われる。

2　洒落た野菜と粋な野菜

全国的に見てぜいたくなものを、「しゃれの方」と「いきの方」とに分けて書き連ねた見立番付に『花競贅二編《はなきそいぜいにへん》』がある。野菜の中にも、とくに洒落《しゃれ》たもの、粋《いき》なものと考えられていたものがあるようで、いくつかの名が見える。

この番付では、「しゃれの方」の大関に「伊勢の太々馳走駕篭」〔伊勢参りの豪華旅行〕が、また「東都〔江戸〕川一丸家形船」があげられている。川一丸とは客が二十人も乗れる大形の屋形船で、船中で料理を作って出した豪華船遊びであった。

それに対して、「いきの方」は、「安芸　七夷（七浦）船廻り」、「京都　流川　加茂川夕涼み」となっている。

その「いきの方」の二段目には、「山谷　料理　鉢植茄《なす》ノ新漬」がある。鉢植えで育てた早出しのナスである。山谷では八百善《やおぜん》という料理茶屋が有名で、そこ

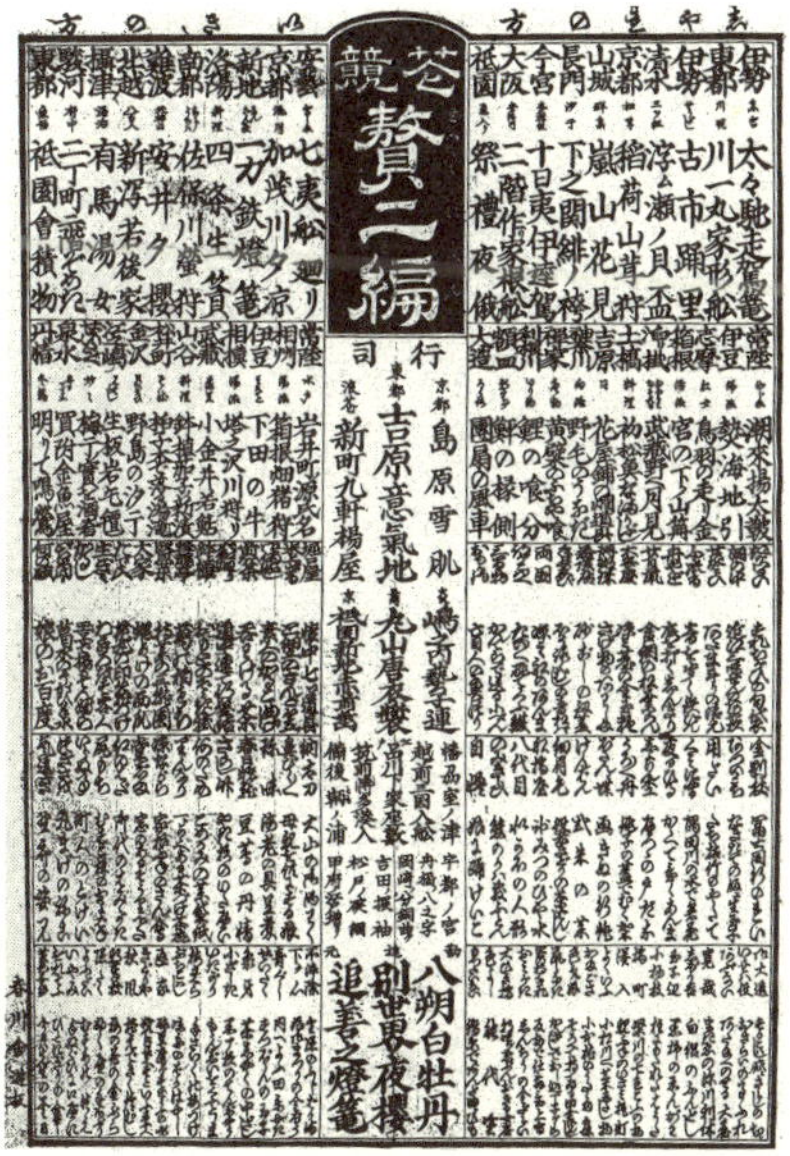

見立番付『花競贅二編』（東京都立中央図書館蔵）

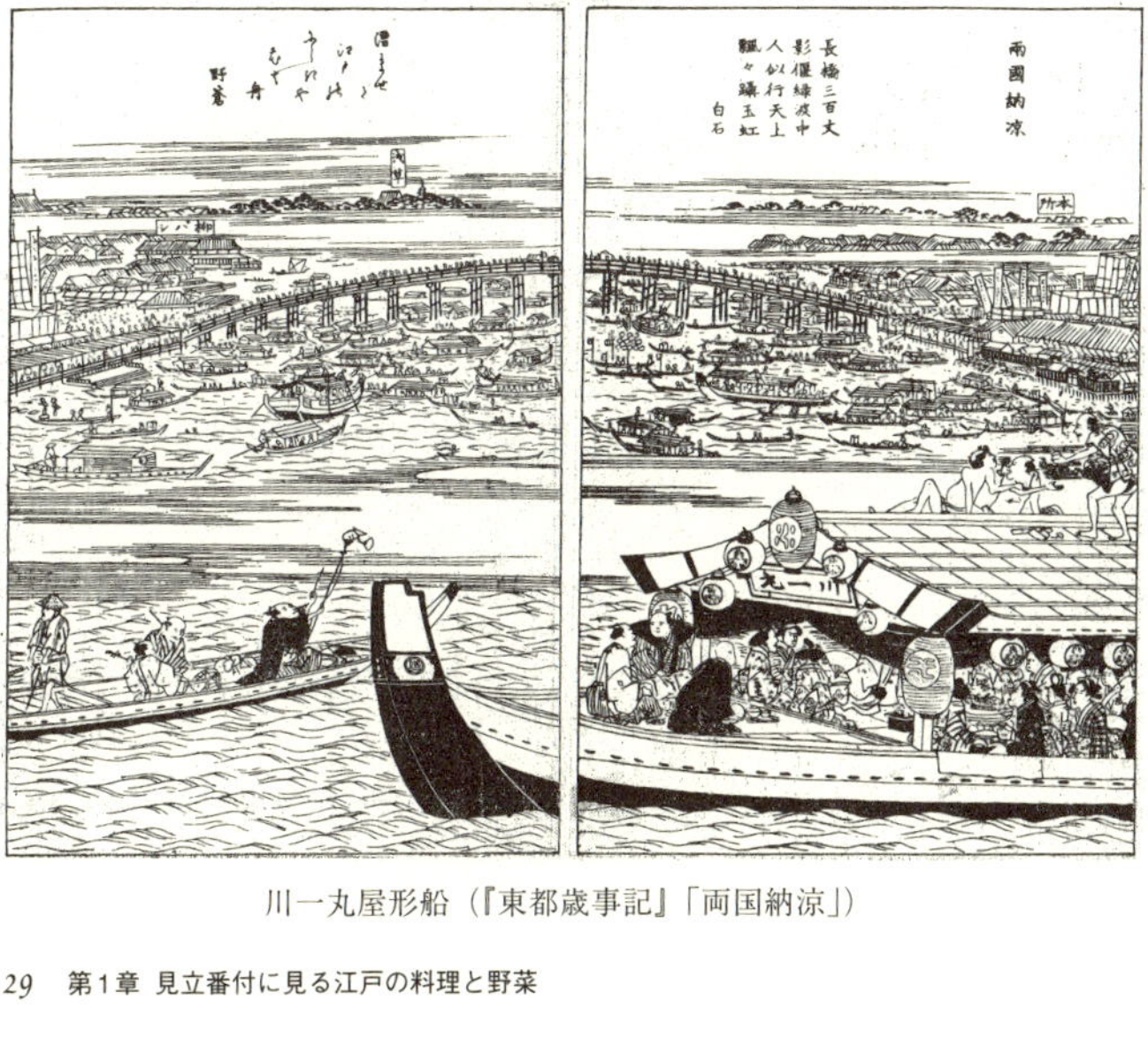

川一丸屋形船（『東都歳事記』「両国納涼」）

で出したものであろうか。江戸っ子は、初物には大金を惜しまなかった〔172～174頁参照〕。なお、山谷とは、東京都台東区の一部で、古くは新吉原を含む地域の名であった〔142頁参照〕。

また、三段目に「たで入　花丸の印籠づけ」が記されている。花丸とは、マクワウリの変種のシロウリ（ウリ科）の一品種で、芳香や甘みはなく、生食よりも漬け物（奈良漬け）や料理用とする。北区田端あたりで作られたが、そのなかにぴりっと辛いタデを入れて漬けたものらしい。ついでながら「いきがり　も

江戸時代の八百善亭（『江戸流行料理通』）

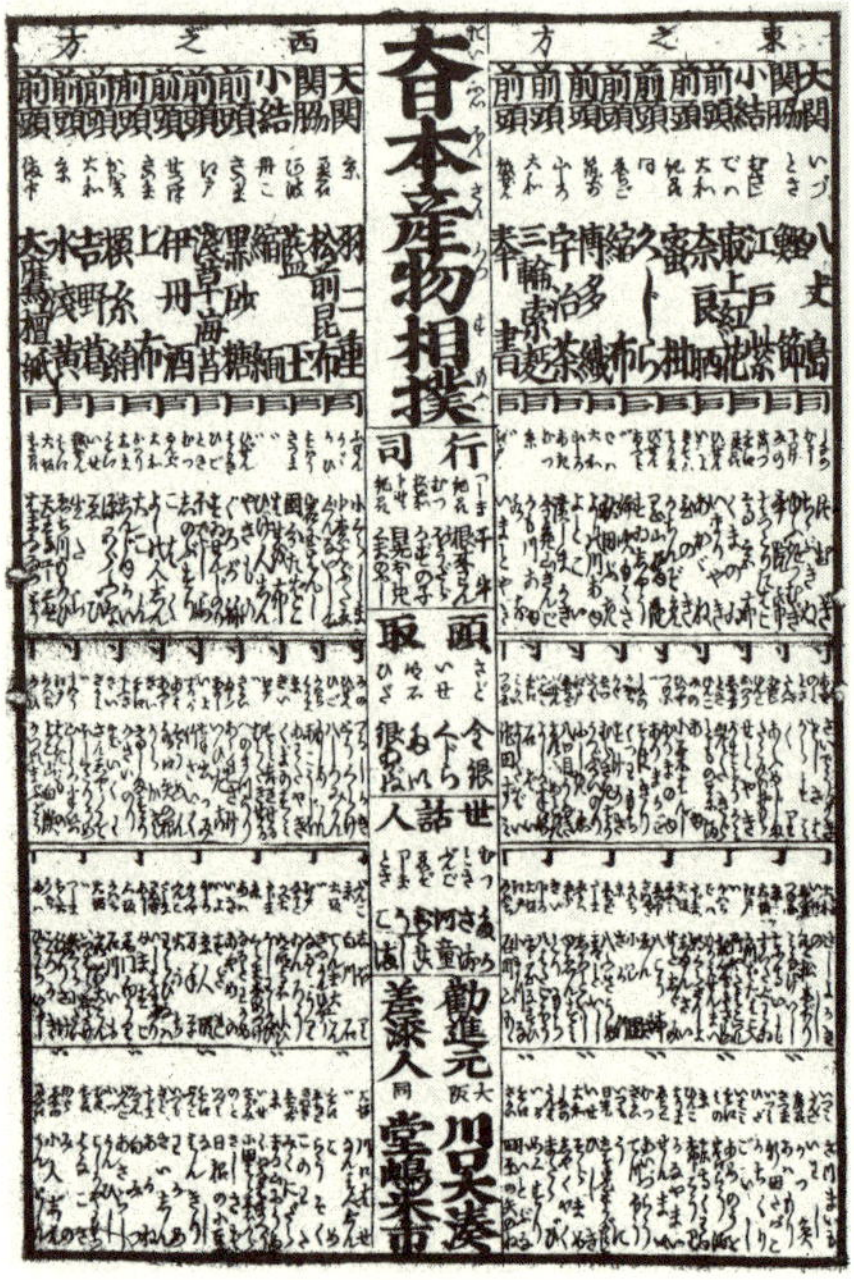

見立番付『大日本産物相撲』（国立国会図書館蔵）

もんじいを食う年増」というのも面白い。ももんじいとは、山鯨《やまくじら》ともいい、イノシシの肉のことで、年増は娘盛りを過ぎた、すなわち二十歳《はたち》を過ぎた女性のことである。江戸の女性もなかなか粋《いき》がっていた。

「しゃれの方」には、「土橋　料理　初松魚《かつお》なまりぶし」、「利根川　鯉の食分」（今の江戸川の、コイの味くらべ）、「額皿　鮃《ひらめ》の縁側」と贅沢な料理が並ぶ。その五段目、最下段だが「よくいふ　小松川へ菜したし物」がある。全国の名産品の中でも、江戸のコマツナの浸し物は、洒落た食べものとして有名であったことが分かる。なお、「浸し」は、江戸弁では「したし」と発音する。

また、全国の自慢の産物を書いた『大日本産物相撲』という番付では、東の大関に「伊豆の八丈嶋（縞）（黄八丈のこと）」、関脇に「土佐　鰹節」、小結に「武蔵　江戸紫」、「出羽の最上　紅花」、西の大関には、「京　羽二重」、関脇に「松前　昆布」、小結には「阿波藍玉」、「丹後の縮緬《ちりめん》」と名産品を振り分けている。この番付の中では、「江戸　小松菜」と「大坂　天満大根」が対となっている。また「江戸　なるこうり（鳴子瓜）」もある。

3　江戸自慢の野菜

『江都自慢《えどじまん》』という番付は、江戸で自慢のものを書き連ねたものだ。右側を東とすると、大関には「日本橋魚山」（魚河岸のこと）、左の西の大関は「蔵前米粒」（幕府の米蔵のこと）があり、東西に多くの野菜などがあげられている。

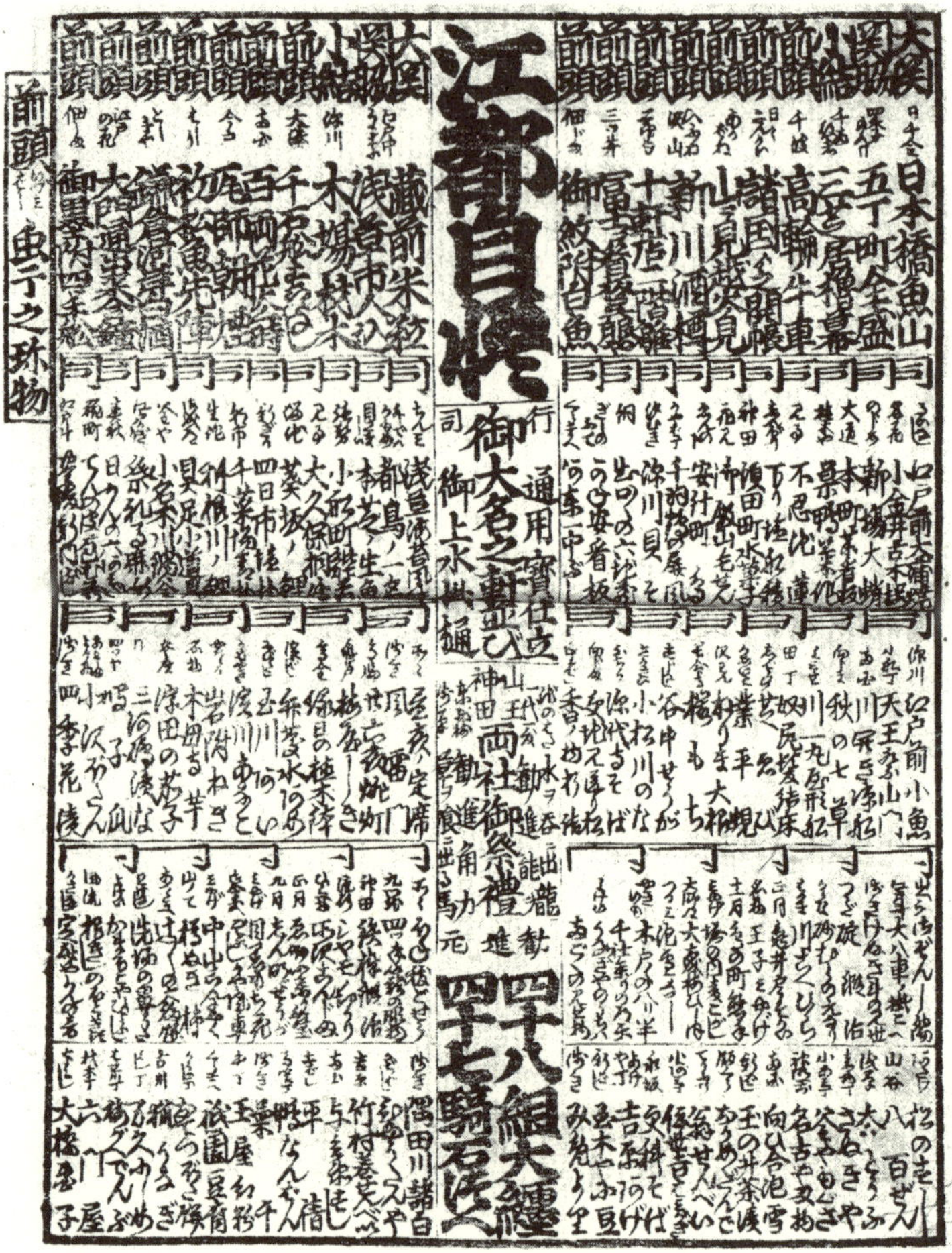

見立番付『江都自慢』（国立国会図書館蔵）

この番付に「三河島漬な」が登場するのだが、それについては第二部で述べるとして、まず、その他の野菜について話しておこう。『江都自慢』に見える野菜などを書き抜くと次のようになる。

東（表の右側、東西の区分は、産地とはとくに関係なく配列されている）

神田　須田町水菓子
沢わん　ねりま大根
すじなし　谷中せうが
さかさい　小松川のな
ふちう　深大寺そば
つるみ　泡雪なし
やきいも　木戸〳〵の八り半

西（表の左側）

ちんミ　浅草海苔風味
朝市　千菜場青物
やわらか　岩附ねぎ
名物　木母寺　芋

名産　浮田の茄子
同　三河島漬な
四ツや　鳴子瓜
九月　しん明せうが
ミやげ　中山こんにゃく
馬喰町　鴨なんばん

［神田　須田町水菓子］　果物のことを「水菓子」ともいった。野菜とは別に扱われ、神田須田町の問屋が有名であった。江戸以外から来るものには、例えば紀州や駿河のミカン、甲州のブドウなどがあった。ミカンなど特別なものを除いては、季節になると「振り売り」も売り歩いた。

岩崎常正の『武江産物志』（第二章参照）は、江戸とその周辺地域に産する農産物や薬草木類その他を記録したものだが、種々の果物も記されている。これによれば、江戸とその周辺で生産された果物は、カキ（産地は草加、赤山が有名。カキは干し柿として保存が利く果物であるが、柿渋は、防水塗料としての利用価値が高かった。渋柿をわざわざ栽培して未熟果から柿渋を取った）、ナシ（産地は川崎、下総八幡）、他にアンズ、モモ（産地は四ツ谷、中野、中里、大師河原、隅田川堤、築比地＝松伏町）、スモモ、アーモンド、ワリンゴ（産地は下谷、本所）、カリン（産地は草加、下谷）、マルメロ、ビワ（産地は岩槻、川越）、

水菓子売り
（『東都歳事記』「盛夏 路上の図」部分）

ユズ、イチジク、クルミ、シイノミ、ギンナン、ナツメ、ケンポナシ、アサクラサンショウ、ブドウ（江戸市中でも栽培していた）などがある。

なお、ウメの実はいわゆる果物ではないが、梅干しとする重要なもの。梅の花の名所として知られた本所梅屋敷（江東区亀戸）、寺島新梅屋敷（墨田区向島の向島百花園）、杉田（横浜市磯子区杉田）、蒲田梅屋敷（大田区蒲田）などでは梅干しを生産し、販売もしていた。

［沢わん　ねりま大根］　沢わんとは、沢庵《たくあん》漬け、ねりまは、現在の練馬区の地域で武蔵野台地の高台。ダイコン（アブラナ科）の産地として有名で、言い伝えでは五代将軍綱吉が尾張の宮重《みやしげ》大根の種子を播かせたのが始まりという。

練馬で栽培された品種には、秋つまり大根、練馬大長丸尻種、練馬中長種、極早生種など、いくつもの品種があった。とくに練馬大長沢庵大根は有名で、主として沢庵漬け用の品種である。武蔵野台地の上の軟らかな土によって長大なダイコンが育った〔63、211～213頁参照〕。

練馬のダイコンは、生のまま出荷される他に、干しダイコン、沢庵漬け、浅漬けなどに加工され、板橋方面から、荒川の舟運を使って江戸へ運ばれた。その逆に江戸から板橋区の徳丸へも舟で下肥が運ばれ、台地の練馬のダイコンの生産を可能にしていた〔111～114頁参照〕。

［すじなし　谷中せうが］　ショウガ（ショウガ科）は、いろいろな名で売られる。夏の初め、生のま

ま味噌など付けて食べる新しいショウガを、ヤナカ、または谷中ショウガ、また、葉がついているので、葉ショウガともいう。種《たね》ショウガからでた芽を小指大に育ててかきとったもので、軟らかですじがなく、新鮮なものが喜ばれる。葉がしなびては商品価値がなくなる。

また、種ショウガを軟化栽培して、もやしショウガ、筆ショウガ、棒ショウガともした。これも谷中ショウガの名で呼ばれた。その他の名は、次項「しん明せうが」参照。

谷中ショウガの名は、今でも料理屋、飲み屋、また八百屋や青果市場で使われる。その名は、名産地であった谷中本村（現在の荒川区内）の地名に由来する。

現在谷中の地名が残るのは、山手線の内側の谷中の墓地で有名な高台の谷中（台東区）だけである。しかし、ショウガの産地の谷中とは、山手線の外側の現在の荒川区の低地の谷中本村であったことはあまり知られていない。谷中本村は、現在のＪＲ山手線日暮里駅前（バスターミナル）から常磐線三河島駅の北西側に及ぶ地域であった。隣の新堀村（日暮らしの里）でも産した。ともに荒川区東〜西日暮里の一部である。

谷中本村や新堀村の谷中ショウガは、種ショウガを赤山（現在の埼玉県川口市赤山）から毎年買って生産された。赤山は、谷中本村からは十数キロメートル北にあり、駿河、遠州、三河の代官をも兼ねる関東郡代伊奈氏の陣屋のあったところである。

谷中ショウガの生産は、消費地である江戸の市街地に接した谷中本村なればこそできたことである。消費地から遠い産地からでは、出荷準備に手間がかかる上、さらに輸送に時間がかかり、新鮮な葉ショウガをすばやく市場へ、また消費者にとどけることはできなかった。

赤山の種ショウガは、『東京府北豊島郡農業資料』（明治三六・一九〇三年）に「何分種子購入ニ多額ノ費用ヲ要スルヲ以テ栽培ヲ増スコト遅々タルヲ免レ難《かた》シ」とあるとおり、安いものではなかったことが分かる。

谷中本村の隣の三河島村でも、明治末から大正初めにかけてショウガが栽培された。軟らかく良品質の葉ショウガができたが、出荷の準備に手間がかかり、毎年高価な種ショウガを購入すること、軟腐病などによる不作があり、しかも連作がきかないなどの難点があって、栽培面積は増えなかったという。谷中ショウガの生産が一部に限られたのは、江戸の市街地に近いという地の利だけではなく、長く培われてきた栽培技術が必要であったためとも思われる。

［九月　しん明せうが］　葉ショウガをかきとったその残りを、芽欠きショウガと呼び、芽欠きがなまって「めっかち」

芝神明の生姜市（『東都歳事記』）

となり、「めっかち生姜」ともまた「めくされ生姜」ともいった。俗にシネショウガといい辛味が強く、香辛料、漬け物や乾姜などにする。また、秋に茎が黄ばむころに掘り取り出荷される根ショウガは、若ショウガともいい、辛味が少なく軟らかいので、料理や香辛料として使われる。

「九月　しん明」とあるのは、毎年九月一一日から二一日の芝大神宮（＝芝神明、港区芝）で行われる生姜市、別名「目腐市《めくされいち》」で売ることが有名であったから。

［さかさい　小松川のな］　さかさい（逆井）は、現在の東京都江戸川区平井一丁目中川新橋付近の地名で、中川の逆井の渡しが有名だった。小松川のな（菜）とは、現在のコマツナ（アブラナ科）の祖先のことで、はたけな、葛西菜ともいった。江戸時代最大の植物図鑑である『本草図譜』（岩崎常正著、文政一一・一八二八年）には「はたけな、葛西菜、白葵菜〈はくきさい〉、秋菜〈しゅうさい〉、ふゆなの類にて形同じくして葉の色淡緑〈うすみどり〉色なり、江戸小松川の産味わい良し」と記されている。

江戸時代末期には、産地の小松川の名をとって「小松菜」として有名になった。春に出荷されるものを「うぐいす菜」、冬に出すものが「ふゆ菜」と呼ばれた。小松川は、江戸川区にその名が残る。また「小松菜ゆかりの里」の碑が、江戸川区中央四丁目香取神社境内にある〔219頁参照〕。

小松川は、江戸の市街地からは遠いが、菜をはじめとして野菜の栽培がさかんであった。それには、川が関係する。隅田川から東へ一直線に中川にいたる小名木川がある。それは行徳《ぎょうとく》の塩を江戸へ運ぶために掘られた。収穫した野菜は、そうした掘割を利用して、舟で容易に、いち早く江戸へ運べ、また下肥にする大量の屎尿も積んで帰ることができた。川の近くは、冬でも暖かく、霜の被害が少なかったことも、冬から春に収穫する菜の栽培に適していた。

コマツナは、江戸・東京の正月の雑煮に欠かせないものである。現在では、コマツナの品種は約一〇〇種で、「楽天」、「よかった菜」、「こまつみどり」というのもあるという。生産地は東京が主だったが、近年品種改良で全国に広まった。東京の収穫量一万九〇〇〇トン（二〇〇二年）のうち、四割の四三五〇トンは江戸川区で生産される。昭和三〇年代には二〇〇〇戸以上あった江戸川区の生産農家は、二〇〇四年三月には四二三戸となっているという（『東京新聞』したまち版　二〇〇五年一月一日）。

［ふちう　**深大寺そば**］　ふちうは府中のこと。日本では古来、ソバ（タデ科）はソバ粉をダンゴにするか、実をかゆにして食べた。「そば切り」

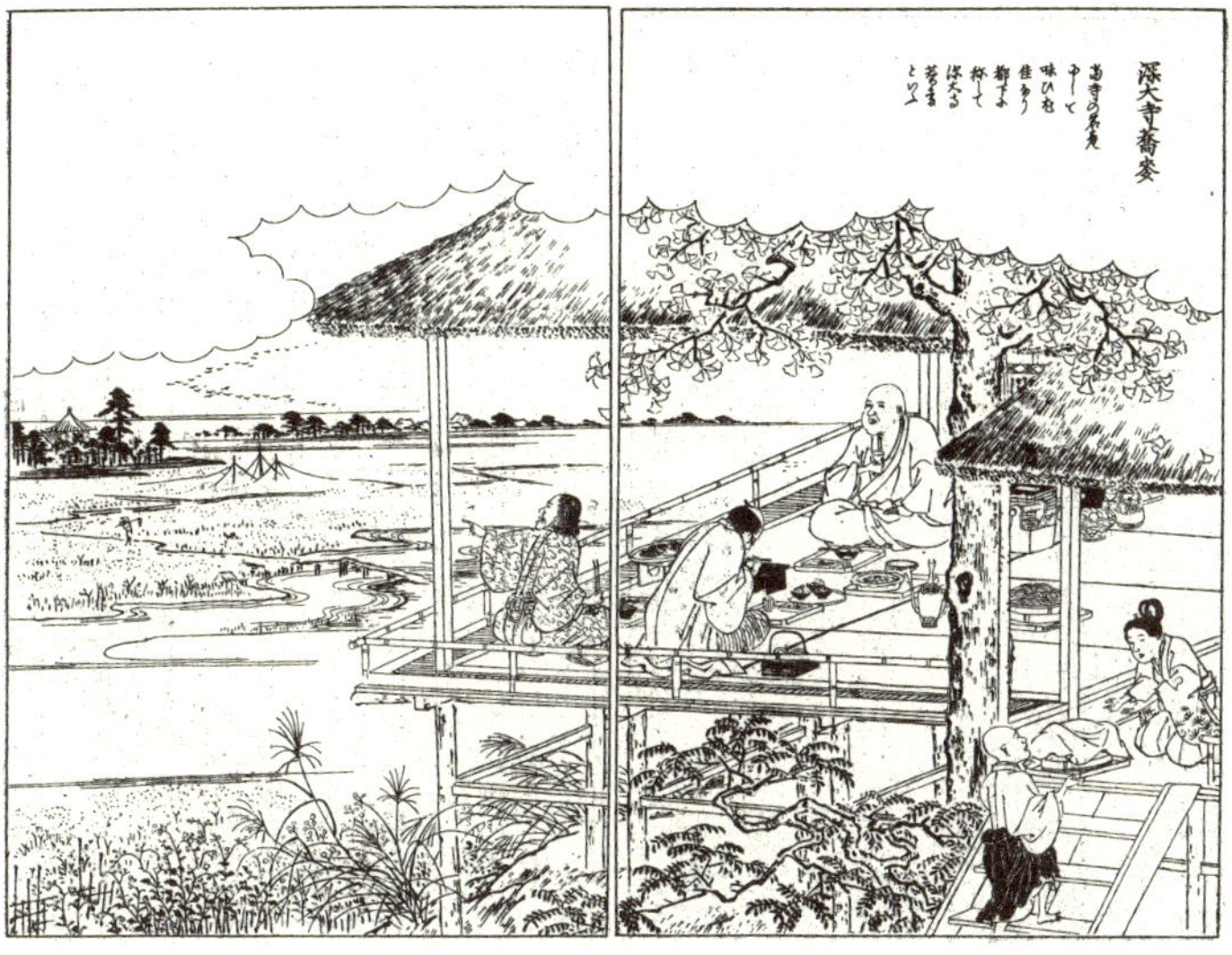

「深大寺蕎麦」（『江戸名所図会』）

と呼ばれる現在のソバの食べ方は、単身者が多い江戸で、簡単に食べられるものとして広まったという。深大寺《じんだいじ》は、東京都調布市にあり、山号は浮岳山、天台宗の寺。『江戸名所図会』には「深大寺蕎麦　当寺の名産とす。これを産する地、裏門の少しく高き畑にて、わずか八反《たん》一畝《せ》（約〇・八ヘクタール）の程のよし」とあり、本物はわずかしか生産できなかった。しかし、有名な深大寺に便乗して、近所ではその名を名のるものが多かったという。ここに限らず、武蔵野台地では、農業用水が乏しく、ソバ、オオムギ、コムギ、アワ、ヒエなどの穀類が多く作られていた。

［つるみ　泡雪なし］　ナシ（バラ科）は、ヤマナシから改良されたもので、古くから栽培され、『日本書紀』の持統天皇七年に梨の記事がある。品種も多く、文化、文政、天保時代には、一五〇種類にも及んだ。

「泡雪なし」とは、生麦村・川崎（神奈川県横浜市鶴見区・川崎市）辺りで作られていたナシの品種であろう。江戸時代後期には産地は隅田村（東京都墨田区）、下総八幡《しもうさやわた》（千葉県市川市）、生麦村・川崎が有名であった［『武江産物志』］。

［やきいも　木戸〳〵の八り半］　町の入口にもまた長屋の入口にも木戸番があり、そうした木戸ごとにサツマイモを売る店があったほど数が多かったことを表している。江戸では、そこで夏にはうちわを売り、冬にはサツマイモを売ったという。

サツマイモは、江戸では大変に人気があった。「八里《はちり》」とも「八里半《はちりはん》」また「一三里」とも呼ばれた。八里また八里半は、味が「栗（九里）に近い」からで、一三里は「栗より（九里四里）うまい」との洒落である。「一三里」は、一説には、江戸から川越への陸路の距離をかけているという〔139頁参照〕。

熱帯アメリカ原産のサツマイモ（ヒルガオ科）は、一七世紀初めに日本に伝わるが、暖かい地方でしか栽培できなかった。青木昆陽《こんよう》（一六九八～一七六九年）が、享保二〇（一七三五）年に小石川御薬園《こいしかわおやくえん》（文京区の小石川植物園）で、サツマイモの試作に成功して以来、関東各地に普及し、とくに下総の八幡《やわた》（千葉県市川市）や川越が有名な産地になった。

焼き芋屋
上：『東都歳事記』より
下：『名所江戸百景』「びくにはし雪中」部分

川越のサツマイモは、『本草図譜』によると、八幡のものより「味わいやや劣る」とされているが、他の産地を圧倒して江戸で有名になった。そのわけは、川越付近では、短冊状の敷地に配置された「やま（雑木林）」の落ち葉を集めてサツマイモ栽培の堆肥として使うことができ、「川越夜舟」と呼ばれた新河岸川《しんがしがわ》の舟運を利用することで、重いサツマイモを大量に江戸へ運ぶことができたからである（139頁参照）。

『東都歳事記』（斎藤月岑《げっしん》編、天保九・一八三八年）には「○焼　八里半」、歌川広重の『名所江戸百景』（安政三〜五・一八五六〜五八年）には「○やき　十三里」の看板をかけた焼き芋屋が描かれている。

［ちんミ　**浅草海苔風味**］　野菜ではないが、ノリも養殖されていた。江戸の町からの生活排水は、悪水落し（排水路）を通じて川へ流された。排水に含まれる「汚れ」のリンやチッソも、適度な量であれば、ノリやワカメなどの海藻を育てるほか、プランクトンを増やし、貝類やカニやゴカイなどの干潟の生きものをも養って、それを餌とする魚類や鳥類も豊富になり、まわりめぐって人々の生活を支えていた。

『武江産物志』の「野菜并果類」には「浅草紫菜《のり》」「品川生紫菜《なまのり》」および「葛西紫菜」が記載されている。海苔《のり》は、紫菜とも書き、文化文政の頃には大森、品川の海で採れたが、浅草海苔の名で江戸の名産として知られていた。その名は、もと浅草辺りの海で採れたからとも、浅草紙と同じ製法ですいて干しノリとしたからともいわれている。また、葛西でも採れた。

『日々徳用倹約料理角力取組』の精進方の春に「生ノリ三杯酢」が見られるように、生のままでも売られた（今でも冬に築地では宮城県産の生ノリが売られるという）。それを干しノリとしたことで保存ができ、一年中利用できるようになり、江戸の名産として各地へ送られた。

品川から大田区大森にかけての沖合のノリの養殖場で、胞子を付着させる「ノリひび」とした粗朶《そだ》、おもにケヤキやコナラの枝は、多摩川上流から筏《いかだ》でもたらされた。かつては、ノリは「運草」といわれたほどで、「ひび立て」は経験と勘に頼っていた。しかし、昭和二八（一九五三）年に人工採種が発表され、ノリの種《たね》付けが科学的に行われるようになると、ノリの養殖は飛躍的に広まった。

なお、養殖ノリは、昭和三〇年代までは、ウシケノリ科のアサクサノリが主であった。その後、出現期が長く栽培しやすく収穫量も多い同じくウシケノリ科のスサビノリが使われ出し、養殖ノリの八〇〜九〇パーセントに及ぶ。最近、千葉県木更津市のNPO法人が、養殖のアサクサノリ復活

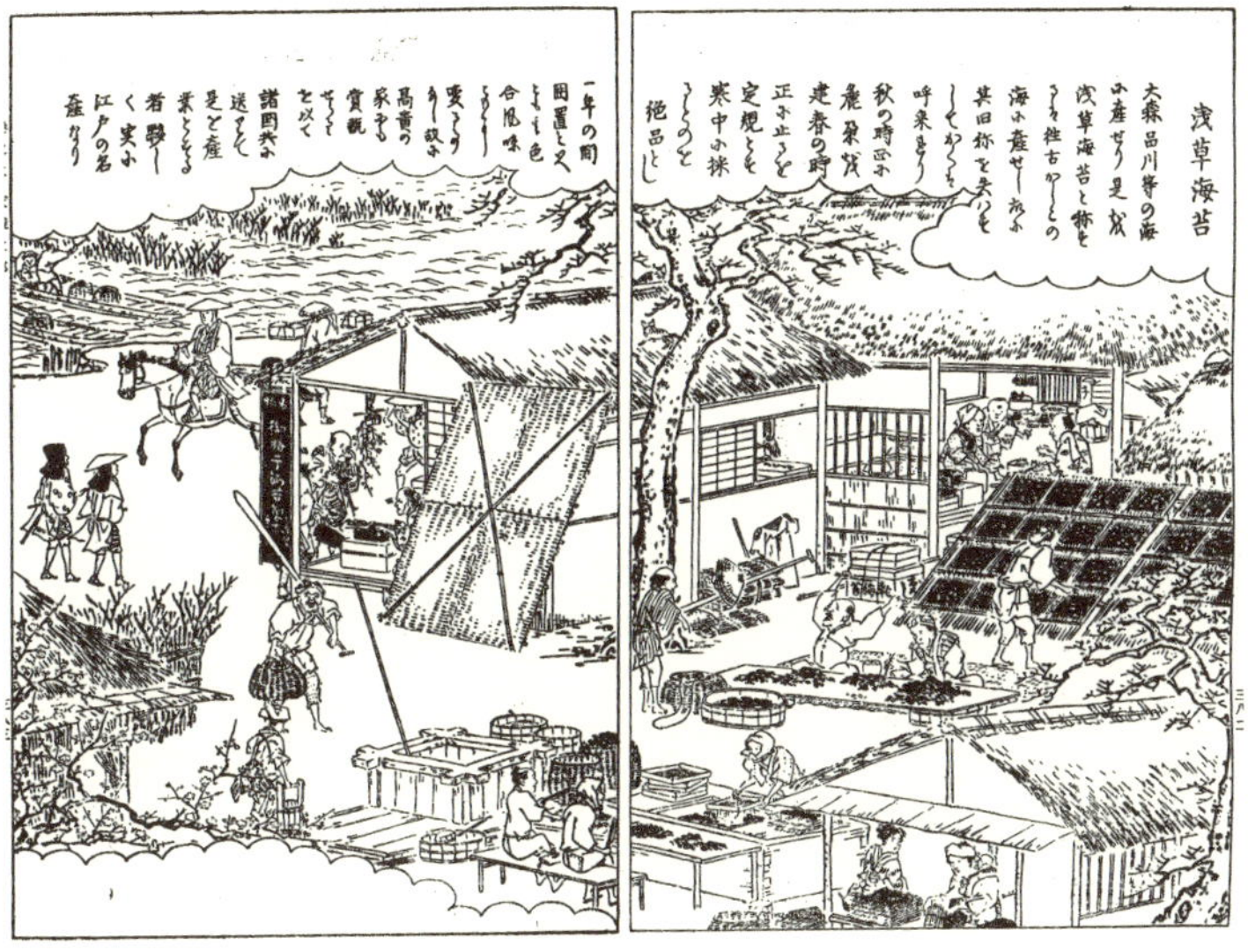

「浅草海苔」（『江戸名所図会』）

に挑戦している例もある。

［朝市　千菜場青物］　千菜場《せんざい》とは、前菜場とも書いた。前菜物《せんざいもの》をあつかう市場のことで、やっちゃ場と呼ばれた。前菜とは青物、野菜のことで、今の野菜市場、青物市場のことである。「朝市　千菜場青物」とは、そこにいろいろな多くの野菜が集ったことを自慢したものである。

足立区千住河原町には、永禄（一五五八～七〇）または天正（一五七三～九二）の頃から昭和一六（一九四一）年までやっちゃ場があり、河原稲荷に明治三九（一九〇六）年建立の「千住青物市場創立三百三十年記念碑」がある。神田須田町、駒込とともに「江戸三大やっちゃ場」の一つであった。また千住には魚市場も古くからあった。

また、京橋から紺屋橋にかけての河岸（京橋三丁目）は、江戸時代から舟で運ばれてきたダイコンを中心とした野菜を荷揚げしたが、その荷揚げ市場を「大根河岸」とも呼んだ。関東大震災の前まで続いていた。京橋大根河岸青物市

神田筋違橋北岸の青果市場（『江戸図屏風』部分、国立歴史民俗博物館蔵）

場跡の記念碑が、京橋三丁目四番地の先にある。

その他にも野菜市場は、両国、浜町、青山、四谷、駒込、下谷、本所、品川など明治一六（一八八三）年には、東京市および府下には大小一八あった（「大蔵省記録局・貿易備考」）。

なお、農産物は、産地名ではなく、しばしばやっちゃ場の名で呼ばれた。エンドウ、キョウナ、セリ、シソ、ネギやクワイなどは「千住」が有名であった。千住の周辺の地域で生産されたものが千住のやっちゃ場へ集められ、さらに千住のやっちゃ場から多くは舟で隅田川をくだり、神田のやっちゃ場などへ運ばれた。神田のやっちゃ場は、現在の万世橋の近くの神田の筋違橋《すじかいばし》付近にあり、江戸時代初期の様子を描いた『江戸図屏風』にも見られる。


［やわらか　**岩附ねぎ**］　現在の日本のネギ（ユリ科）は、大きく分けると、葉のさやの白い部分（俗に白根）を食べる根深ネギが東日本、緑の部分を使う葉ネギが西日本で生産されている。その境界は愛知県だという。

［岩附］（埼玉県岩槻市）のネギは、根深ネギであった。薩摩藩の農書『成形図説』（文化元・一八〇四年序）にも記述がある（170頁参照）。元荒川、古利根川、中川の舟運を利用して江戸へ運ばれた。一九六〇年代まで作られたが、現在は消失したらしい。

岩槻ネギは、砂村（江東区）から伝わった可能性がある。砂村のネギは、江戸時代の初めに、摂津（大阪府と兵庫県のそれぞれ一部）の人、砂村新左衛門が砂村新田（江東区）を開き、京野菜の種子を持ってきたという。砂村ネギが千住付近へ伝わり、改良されて千住ネギとなった。関西の緑の葉を食べるネギに対して、千住ネギは、成長するにしたがって土を寄せて根元に近い部分を軟らかく白く長くした根深ネギである。現在ではこの千住ネギが関東各地で栽培され、いくつかの系統に分化し、それぞれの産地名がつけられている。深谷ネギはそのひとつ。本来は品種名であった千住ネギは、いまや根深ネギの代名詞となっていて、また千住のネギの問屋が扱うブランド名ともなっている。

なお、『武江産物志』には、ネギの産地として、岩槻の他に大井があげられている。

［名物　木母寺　芋］　芋とは、サトイモ（サトイモ科）のことで、トウノイモ、ヤツガシラ、ドダレなどいくつもの栽培品種がある。サトイモは、インド東部～インドシナ半島の原産。日本には古代に伝来。日本では花は咲くが実はならない。根茎によってのみ殖やして来たので、古い品種が残っている。

墨田区堤通りの木母寺《もくぼじ》は、謡曲『隅田川』に出てくる梅若が都から誘拐されて東国に下って死ぬが、そ

木母寺付近の御前菜畑（画面奥）（『名所江戸百景』）

れを葬った梅若塚ゆかりの寺。その木母寺の芋は「名産」ではなく「名物」とあるのは、産地はほかにあって、この寺の茶店などで芋を売っていたのではないだろうか。サトイモの産地は低地に多いが、この近くでは例えば、幕府の地誌『新編武蔵風土記稿』に、「足立　小右衛門新田の小右衛門芋《こえもんいも》」が見られ、早生の芋として有名であった。小右衛門新田は、現在の足立区中央本町、青井のそれぞれ一部。なお、木母寺の近くには、江戸城で使う野菜を栽培する幕府の御前栽畑《ごせんざいばた》があり、『名所江戸百景』にも描かれている。

［名産　泘田の茄子］　泘田を浮田とすれば江戸川区の宇喜田が考えられる。ナス（ナス科）の産地は、墨田区、葛飾区、江戸川区のあたりに多く、享保二〇（一七三五）年刊の『続江戸砂子温故名跡志』に、「寺島茄子　西葛西の内也。中の郷の先、江戸より一里余」とあり、また、文政一一（一八二八）年の『新編武蔵風土記稿』には「東西葛西領中にて作るもの」とある。寺島は現在の墨田区内。葛西とは隅田川の東から江戸川の西の地域で、現在の葛飾、墨田、江東、江戸川の各区の地域。中川を境に西葛西、東葛西といった。

駒込のなす（歌川国芳『江戸じまん名物くらべ』）

またナスの産地としては、『武江産物志』に「駒込　千住」が見られる。［駒込］は、上駒込村（豊島区駒込）。『新編武蔵風土記稿』の上駒込村に「この辺は薄土なれば樹木に宜しく穀物に宜しからず、ただ茄子《なす》土地に宜しきを以て世にも駒込茄子と称す」とある。

［千住］とは、千住の近くの本木（足立区本木）のことであろう。同書に「本木村、江戸よりの行程前村〈梅田村のこと〉に同じ……。土人専ら芹〈せり〉茄子を作りて江戸に出す。茄子は其形〈そのかたち〉尤大〈ゆうだい〉〈とくにおおきい〉にして種少し、世に賞して本木茄子と言〈いう〉」とある。

［同　三河島漬な］　第二部参照。

［四ツや　鳴子瓜］　鳴子瓜とは、マクワウリ（ウリ科）のことで、成子村（新宿区西新宿七、八丁目付近）で作られたのでその名がある。マクワウリの名は美濃国本巣郡真桑村《まくわむら》（岐阜県真正町）の名産であったから。元和年間（一六一五〜二四年）に、幕府は美濃の真桑から農民を呼び、成子村と府中の是政村《これまさむら》

マクワウリ売り
（『江戸名所図会』「六月朔日 富士講」部分）

（東京都府中市是政）に御用畑を作った。

「四ツヤ」とあるのは、成子村のマクワウリは、四ツ谷のやっちゃ場の名でも呼ばれたからと思われる。高井戸で生産した杉の磨き丸太を四ツ谷丸太といった例もある。

『江戸名所図会』の「六月朔日　富士講」（文京区本駒込五丁目）に、マクワウリと思われるものを売っている挿絵がある。

［ミやげ　**中山こんにゃく**］　食品としてのコンニャクは、畑に栽培したコンニャク（サトイモ科）の球茎（コンニャク玉）をすりおろし、石灰乳を入れて作る。下総中山は、千葉県市川市と船橋市にまたがる地域で、市川市に正中山本妙法華経寺がある。中山こんにゃくは、楕円形で赤、白、黒などに染められた。

［馬喰町　**鴨なんばん**］　江戸時代の大坂では、現在の中央区道頓堀以南、浪速区北部の難波《なんば》にネギ畑が多く、ネギを「なんば」と呼び、鴨肉にネギをそえたウドンやソバを「鴨なんば」と呼んだ。これが江戸の日本橋伝馬町に伝わり「鴨南蛮」と名が変わった。

『日々徳用倹約料理角力取組』の精進方の冬に「ねぎなんばん」がある。ネギとあぶら揚げを入れたかけそばかとも思われる。さらには、「天南蛮」もあった。和田信賢の『話の泉』（中央社、一九五〇年）に、天ぷらそば（天ぷら二ケに青味を添えたもの）と天南蛮（天ぷら一ケにネギを添えたもの）のいずれが高価かという問題が出てくる。答えは天ぷらそばの方が高価であった。

4　年中行事の野菜

ナズナ売り

ナズナ（アブラナ科）は、春の七種《ななくさ》のひとつ。正月の七種粥《ななくさがゆ》の材料とする。「なずな売り元はただだと値切られる」、「七軒で七文が売るなずな売り　柳多留」などの川柳がある。七種粥には、ナズナのほかに、セリ（セリ科）、ゴギョウ（ハハコグサ）（キク科）、ハコベ（ナデシコ科）、ホトケノザ（コオニタビラコ）（キク科）、スズナ（カブ）（アブラナ科）、スズシロ（ダイコン）（アブラナ科）が入る。

七種粥のためだけでなく、真冬の青物の少ない時期には、コマツナは高級品だったから、江戸の庶民は野菜の代わりとして安いナズナを買って食べたとも考えられないであろうか。『日々徳用倹約料理角力取組』には、タンポポの味噌和え、ヨメナの浸し物、田ゼリのゴマ和えが見られる。野草つみをしたとも考えられるが、荒川区尾久の古老の聞き書きを読むと、大正時代でも子どもたちはヨメナ（カントウヨメナ）をつんで、父親が野菜をやっちゃ場へ運ぶときにいっしょに持っていってもらい、小遣い稼ぎをしたという。いわゆる野草が売れたのである。想像だがナズナもそのようなものだったのかも知れない。

野老売り

正月の飾りに使うオニドコロ（ヤマノイモ科）を売り歩いた。「真っ黒な小刀使う野老売《ところう》り」の川柳がある。野老売りの使う小刀は、オニドコロのアクで真っ黒になっているという意味。オニドコロは、海の海老に対して、野の海老、すなわち野老と書いて、そのひげ根を老人のあごひげに見立てて長寿を願うために飾った。なお、所沢（埼玉県）とは、オニドコロが多く取れたことからその名がある。

おとり様のヤツガシラとカシュウイモ

一一月の酉《とり》の日に、台東区千束三丁目の鷲《おおとり》神社はじめ各地の酉の市（おとり様）には、縁起ものの熊手とともにヤツガシラも、「頭《かしら》になる（一群の人の長になる）」との縁起をかついで売られた。ヤツガシラ（サトイモ科）はサトイモの一品種。その根茎《こんけい》の様子から八つ頭《がしら》という。『武江産物志』に見える「九面芋」は中国での名で、日本でもこの字を当てていた。

カシュウイモ（ヤマノイモ科）は、黄獨《かしう》と書く。中国原産の多年生草本で、塊茎《かいけい》は煮て食用とする。塊茎の形が何首烏《かしう》（強壮剤とするツルドクダミ）（タデ科）の根茎に似ていることからその名がある。カシュウイモも、ヤツガシラとともに酉の市で売られたことは、文化年間（一八〇四～一八年）の十方庵敬順《じゅっぽうあんけいじゅん》の『遊歴雑記』に見られる。

食用キク

旧暦九月九日の重陽の節供は菊の節供とも呼ばれ、不祥事を避けるための儀式として菊花酒を飲む習慣があった。酒に限らず、キク（キク科）の花びらを、浸し物、和え物、酢の物などとして食用することは、古くから行われており、江戸時代には「菊実《きくみ》」といった。見立番付『日々徳用倹約料理角力取組』の精進方の秋には「きくみすいもの」として記載されている。

また、芭蕉が近江堅田で詠んだ句に、「蝶も来て酢をすう菊の膾《なます》かな」、「折ふしは酢になる菊のさかな哉」がある（元禄四・一六九一年）。

橘保国の『絵本野山草』（宝暦五・一七五五年）によれば、江戸時代の「甘菊花」（食用キク）は、白と黄色の一重咲きであったという。江戸の町で、季節になれば食用キクを八百屋、前栽売りが、他の野菜とともに売り歩いたとは考えられないだろうか。

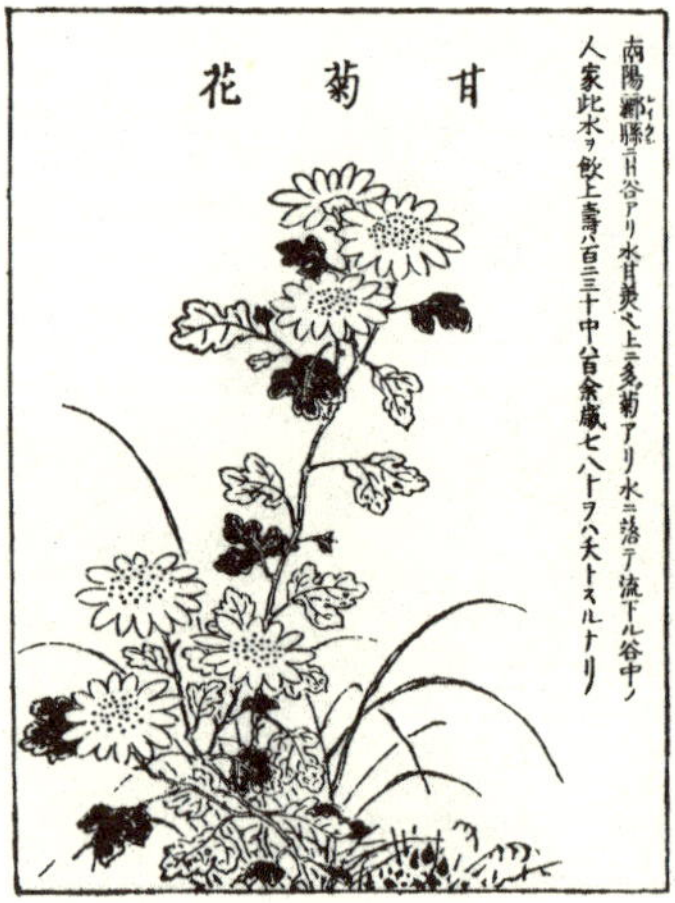

食用キク（『絵本野山草』）

●コラム

八百屋と前栽売り［野菜の小売り］

青物を売る商売を、いろいろな野菜を売るから八百屋ともいった。一、二種類の野菜を天秤棒で担いで歩いて売るもの（振り売り）は、江戸では前菜《せんざい》売りといったが、京都、大坂ではこれもまた

前菜売り
(『守貞謾稿』より)

野菜の立ち売り
(『熙代勝覧』〈文化2・1805年頃〉部分、
ベルリン東洋美術館蔵)

八百屋の店先
(『松梅竹取物語』〈文化6・1809年〉より)

前菜売り
(『江戸名所図会』「四谷 内藤新駅」部分)

八百屋と呼んだ。なお、魚を天秤棒で担いで売り歩くものは「ぼてふり」である。青物見世、八百屋のことを菜蔬店ともいった。今では聞きなれない言葉だが、当時は魚蔬《そ》、貝蔬（魚類、貝類の総称）という語もあった。「江戸ニテ蛤以下諸介（貝）、総名ヲ貝蔬ト云、カイソト訓ズ」（『守貞謾稿』）。見立番付『江都自慢』にも「汐むき（貝のむきみのこと）深川貝そ」とある。また、店を構えず路上で販売するものを立ち売りといい、ここでも多くの野菜が商われていた。

●コラム

けちと欲張り

見立番付『浮世人情合』は、けちと欲張り、それに色気に特に感心が強い人を集めたものである。そこでは、けちの例として「すいくわのかわのこうこうにする」があり、スイカの皮の近くの白いところを漬け物にすると、ウリの漬け物に変らぬ味なのだが、そんなことをする人を軽蔑している。また、「はでなひと　すいくわの白みを食《くう》」と、スイカの白いところまで食べる人のことをあざ笑っている。

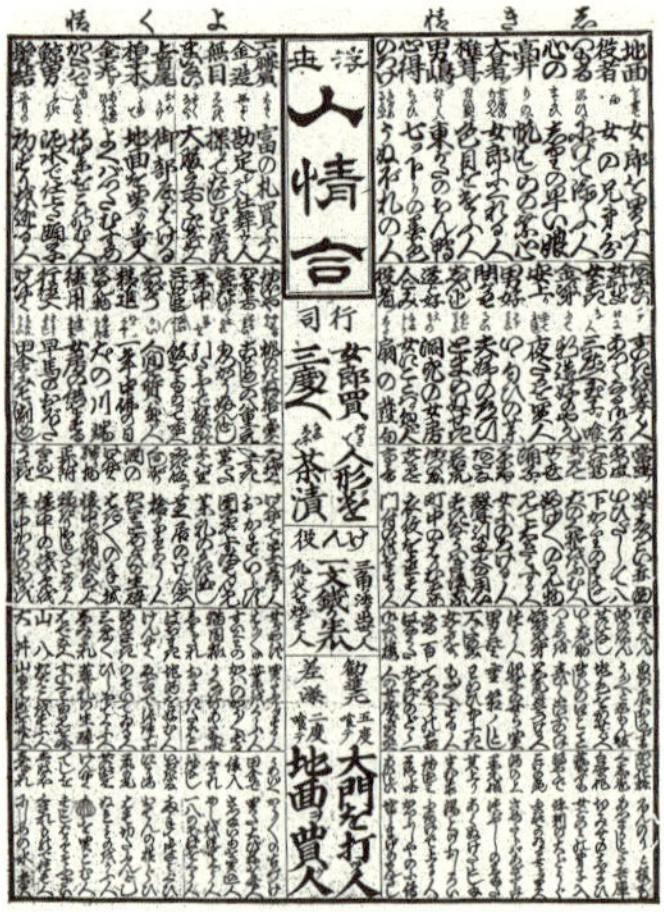

見立番付『浮世人情合』
（東京都立中央図書館蔵）

また、「けんやく　しおのからい　田舎みそに割りめし」は塩辛い田舎味噌でムギ入りの飯を食ったり、「うさぎ　年中からのおかず」は、ウサギの餌のおからをいつもおかずにしたりすれば、まことに倹約である。トウガラシの絵の下に、「すき　おかずいらず」とある。トウガラシで飯を食えばたしかに倹約にはなる。

さらに「けんやく」の字の下にヒョウタン形のトウナスの絵があり「を買い込む人」、また「俵入り　さつまいもを買い込む人」とトウナスやサツマイモをまとめ買いする人を笑っている。長く保存できるトウナスやサツマイモは、まとめて買えば安くなったのだろうが、そんなことをするのは、江戸っ子の面汚しということであろう。逆の見方をすれば、見栄っ張りな江戸っ子も生活のためにはいろいろと知恵を働かせていたということか。

●コラム

いずれがトウナス・カボチャ・ボウブラ・ナンキン？

◎江戸のカボチャはどんな形？

江戸時代には、江戸でもヒョウタン形のトウナス（ウリ科）が出回っていた。見立番付『浮世人情合』にも、「けんやく」の文字の下にヒョウタン形のトウナスの絵が描かれているくらいだから、かなり一般的だったのだろう。

『本草図譜』には、「なんきんほうふら　とうなす江戸　番南瓜」として、ヒョウタン形のカボチヤの絵がある。「とうなす」とは、ヒョウタン形のものを指す江戸の方言であることを示している（『本草図譜』巻五三）。『武江産物志』には、「番南瓜　とうなす　八塚」が記載されている。「八塚」は草加市谷塚と思われるが、重いトウナスは、舟でアヤセ川を通って江戸へ運ばれたのであろう。

ヒョウタン形のトウナスは、京都の鹿ケ谷で産する西京カボチャ（別名シシガタニ）が有名だが、江戸近郊でも作られていたことが、これで明らかであろう。

江戸には、平べったい菊座形のカボチャもあった。内藤カボチャ（別名淀橋カボチャ）（新宿区）、居木橋村の居留木橋《いるぎばし》カボチャ（別名縮緬カボチャ）（品川区）が有名だが、ともに絶滅した。

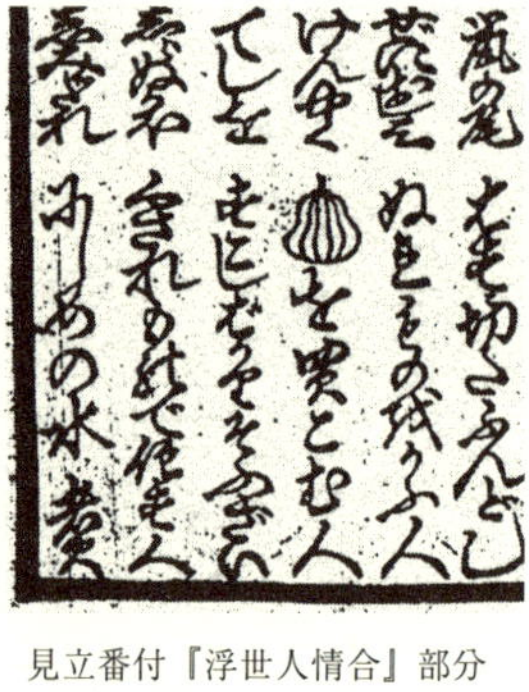
見立番付『浮世人情合』部分

◎カボチャの名称と種類のいろいろ

牧野富太郎によると、菊座形のものはキクザカボチャといい、ヒョウタン形のトウナスよりも以前に渡来していたという。『本草図譜』は、「きくざのとうなす」としている。カボチャは、またボウブラとも呼ぶ。ポルトガル語のAboburaに由来する。さらにナンキンとも呼んだが、それらの名称は混乱して使われた。

江戸、京都、大坂を比較した見立番付『まけずおとらず　三ケ津自慢競《さんがのつじまんくらべ》』（江戸東京博物館蔵）

の「江戸の部」に「なんきんうり」が見られることから、ナンキンを売り歩くのは、京坂と違って江戸独特のものかあるいは、とくに目立ったものだったのかもしれない。

これらは戦国時代に渡来したもので、日本カボチャという。現在では、この他に幕末から明治以降に渡来した西洋カボチャがある。クリカボチャ（栗南瓜）などで、西洋カボチャは、一九六〇年代から普及して今では市場をほぼ独占。日本カボチャは、二〇〇四年現在では市場の一割程度でしかない。日本カボチャの調理は、弱火で長時間加熱して、砂糖を加えた。西洋カボチャは、もともと甘いので、強火で短時間に調理し、砂糖は加えない方がよい。なお、最近流行のズッキーニは、キュウリではなく、ペポカボチャの一品種である。

一口にカボチャといっても、日本カボチャ、西洋カボチャ、ペポカボチャのグループがあり、同じウリ科の仲間でも属が異なる。そしてそれぞれに性質が違い、歴史も異なっているのだ（226頁参照）。

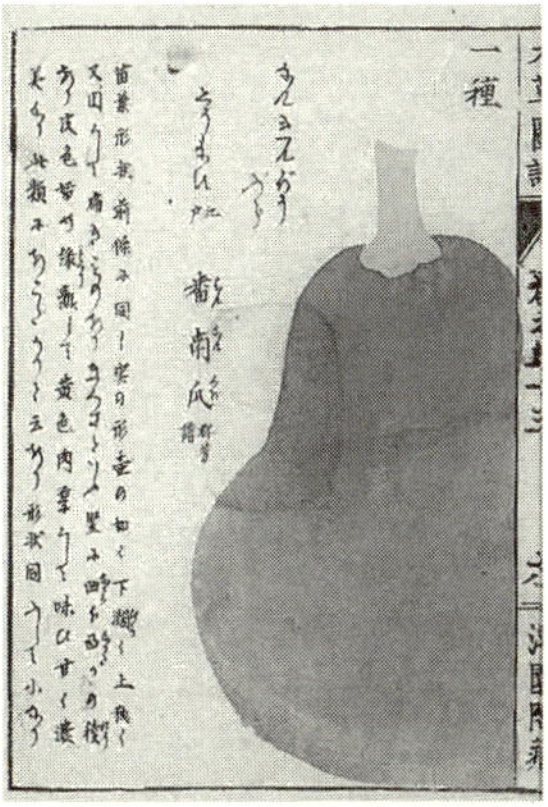

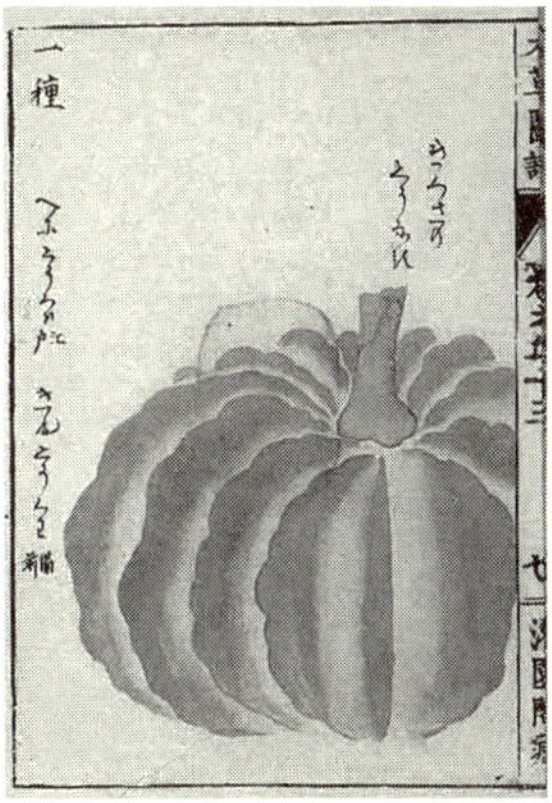

上：「とうなす江戸」
下：「きくざのとうなす」
（『本草図譜』国立国会図書館蔵）

第二章 『武江産物志』に見る江戸の野菜

1 『武江産物志』について

江戸の周辺では、その他にどんな野菜が作られていたのだろうか。それを知るための格好の資料となるのが『武江産物志』である。

『武江産物志』（文政七・一八二四年刊）は、江戸とその周囲、日本橋から二〇キロメートル程度の範囲を対象として、そこに産するもの、すなわち農産物、薬草木類を中心に、魚介類、昆虫、爬《は》虫類、両生類、哺乳類などもリストアップした小冊子で、

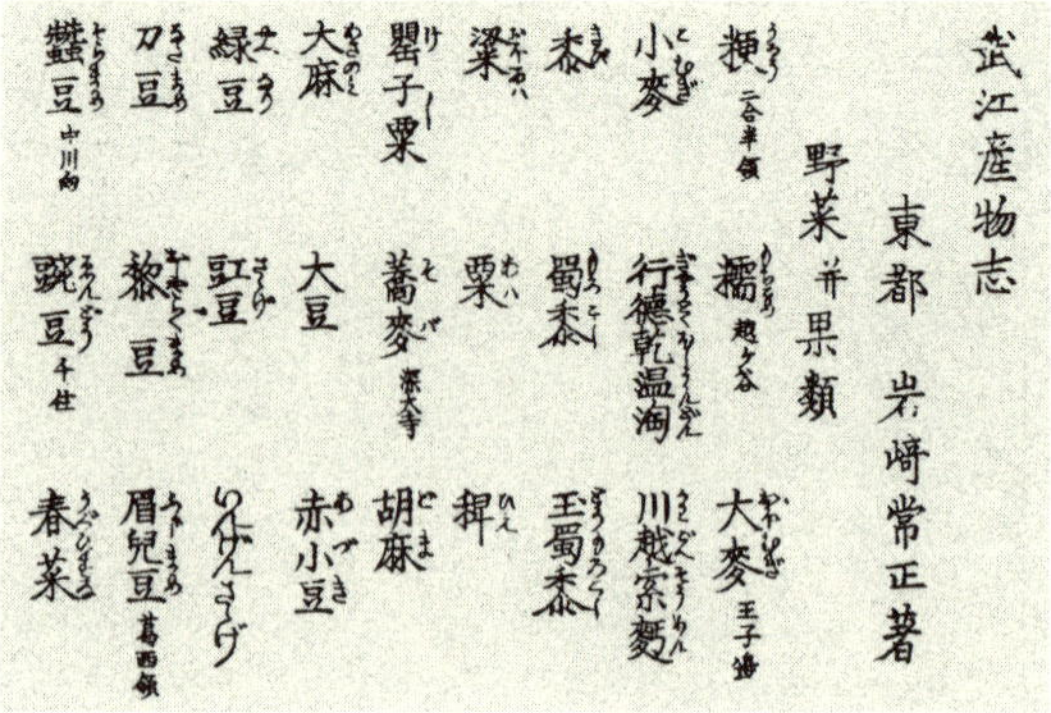
武江産物志
東都 岩崎常正著
野菜并果類
粳 二合半領　糯 越ケ谷　大麦《おほむぎ》 王子邉
小麦《こむぎ》　行徳乾温飩　川越索麪
黍《きび》　蜀黍　玉蜀黍
粱　粟《あは》　稗《ひえ》
罌子粟　蕎麦《そば》 深大寺　胡麻《ごま》
大麻　大豆　赤小豆《あづき》
緑豆　豇豆　いんげんささげ
刀豆　黎豆　眉兒豆 葛西領
蠶豆 中川筋　豌豆 千住　春菜

『武江産物志』の一頁

行楽のためのガイドブックの用をも兼ね備えている。これは、江戸の自然環境を知る上で、数少ない資料の一つであり、さらにはこれらの記録から、江戸の人々が当時の自然環境とどのようにかかわりながら生活していたのかを知る手掛かりを見つけることができるのだ。

『武江産物志』の著者の岩崎常正《いわさきつねまさ》（一七八六〜一八四二）は、号を灌園《かんえん》といい、江戸の下町に生まれ育った幕臣で、本草《ほんぞう》学者であった。下谷三枚橋（御徒町駅近く）、後に谷中に住む。常正は、当時日本最大の植物図鑑である『本草図譜』をはじめ、数々の著書を著している。ちなみに、今や絶滅が心配される植物の一つとされるカンエンガヤツリ（カヤツリグサ科）は、常正が『本草図譜』に挿絵と文を残したことから、その名がついた植物である。

本草学とは、本草すなわち植物を主としそれに動物、鉱物をも含めて、医療に用いる薬物を研究する中国に起こった学問である。平安時代に日本に伝わるが、江戸時代がもっとも盛んで、幕末には西洋の影響も受けることとなる。『武江産物志』は、小冊子ではあるが、そうした学問の知識をもつ著者による記録である。

2 適地適作［台地と低地、地の利を活かした農業］

これまで「見立番付」などから、江戸では、周辺で栽培されていたダイコン、ニンジン、ゴボウ、サトイモ、ホウレンソウやコマツナなど、今でも使われている種類の野菜が少なからず使われていたことを見てきた。その他今では野草とされるノビルやヨメナ、タンポポ、ナズナなども利用されていた。

現在日本で生産、販売されている野菜は、約三〇科一四〇種類という（『地方野菜大全』）。現在の野菜には、ハクサイのように明治以降に導入されたものも多く、最近特に外国からの野菜が増えている。

それに比べて、江戸の野菜は極端に貧弱だったかというと、そうでもない。ダイコンやニンジンをとっても、今では失われた品種も少なくない。面白いことに江戸時代にはすでに渡来していたが、観賞用にしかされなかったキャベツ（ハボタン）（アブラナ科）やトマト（ナス科）、それに最近になって多く使われるようになったセロリ（セリ科）もあった。なかでもジャガイモ（ナス科）は、江戸初期までには日本に渡来していたのに、やっと天明、天保の飢饉に救荒作物として認められ、高野長英が『救荒二物考』（天保七・一八三六年）を著して普及に努力した。江戸でサツマイモが大変に好まれたのと対照的である。これらは『武江産物志』には記録はない。間違っても江戸っ子の食い物ではないと思われていたのだろうか。

一方、『武江産物志』の「野菜并果類《やさいならびにくだもの》」の箇所を見れば、最近流行のゴーヤー（ニガウリ）もすでに江戸で栽培されていたり、その逆に現在では福神漬にしか見られないナタマメや、もう作物としてはほとんど栽培されない「おしゃらくまめ」（ハッショウマメ＝ムクナ）もあったり、また現在では一般には厳禁のケシやアサもタネを食用とし、アサは繊維とするため栽培されていたことが分かる。コメ、ムギなどの穀物や果物、ノリなど海草を含めて、約一〇〇項目を書き上げている。当時の農業は、水利や土壌、気温などの条件に大きく左右されたが、逆にそれを利用することで、土地の名を冠した特産の品種も生まれた。

「野菜并果類」のなかで、地名が記された野菜をえらび、台地に産する野菜と、低地のものとに振り分け

台地と低地の野菜の分布

（『武江産物志』などによる）

【台地】

①練馬区　ダイコン、ウド、ニンジン

②板橋区　清水なつ大根、みの早生大根

③新宿区　マクワウリ、トウガラシ、ミョウガ

④目黒区　タケノコ

⑤北区　滝野川ゴボウ、滝野川ニンジン

⑥文京区　駒込ナス

⑦品川区　居留木橋カボチャ

【低地】

⑧荒川区　谷中ショウガ、三河島菜、エダマメ、クワイ、汐入大根

⑨足立区（産地名ではなく、千住のやっちゃ場の名で呼ばれたもの）　エンドウ、キョウナ、ミツバ、シソ、シュンギク、タデ、ハス（レンコン）、クワイ、ナス、セリ、サトイモ

⑩墨田区　寺島ナス

⑪北区　シロウリ

⑫江戸川区・葛飾区（葛西）　サトイモ、フジマメ、シロウリ、ナス、ソラマメ、コマツナ

⑬葛飾区（明治以降）　曲金菜、金町小カブ

⑭江東区　スイカ、キュウリ、砂村ネギ、亀戸大根

（断面図）

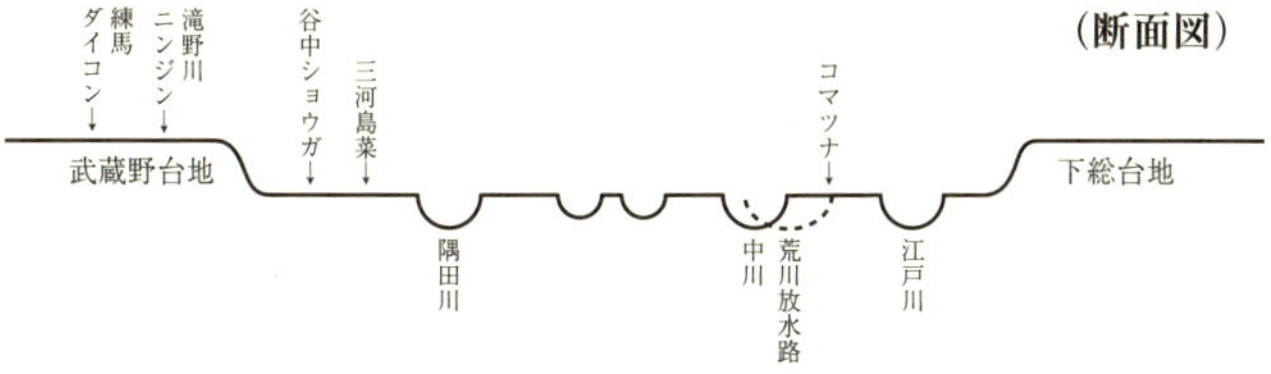

てみると後節（4台地の野菜、6低地の野菜）のようになる。

野菜は、厳密に低地でしか栽培できないとか、台地でしか育たないというものではない。しかし、例えばダイコンをとってみても、練馬では台地の軟らかな土を利用して長大な沢庵漬け用の大長《おおなが》ダイコンが栽培される一方で、低地の川の近くでは、冬の暖かさを利用して、秋に種子を播き春先に収穫する亀戸大根なども作られるなど、おなじ野菜でも土地の特色と品種の違いを上手に使い分けていた。

土地に合わない作物を無理に作ってもできないことはないが、質のよいものはできない。例えば、農村なのに正月料理用のゴボウやニンジンを、高台の岩槻、赤山から買っていたところもある。関東郡代伊奈氏の赤山陣屋（川口市赤山）から江戸への道筋にあった舎人《とねり》（足立区舎人）は、年末にはゴボウ市でにぎわった。舎人は、荒川の氾濫によってもたらされた荒木田土と呼ぶ粘質土の低地で、地下水位が高く、そのため地中深く根が伸びるゴボウなどの野菜はよく育たなかったからである。

3 台地の農業

「やっちゃ場語」（青果市場用語）で、「隅田川を境に東を『葛西』、江戸城の西を『西山』と区分した」という〔『ふるさと江戸・東京の野菜栽培攷』〕。

西山の高台の水の乏しい台地の乾燥地農業地帯では、百姓は、アワやヒエ、ソバ、ムギ、サツマイモ、ラッキョウ、ウドなどを栽培した。なお、武蔵野台地では新田開発といっても水田ではなく、畑の開墾を意味した。一世帯ごとの短冊状の土地には、道路沿いに住宅（むら）、そのうしろに畑（のら）、雑木林（やま）が配置された。

例えば、武蔵野市吉祥寺の地名は、明暦の大火（一六五七年）後に焼けた、神田水道橋の吉祥寺の駒込への移転にともない、その門前の人々を、むら、のら、やまをセットで一世帯とする配置で武蔵野に入植させたことに始まる。現在では、そうした配置の様子は、埼玉県三芳町と所沢市にまたがる三富新田《さんとめしんでん》に残っている。

江戸時代の農業は、その土地の自然条件に大きく制限されたが、逆にそれを利用して品種改良し、特産品、名産品を作りあげた。例えば、武蔵野の成増台《なりますだい》の軟らかな土によって、長大な練馬の沢庵漬け用の大長ダイコンは育った。

台地の軟らかな土に育ったのは滝野川ニンジン、滝野川ゴボウ（北区）も同様であった。ともに根が長さ一メートルにもなった。ゴボウの産地は、台地の岩槻《いわつき》、赤山《あかやま》も有名であった。

4　台地の野菜

［蘿葡《だいこん》　練馬　清水なつ大根　はだな大根］［練馬］は練馬区。練馬のダイコンはすでに述べたように、生のまま、また干しダイコン、沢庵、浅漬けとして、練馬、板橋方面から、荒川の舟運を使って江戸へ運

ばれた。

ダイコン（アブラナ科）は、沢庵漬けその他切干しダイコンとすることで保存ができること、さらに天候不順でも影響が少なく、飢饉に備える救荒作物として重要であった。『農業全書』では「もっとも飢を助くる」ものとして「必ず過分に作るべし」と栽培を奨励している。

「見立番付」の『日々徳用倹約料理角力取組』にも、むきみ切干（貝のむきみと切干しダイコンを煮たもの）、切干煮つけ、ごぶつけはりはり（干しダイコンを五分の長さに切り、醤油、みりん、砂糖などで漬けたもの）などの料理が見られる。ちなみに、関東から東では「切干しダイコン」と呼ぶものを、関西から西では「せん切りダイコン」と呼ぶ。

「清水なつ大根」は、板橋区志村の清水薬師のあたりで産し、暑い夏に収穫できたダイコンのことで、「清水種〈しみずだね〉とて世に賞しはべり」と『江戸名所図会』に記載があるように、その種子が販売され、各地へもたらされた。なお、後に志村辺では早生の「みの早生《わせ》大根」が作られたといわれる。

「はだな大根」は、名古屋では守口大根、大阪では宮の前大根という細長いダイコンの仲間と、昔は考えられていた（『本草図譜』）が、『日本の野菜』によれば系統が異なるという。

一方、低地で栽培されたダイコンもあった。秋に種を播き春に収穫する「二年子大根」と呼ばれるもので、亀戸大根、汐入《しおいり》大根、三河島大根などがこれにあたる。これらは、川のそばで冬には気温が下がらな

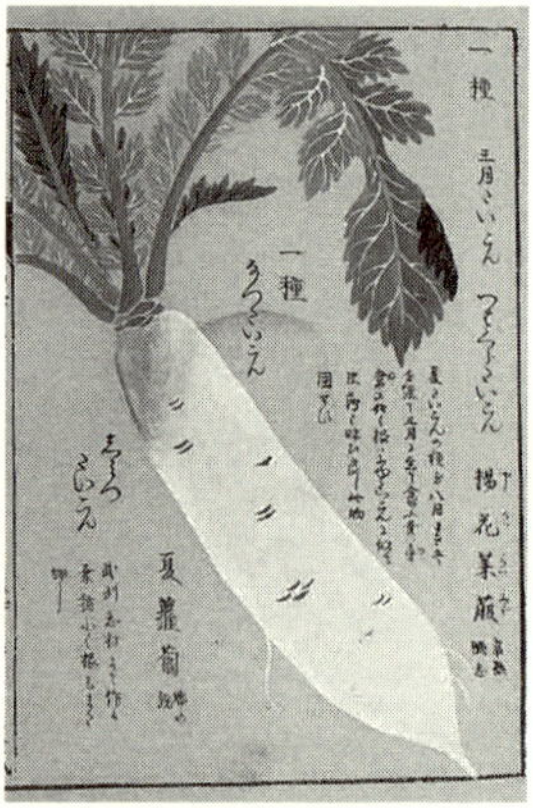
「なつだいこん」
（『本草図譜』国立国会図書館蔵）

い特徴を活かして栽培され、春先に出荷された。『本草図譜』に、「豊島千住の産は頭尾狭くして腹大にて味ひ良く煮て食うに良し」とある。『日本産物志』にも練馬徳丸の産、豊島千住の産について記述がある。豊島千住の産とは、南千住の汐入大根のことであろうか。

汐入大根は、南千住の汐入で生産されていた。明暦年間（一六五五〜五七）高田嘉衛門の試作に始まる

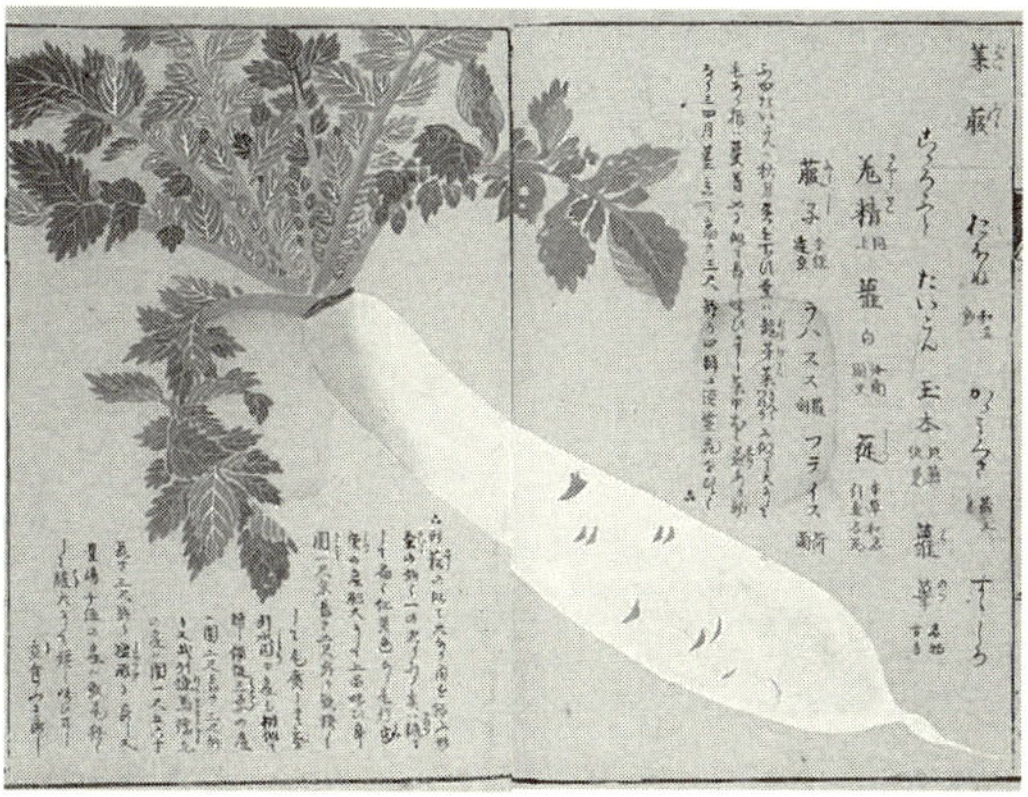

上：「宮の前だいこん」及び「はだなだいこん　江戸」
下：「ふゆだいこん」
（『本草図譜』国立国会図書館蔵）

という〔『東京府史』行政編二〕。
三河島大根は、三河島村字荒木田の地名から、荒木田大根とも呼ばれた。荒木田も汐入も荒川の激しく屈曲した突出部、川が運んだ砂質壌土が堆積したところで、ダイコンの栽培に適し、冬でも暖かい条件を利用していた。

［胡羅蔔《にんじん》 練馬］　［練馬］は練馬区。他に北区滝野川の「滝野川ニンジン」が有名。根の長さは一メートルにもなり、享保年間（一七一六〜三二年）より昭和二〇年代まで約二〇〇年間栽培されたが、今では品種が途絶えた。練馬、滝野川はともに武蔵野台地上に位置する。

［牛房《ごぼう》 岩ツキ］　［岩ツキ］とは、埼玉県岩槻市。滝野川ゴボウも有名であった。舎人《とねり》のゴボウ市については、62頁参照。砂川ゴボウについては、219頁参照。なお、ニンジンもゴボウも同じように根を食べるが、ニンジンはセリ科、ゴボウはキク科に分類される植物である。

［茄《なす》 駒込 千住］　47頁参照。

［番椒《とうがらし》 内藤宿］　トウガラシ（ナス科）は、南アメリカ原産で、一六世紀に渡来。［内藤宿］とは、新宿区新宿付近。その名は信州高遠《たかとう》の内藤家の屋敷（現在新宿御苑）があったことによる。元禄のころ甲州

街道の宿駅となるが、周囲は農村地帯であった。

［楤木《うど》一種　練馬］　ウドは、山野に生えるウコギ科の多年草で、若い苗を食用にする。ウドの苗を四月に畑に植え、一一月に掘りあげ、幅、深さともに六〇センチメートルの溝へ並べて土をかける。光をあてず、軟化栽培して茎を長く伸ばす。この方法は文化年間に武蔵野市吉祥寺で始まった。現在の穴蔵軟化方法は、武蔵野市で戦後間もなく開発されたものである。これにより、土がつかず、真っ直ぐに伸びたウドが収穫されるようになった。なお、楤木とは、同じウコギ科のタラノキのこと。

［茗荷《ミやうが》　早稲田］　ミョウガ（ショウガ科）は、熱帯アジア原産。人家の周囲に栽培される。ミョウガタケ（若い茎）と、ミョウガの子（花穂）を食べる。［早稲田］とは、新宿区早稲田。早稲田の神田川をはさんだ向いに、茗荷谷（文京区）の地名がある。

［甜瓜《まくハうり》　ナルコ村　府中］　見立番付『江都自慢』に、「四ツヤ　鳴子瓜」とあるのが、成子村のマクワウリのことである。48頁参照。

［薯蕷《ながいも》　代野］　薯蕷《じょよ》とは、ナガイモ（ヤマノイモ科、中国原産）のことで、栽培するもの。これに対してジネンジョウ（自然生＝ヤマノイモ、ヤマノイモ科）は、山に生えるもので、染色体の数も違うとのこ

とである〔『日本の野菜』〕。ナガイモ、ヤマノイモはともに肥大した根を食べる他、「山薬」と呼び、古来、滋養強壮、鎮咳《ちんがい》（せきどめ）などの目的で「八味地黄丸《じおうがん》」、「薯蕷湯《じょよとう》」など多くの漢方剤に配合される。〔代野〕は埼玉県与野市であろう。ただし与野市は、二〇〇一年合併により「さいたま市」となった。

5 低地の農業

西の台地に対して江戸の東部から北東部の低地では、川の影響を強く受けており、川が運んだ土がよく肥えていたことと、地下水位が高く、畑には水分が十分にゆきわたることで、良質な野菜が栽培できた。また、低地の川や海辺の気候も巧みに利用した。例えば汐入《しおいり》（荒川区南千住）は、荒川が屈曲する凸部にあたり、沖積砂質壌土《ちゅうせきさしつじょうど》で湿り気に富む。前節でも述べたとおり、川の近くは冬も夜間の温度変化が少ないので、汐入大根（二年子大根）は秋に種子を播き、春に出荷した。海に近い亀戸（江東区）の亀戸大根も同様に栽培された。また、海に近い砂村（江東区）では、ゴミや堆肥の発酵熱をも利用し、野菜の早出しが行われた。

収穫後すぐに鮮度が落ちるものは、市街地に隣接した農村が有利であった。〔野菜并果類〕には、三河島（荒川区荒川）の漬け菜や、谷中本村（荒川区日暮里）の谷中ショウガをはじめ、料理屋で使う「つまもの」のシソやタデ、セリ、ミツバなどに千住の地名が見られる。舟が使える葛西方面も野菜の栽培が盛んであった。

6 低地の野菜

［眉児豆《ふじまめ》　葛西領］　フジマメ（マメ科）は、初夏から秋にかけてフジに似た花を開き、若いさやは食用。千石豆、味豆ともいう。江戸時代前期の僧隠元《いんげん》が中国からもたらしたといわれる、本来のインゲンマメであるが、一般にはこれより後に渡来した別種のゴガツササゲを、インゲンマメと呼んでいる〔80頁参照〕。［葛西領〈かさいりょう〉］とは、隅田川の東から江戸川の西の間の地域で、現在の葛飾、墨田、江東、江戸川各区の地域。

［蚕豆《そらまめ》　中川向］　『武江産物志』の時代には、江戸のソラマメ（マメ科）も改良されていただろうが、それより百年前の『農業全書』には、「……江戸豆とて、ふとくひらめなるは味よからず、……そら豆は大坂に多し、種子を求むべし」とある。元禄時代には、江戸のそら豆はまだ改良が進んでいなかったようである。［中川向］とは、中川の東側、現在の葛飾区と江戸川区のそれぞれ一部。

［豌豆《えんどう》　千住］　エンドウ（マメ科）には、アカエンドウ、シロエンドウ、アオエンドウ（グリーンピース）、サヤエンドウなどの品種がある。古くには種子が穀類として、菓子や煮豆などにされたが、若いさやや剥き実も利用された。なお、農産物の場合に「千住」とあるのは、直接の産地名ではなく、「千住の周

辺の地域」の意味か、または千住のやっちゃ場の名を書いたと思われる。キョウナ、セリ、シソ、ネギやクワイなどの項目に付記された「千住」の地名も、一度千住のやっちゃ場に集められ、さらに神田などのやっちゃ場へ送られたことによるものであろう。舟で隅田川を下れば、すばやく大量に運べた。

［秋菜《ふゆな》　小松川］　コマツナ。38頁参照。

［笥幹菜《つけな》　三河島］　トウナ。『本草図譜』、『日本産物志』では、トウナの類とする。三河島菜については第二部参照。

［水菜《けうな》　千住］　ミズナ（アブラナ科）は、別名京菜《きょうな》といい、アブラナから突然変異で生じたものと考えられている。わが国独特の漬け菜である。一つの株は、六〇〇～一〇〇〇葉を生ずる。千筋京菜の名もある。壬生菜《みぶな》は、この京菜の変種であるが、葉のふちに切れ込みがない。218～219頁参照。

［紫芋《とうのいも》　葛西］　トウノイモ。サトイモ（サトイモ科）の一品種。

［青芋《どだり》　葛西］　エグイモ。アオカラ、土垂《どだれ》ともいう。サトイモ（サトイモ科）の一品種。なお、サトイモの葉柄（ズイキ）を専門に食べる品種もある。『日々徳用倹約料理角力取組』に「いもがらあぶらげ」、

「いもずいきあへ（和え）」とあるように、保存食としてよく利用された。

［水芹《せり》　千住］　セリは、湿地や溝に生えるセリ科の多年草。古くから食用とされた。『新編武蔵風土記稿』の本木村（足立区本木）の項に、茄子《なす》とともに芹《せり》の記述がある。本木のセリは、栽培方法に特徴があった。秋にセリ田に苗を植え、苗の芽が伸びたら水位を上げて茎を長く伸ばして、白く軟らかな茎をつくる。収穫は一一月から翌年の四月頃まで。履き桶という長靴がわりの木の桶をはいて、水の深い田に入り収穫した。昭和三〇年代に栽培農家は減少、昭和末期では一軒残るのみ。足立区役所によると、現状は不明とのこと。

［ミつば芹《せり》　千住］　ミツバは、ミツバゼリともいう。山の木陰に生えるセリ科の多年草で、野菜として畑に栽培し、新苗を食用にする。『農業全書』でもセリと同じく栽培を勧めているから、古くから野菜として栽培されていたことが分かる。

［紫蘇《しそ》　千住］　シソ（シソ科）の花穂を刺身のつまとする。また束穂《たばほ》という花穂と葉がついたもの、おおばと呼ぶ青じそは、てんぷらとし、きざんで薬味とする。

［同蒿《しゅんぎく》　千住］　シュンギク（キク科）は、地中海沿岸原産。春菊《しゅんぎく》の名は、春に若芽を食用とすること

から。『農業全書』には、「倭《わ》俗《ぞく》（日本の俗名の意味）こうらい菊という、また春菊ともいう」とある。シンギク、ロウマ、キクナ、フダンギクなど方言がある。

［**蓼**《たで》　**千住**］　アザブタデ（エドタデ）、イトタデ、ムラサキタデ、ヒロハムラサキタデ、アイタデなど食用とするものは、ヤナギタデ（タデ科）から出た変種である。ヤナギタデは河川のほとりや湿地、水辺に普通な一年草。タデの仲間で辛味のあるはこの仲間だけで、これに対して、イヌタデ、ボントクタデ（ポントク＝ポンツク＝愚鈍者）などは、ヤナギタデに似るが辛味がなく役に立たないタデという意味でそう呼ばれる。

スイカ売り
（歌川広重『四季江都名所』
「夏 両国之月」部分）

［**西瓜**《すいくハ》　**大丸　北サハ　スナ村　羽田**］　スイカ（ウリ科）は、アフリカ原産の一年草。『農業全書』には「西瓜は昔日本にはなし、寛永の末初めてその種子来りて、その後ようよう諸州にひろまる」とある。

［スナ村（砂村）］は、江東区北砂、南砂など小名木川以南（大島以南）で新砂より北の地域。江戸時代

の正保～万治（一七世紀中頃）に開拓された新田。明治以降に他の村と合併してその名の地域が広がる。［羽田］は大田区本羽田、羽田の多摩川沿いの地域。

江戸に接する低地ではないが、スイカで知られていた［大丸《おおまる》］は、東京都稲城市大丸。重いスイカは多摩川の舟運で運ばれたか。［北サハ］（北沢）。単に北沢とは、下北沢村（世田谷区北沢）のことであろう。『江戸名所図会』の「北沢淡島《あわしま》神社　北沢村八幡山森巌寺《しんがんじ》」（世田谷区北沢二丁目）のところに「この辺り西瓜を産す、上品とす。世田ケ谷　大丸の辺り同じ　西と称せり」とある。

［越瓜《しろうり》　タバタ　ハナマル］　シロウリ（ウリ科）は、マクワウリの変種で、芳香や甘みはなく、生食よりも漬け物（奈良漬けなど）や料理用とする。『本草図譜』に「あさうり、しろうり……武州田畑村にて培養する物、長さ二尺余、囲り一尺四五寸に至るものあり」とある。［タバタ（田畑村）］は、北区田端、東田端、田端新町にあたり、道灌山のつづきの台地の上とその下の低地とを含む。シロウリに「田畑《たばた》」という品種名がある（『ふるさと江戸東京の野菜栽培起源攷』）。［ハナマル］とはシロウリの品種名。見立番付『花競贅二編』に「たで入　花丸の印籠づけ」が洒落た食べものとして記されている。見立番付『日々徳用倹約料理角力取組』の精進方の夏に見られる「かみなりぼし」は、シロウリの中をくり抜きらせん状に切り塩漬けして日に干したものである。

［醤瓜《まるづけ》　葛西］　「まるづけ」はシロウリの園芸品種。漬け物用の瓜。菜瓜《つけうり》の名がある（『本草図譜』）。

［胡瓜《きうり》　砂村］　キュウリ（ウリ科）は、インド原産で、六世紀頃渡来。江戸時代末期頃までは、「下品の瓜」とされていた（『農業全書』）。［砂村］は、東京都江東区内。江戸では、砂村で古くから「砂村青節成《あおふしなり》」という品種が作られていた。明治以降にそれが、品川区大井、品川方面へ伝えられ、さらに大田区の南北馬込地域に広がり、明治三三（一九〇〇）年、早出キュウリの「馬込半白節成《はんしろふしなり》キュウリ」が作られると、高知県や神奈川県平塚へもたらされて全国に広まった（『江戸・東京ゆかりの野菜と花』）。
なお、節成《ふしなり》は、「節生」とも書き、親づるに実が成るものをいう。これに対して、節から出た側枝（子づる）に実が成るものを、「枝成《さすなり》」という。

［藕《はすのね》　千住　不忍池］　藕《ぐう》とはハスの根（レンコン）、またハスの意味。一方、蓮《れん》は、ハスの意味の他に、ハスの実の意味がある。ハス（スイレン科）は、古くに中国から渡来。現在の日本の食用ハスは、鎌倉時代に僧道元が中国からもたらしたという食用ハス以降の種類。その後も江戸時代に上総蓮《かずさはす》、加賀種、愛知種、また明治初期に支那種がそれぞれ中国から渡来。ほかにも多くの品種がある。

［不忍池］は、台東区上野公園内。江戸時代に、不忍池のほとりの茶屋では、ハスの若葉をきざんで塩味の飯に和えた「蓮飯」を売っていたという。

伊藤圭介著『日本産物志』（明治六・一八七三年）には、「ハスノ子《ね》　藕　千住ヨリ三里許《ばかり》新兵衛新田其他新田ノ産　柔軟ニシテ味美ナリ、不忍池ノ者ハ味ヤヤ劣る」と記している。

ハスの花の名所としては、赤坂溜池《あかさかためいけ》（現在の千代田区永田町二丁目の日枝神社（山王）の南に、江戸城外堀の一部の溜め池があった）。池の妙恩寺（現在の台東区松が谷二丁目辺り）。向島　白鳥の池（梅若塚、木母寺《もくぼじ》の近く）。増上寺　赤羽橋内（港区芝公園四の八あたり）などが有名であった。しかし、食用のハスは、専門に栽培したので、花の名所のものが食用に適していたとは限らない。

〔**慈姑**《くわい》　千住〕　クワイ（オモダカ科）は、中国から渡来し、古くから栽培され食用とされた。『武江産物志』には、クワイの産地は「千住」としかないが、『日本産物志』には、「慈姑千住在、バラ島、這松、尾久の辺味最佳」とある。バラ島は不明、這松は埼玉県川口市榛松《はいまつ》、尾久は荒川区東・西尾久。クワイが正月料理として珍重されるのは、レンコンは「見通しが良い」、数の子は「子孫繁栄」、昆布は「よろこぶ」とならび、クワイは「芽が出る」（幸運にめぐりあう）に通じるとされるから。このため、芽が欠けると商品価値がなくなるので手数はかかるが、クワイの単位面積あたりの収益はコメの三倍という。

ハスの葉採り（歌川広重『東都名所』「上野不忍蓮池」）

●コラム

道灌山とダイコン

明治一七（一八八四）年に小林清親が描いた『武蔵百景』の「道灌山」の図をご覧になったことがあるだろうか。画面の大きな部分を占める馬の腹の下を覗くと、崖下に前年に開通した鉄道の機関車、その背景には浅草の五重塔とおぼしき建物が見える。

この絵のダイコンは、どこの産かが話題となることがある。季節はススキや紅葉により、秋と分かる。秋に収穫されるダイコンで、その形は、沢庵漬けにする練馬大長大根に似ている。品種は、長さ七〇～七五センチメートル、重さ二・五～三キログラムにもなる練馬のダイコンの系統であろう。すると、王子、滝野川、板橋辺りの台地の軟らかな耕土で育ったダイコンを、東京市内へ運ぶ途中であるとして矛盾はない。なお、道灌山の近くの低地の三河島村で産した三河島大根や南千住の汐入大根は、亀戸大根と同じく春に収穫、根は細いのでこの絵には当たらない（212頁「二年子大根」、213頁「亀戸大根」参照）。

小林清親『武蔵百景』「道灌山」

7 土地を選ばない野菜［産地の表示のない野菜や穀物］

［野菜并果類］には、産地の表示がないものがある。これらは、特にどこが有名な産地ということはなく、どこでも作られていたということであろう。キビ、モロコシ、アワ、コアワ、ヒエ（各イネ科）については、野菜ではなく穀類であるので、説明は省略する。ただし、水利の不便な台地や山間地では、現在考えるよりもはるかに重要な穀類であった。高冷地で稲作ができない埼玉県秩父市大滝には、「私は大滝だよ　あわ　ひえ育ち　米のなる木は　まだしらぬ」という大滝節がある。

［玉蜀黍《とうもろこし》］　江戸時代には、トウモロコシ（イネ科）は、乾燥した種子を煎ってはぜさせるか、粉にして食べた。現在のような野菜としてではなく、穀物に分類されるべきであろう〔193頁参照〕。今日、未熟な雌穂を焼いたり、ゆでたりして普通に食べているスイートコーンは、明治以降に輸入され、戦後になって本格的に普及したもの。

［罌子《けし》粟］　ケシ（ケシ科）は、地中海沿岸地方の原産。種子は良質な脂肪油を含み食用。若い苗も食用とした（『農業全書』では食用としての栽培を勧めている）。種子は七色唐辛子（七味）その他に用いる。白花種の未熟な実に傷をつけ、分泌する液を乾燥して阿片《あへん》とする。現在は「あへん法」（一九五四年制定）

により栽培、採取、所持、輸出入、売買禁止。
江戸の風俗を四季折々に伝える菊池貴一郎の『江戸府内絵本風俗往来』（明治三八・一九〇五年）には、唐辛子を売る店が市中のあちこちにあったと記されている。

［胡麻《ごま》］　ゴマ（ゴマ科）には、クロゴマ、シロゴマ、キンゴマなど品種がある。種子を食用とし、また油を絞る。なお、エゴマ（シソ科）の実も、煎ってゴマの代用とし、絞って「荏《え》の油」として灯油に使われたが、ゴマとは別物。

［大麻《あさのみ》］　アサ（クワ科）は、雌雄《しゆう》異株。実《み》は食用で、七色唐辛子に用いる。油は灯油にし、茎の皮の繊維を衣類、麻糸とする。現在アサは無許可栽培、所持、吸煙は麻薬取締法で禁止。

七色とうがらし売り
（『江戸府内 絵本風俗往来』より）

［大豆］　ダイズ（マメ科）は、中国原産。味噌、醤油、豆腐、油などの原料。五穀（コメ、ムギ、アワ、ヒエ、ダイズ）の一つ。ダイズから作る食品は多く、とくに豆腐の料理方法は『豆腐百珍』（天明二・一七八二年刊）と『続豆腐百珍』（天明三・一七八三年刊）とにあわせて二三八品目が書かれている。
『武江産物志』ではダイズは、その産地名が書かれていない。しかし、ダイズの未熟な豆を食べるエダ

マメには、東京の地名がつく枝豆用の品種に「三河島」と「西新井大莢」があり、今でも各地で栽培されている。「三河島」、「西新井大莢」という品種名は、三河島（荒川区荒川）、足立区西新井の地名にちなむ。荒川区や足立区の地域は、荒川に接して地味が肥え、地下水位が高く水分が野菜に十分に供給される。さらにエダマメは、収穫後に時間が経つと急速に味が落ちるので、生産地は消費地に近いほど有利になる。この地域は、市中に近いこうした条件にかなっていたのである。

この「三河島」という品種は、中生《なかて》で、枝数も多く、毛は白色、さやは濃い緑色、一さやに三粒の豆がそろって入る。江戸時代の『武江産物志』ではダイズとして一括され、「三河島」の名はないが、明治一五年二月の三田育種場種苗交換会市府県出品目録の東京府下に、「三河島菜」とともに「三河島枝豆」の文字が見られる（『農務顛末』第一四　三田育種場　第六巻）から、江戸時代から栽培されていたと考えていいのではないか。

なお、土地の古老によると、水に浸したダイズをすりつぶした「呉《ご》」をいれた味噌汁の呉汁《ごじる》は、三河島では一般的であったという。呉汁は豆汁とも書く。

［赤小豆《あづき》］　アズキ（マメ科）は、日本では菓子の餡《あん》その他に用いる重要な作物の一つであるが、欧米ではほとんど栽培されていない。

［緑豆《やへなり》］　リョクトウ（マメ科）の種子は、アズキに似るが、その色は暗緑色。八重生《やえなり》、ブンドウとも

いう。リョクトウは、現在でも春雨の原料であり、ダイズ、ソバ、ゴマ、ダイコンなどとともに、モヤシの主な原料でもある。モヤシには、種子の時にはほとんどないビタミンCやカロチンが多く含まれる。

［豇豆《ささげ》］　ササゲ（マメ科）は、古くに中国から渡来。十六ササゲ、ハタササゲ、ヤッコササゲなどの種類がある。さやおよび種子を食べる。

［いんげんささげ］　ゴガツササゲ（マメ科）のことである。真のインゲンマメ（フジマメ）よりも後から渡来し、今では日本で広く栽培されているこのゴガツササゲのことを、一般に誤ってインゲンマメと呼んでいる〔69頁参照〕。南米からコロンブス以来ヨーロッパに輸入されアジアを経て日本にもたらされた。種子や若いさやを食用とする。

［刀豆《なたまめ》］　ナタマメ（マメ科）は、日本では、現在では若いさやを、福神漬けに薄く輪切りにしていれる以外はあまり利用されていない。さやは長さ三〇センチメートル、幅五センチメートルになる。名は、さやの形が剣（または鉈《なた》）の形に似ていることから。

［黎　豆《おしゃらくまめ》］　おしゃらくまめとは、ハッショウマメ（マメ科）のことで、熊爪豆《くまつめまめ》、虎豆《とらまめ》。八升豆《はっしょうまめ》、八州豆《はちしゅうまめ》、八丈豆《はちじょうまめ》、ムクナともいう。熱帯アジア原産で、日本では元禄八（一六九五）年頃から知られる。

敗戦後の食料不足時代には栽培されたが、最近ではほとんど見られないらしい。この植物が出す化学物質には他の植物の生育を抑制する働きがあり（アエロパシー）、除草にその利用が研究されている。

［白芥《えどからし》］　カラシナ（アブラナ科）の種子の漢名を芥子《かいし》という。芥子と書いて「からし」（辛し）と呼び、粉末として香辛料、薬用とする。クロカラシは、種子の色が芥子よりも暗褐色だが、成分、用途は同じ。

［九面芋《やつがしら》］　ヤツガシラとは、サトイモ（サトイモ科）の一品種。46、51頁参照。［紫芋《とうのいも》　葛西］、［青芋《どだり》　葛西］はともにサトイモの一品種で、低地が適していたようである。

［江戸萆薢《ところ》］　エドトコロ（ヒメトコロ）（ヤマノイモ科）は、関東以西、四国、九州、中国中部に分布。山城（京都府南部）の名産。あまところ、もちところともいう。味は甘く少しえぐみがある。

［仏掌藷《つくいも》］　ツクネイモは、捏《つく》ねいもと書き、ナガイモ（ヤマノイモ科）の一品種。とろろにして食べる。コブシイモ、イチョウイモともいう。掌状《しょうじょう》（手のひらのような形）、扇状、バチ状など偏平な形のものが関東で多く作られる。

［巻丹《ゆり》］　巻丹《けんたん》はオニユリ（ユリ科）の漢名。いろいろな種類のユリの根（鱗茎《りんけい》）を食べる。コオニユ

リは苦みが少ない。料理ユリ（エイザンユリ）と呼ぶものは、ヤマユリのことで、やはり食用とされる〔『日本産物志』〕。

〔甘露児《ちょろぎ》〕　チョロギは、中国原産でシソ科の多年草。元禄の頃（一六八八〜一七〇四年）に渡来し現在も栽培する。秋、地下茎に巻き貝に似た塊茎《かいけい》ができ、それを梅酢で赤く染めて、正月料理に用いる。草石蚕《そうせきさん》、地瓜児《じかじ》とも書き、元禄一〇（一六九七）年の『農業全書』に「てうろぎ（ちょろぎ）」の名で記述されている。

〔菠　薐《ほうれんそう》〕　ホウレンソウ（アカザ科）は、西アジア原産。江戸初期に中国から渡来。現在では、従来の葉のとがった東洋種は市場に出荷されることはほとんどなく、西洋種が大半を占める。203頁参照。

〔津るな〕　ツルナは、海岸の砂浜に自生するツルナ科の植物で、時には栽培されることもある。全体に多肉質で毛がない。茎はまばらに分かれ、ややつる状となる。新芽、葉を食用とする。一名ハマジシャ。

〔款冬《ふき》〕　フキ（キク科）は、各地に自生、また栽培する。若い花茎《かけい》をフキノトウといい食用とする。葉柄《ようへい》も食べる。フキは［款冬〈かんとう〉］の他に蕗、苳、菜蕗などとも書く。

［冬瓜《とうぐハ》］　トウガン（ウリ科）は、インド原産で、五世紀頃に朝鮮から渡来。果実は普通汁の実、あんかけなどとして食べる。「干瓢《かんぴょう》のようにしてもユウガオにおとらず」という〔『農業全書』〕。「トウガ」ともいう。トウガンはトウガの音便。228頁参照。

［苦瓜《れいし》］　ニガウリ（ウリ科）は、ツルレイシともいう。熱帯アジア原産で、日本には中国から渡来。若い果実を食用とするが皮に苦みがある。沖縄ではゴーヤーという。

［絲瓜《へちま》　中山］　ヘチマ（ウリ科）は、風呂場のあかすり、靴の敷き皮などに利用されるが、江戸時代には、野菜としても利用された。番付『日々徳用倹約料理角力取組』にも、夏に「へちまに（煮）びたし」が見られる。南九州と沖縄では、今でも食用として専用の種類を栽培している。『武江産物志』では、産地として千葉県の中山をあげているが、どこでも栽培できたものと思われる。

［韮《にら》］　ニラ（ユリ科）は、中国から渡来し、古くから栽培される。強い臭気があり、葉を食用とする。ニラは、仮名で二文字なので、女房詞《にょうぼうことば》でフタモジといった。

［薤《らっけう》］　ラッキョウ（ユリ科）は、中国原産で、五～七世紀頃日本に入る。薤《かい》とは、ニラ、ラッキョウの意味。ラッキョウの名は、辛いニラの意味である「辣韮」の音読み「らっきゅう」から。

〔山蒜《のびる》〕 ノビルは、山野に自生するユリ科の多年草。大昔から採集され食べられていた。ニンニクの「おほひる」に対して「こひる」ともいう。ヒルとは、ネギやニンニクなどの総称。ノビルとは、野に生えるヒルの意味。

〔烏芋《くろくわい》〕 クログワイ（カヤツリグサ科）は、「クワイ」とあっても正月料理に使うクワイの仲間ではない。池や沢の水中に群生する多年草。塊茎《かいけい》は食べられる。食用として栽培するものは、江戸末期に中国から渡来したシナクログワイという品種で、「烏芋《うう》」、一名「馬蹄《ばてい》」。塊茎は径約二～四・五センチメートル。

●コラム

台地でも低地でも作った江戸の主食

主食のコメは、江戸の東部の低地が主な産地であった。しかし、それだけでは足りず、全国から集められ、江戸の年間消費量は一〇〇万石にもなった。江戸に住む人々のなかには、「江戸わずらい」と呼ばれた脚気《かっけ》になる者が多かった。白米中心の偏った食事によるビタミンB_1不足が原因であった。しかし江戸時代には、主食としてもっぱら白米を食べられたのは、都市に生活する一部の人であり、多くの人々はムギ、ヒエ、アワ、キビ、ソバの雑穀やサツマイモなどを合わせて食べていた。

江戸でも、ムギ飯屋やソバ屋、焼き芋屋などが多かった。ソバはとくに単身の男子が多かったので、ソバ切りという現在の形式となって、外食するのに便利なものとして人気があった。ウドンも同様であった。

ウドン、ソウメンの原料のコムギをはじめ、オオムギ、ソバ、アワ、ヒエなどの雑穀は、水が不足した台地の地域で多く作られた。一方、ムギはまた低地の水害の恐れがある地域でも作られた。台風シーズンが終わってから種を播くからである。

かつては日本一のコムギの産地であった埼玉県では、現在でも秩父山地のお切りこみ、大里・児玉の煮ぼうと、入間台地の打ちいれ、東部低地の煮込みウドンなどが有名である。

江戸時代には、川越素麺《そうめん》が江戸でとくに有名であった。それは、川越と江戸とを結ぶ新河岸川の川越夜舟によって江戸へもたらされた。ソウメンは、ウドンのように切ったものではなく、水でこねた小麦粉にゴマ油をつけて一本のひも状に長く伸ばしたものである。現在ではソウメンは短く切り保存、輸送されるが、江

長い素麺を食べる江戸っ子
（『北斎漫画』より）

戸にソウメンが伝わった時代には、長いソウメンをまるめて保存していた。本来はそれを割ってからゆでるのだが、そのことを知らずにそのままゆでたので、江戸っ子はながーいソウメンを食べることとなった。その様子は、葛飾北斎の『北斎漫画』（文化一一・一八一四年）の素麺の絵に見られる。

千葉県市川の行徳の乾温淘《ほしうんどん》は、ウドンを乾燥させたものだが、特に有名で、『江戸名所図会』や『遊歴雑記』（十方庵敬順著）にも記されている。土産とする人が多かったという。

8　川が育てた江戸の野菜

江戸の周辺地域の野菜作りは、川が育てたともいえよう。川によって、低地では、冬には気温が下がらない特徴を活かして栽培され、春先に出荷される野菜もあったことはすでに述べた。しかし、川と野菜との関係は、それだけではない。江戸の周辺の川は、野菜に関しても、都市と農村との物質循環を円滑にする役目を担っていた。

小松川のコマツナ（秋菜）、葛西領のフジマメ、中川向のソラマメなどを栽培した現在の江戸川区、葛飾区などにあたる地域は、江戸の町からは離れていた。だが、隅田川と中川を結ぶ運河である小名木川や新川を通じて、産地から野菜が江戸へ舟で運ばれ、その逆に江戸の市街地からは農村へ肥料の下肥〔111～114頁参照〕とする屎尿が運ばれて、大量の野菜を作ることができた。また、江戸から遠い練馬、板橋方面でも、荒川の舟運を使って板橋区の徳丸へも下肥が運ばれ、台地の練馬の長大なダイコンの生産を可能にし、その逆にダイコンや沢庵漬けも江戸へ運ばれたのである。

　現在の埼玉県川越市と千住を経て江戸の浅草とを結ぶ川越夜舟《かわごえよふね》〔139頁参照〕は、重たいサツマイモを大量に運んでいた。また、現在の埼玉県岩槻市は、江戸時代にはネギやゴボウの産地として知られていたが、岩槻ネギは、綾瀬川や元荒川の舟運を利用して千住へ、さらに江戸へ運ばれた。重たくて運ぶのに不便なカボチャでも、『武江産物志』があげた埼玉県の谷塚から綾瀬川を通って千住へ、また居木橋村（大崎）の「居留木橋カボチャ」は目黒川から品川へとそれぞれ舟で運ばれたのであろう。『武江産物志』にあるキョウナ、セリ、シソ、ネギやクワイなどは、千住の周辺地域から一度千住のやっちゃ場に集められ、さらに舟で神田などのやっちゃ場へ送られた。

　このように、舟運によって、都市が排出する廃棄物である屎尿や魚のあら、さらにはかまどの灰までも農村へ送られ肥料となり、野菜に姿を変えて都市へもどった。江戸の野菜は、川によってその栽培も運搬も支えられていた。まさに江戸の野菜は川が育てたといえよう。

●コラム

目黒のサンマとタケノコの関係［海産物の輸送］

わが国最大のタケのモウソウチク（孟宗竹）は、中国原産で、沖縄、鹿児島を経て本土に伝わった。薩摩藩へ伝わったのは元文元（一七三六）年という。

江戸時代に、このモウソウチクのタケノコが目黒で生産され、目黒不動門前の料理茶屋では「たけのこ飯」を売り出して有名となった。目黒区の中目黒小学校の校章にはタケノコが使われている。戸越村（品川区戸越）も有名な産地であった。ともに武蔵野台地の上である。

品川、目黒方面でタケノコが盛んに生産されたのは、モウソウチクが薩摩藩下屋敷に植えられ、それを薩摩藩御用の廻船問屋山路次郎兵衛勝孝がもらい、現在の品川区桐ケ谷の自分の別荘で栽培したことによる。品川区小山一丁目には「孟宗竹筍栽培記念碑」がある。やがてタケノコは、品川から目黒川沿いに産地が広がり、目黒川の舟運を利用して下流の市場や江戸へ運ばれた。

有名な落語に「目黒の秋刀魚《さんま》」がある。海から離れた草深い目黒でサンマとは不思議に思うが、目黒川を下れば河口は品川である。目黒から海に出るのは意外と便利であった。目黒川を利用して重いタケノコなどの野菜を舟で運び、帰りに下肥《しもごえ》とする屎尿《しにょう》や鮮魚などを運んだ。一見場違いな「目黒のさんま」がうまかったとする落語にも理由があった。

なお、日常的には牛や豚などの獣肉を食べる習慣がなかった当時の日本では、動物性タンパク質としてもっぱら魚介類が食べられた。そのため海産の魚介類でも、海からかなり遠くまで迅速に運ばれたようだ。

江戸では、江戸城の前面の海を意味する「江戸前」の魚や、芝エビ、シャコ、それにハマグリをはじめ、アサリ、アカガイ、シジミ、バカガイ（むきみをアオヤギという）、柱（バカガイの柱）などの魚介類が多く食べられた。その他にもクジラ、カツオ、マグロなど房総や相模湾からも多くの魚などが、江戸へ運ばれた。マグロは、『守貞謾稿』にも「下卑ノ食トシテ、中以上及ビ饗応《きょうおう》ニハ不用之《これをもちいず》」とされるほど下等な魚とみなされていた。

ちなみに、外房の魚は、銚子から舟で利根川を八〇キロメートルさかのぼり、我孫子市の布佐河岸から馬に積み替え、松戸の納屋河岸まで三〇キロメートルを陸送した。これを「なま街道」と呼んだ。そこから舟で江戸川を下り、三日で江戸の日本橋魚河岸に着いた。

保存の利くものは、例えばコンブやニシン、カズノコのように遠く蝦夷地からの海の幸までが、江戸や大坂の日常のおかずとなっていた。また、若狭（福井県）の小浜から京都まで一八里（七二キロメートル）の鯖街道（若狭街道）を、徒歩で一晩のうちにサバを運んでいた例もある。

第二部

消えた三河島菜

第一章　三河島菜を求めて

私の子どもの頃、昭和二〇年代（一九四五～五五）のことだが、祖母が漬けたハクサイの漬け物やコマツナやホウレンソウなど菜のおしたし（おひたし）は、その時期になると食卓にいつもあった。また、小学校の給食で揚げパンが出るときには、なぜか必ず菜の浸し物がついた。そのおしたしの味を、半世紀以上たった今でも思い出す。妙なことを覚えているものだと思う。

下町でいう「おしたし」、つまり浸し物は、菜っぱを熱湯でさっとゆでて水にさらし、削ったかつお節と醤油をかけたものだが、生のときよりも菜の「かさ」がぐっと減る。ハクサイは、いくつも荒縄で束ねて八百屋が配達してくれるが、塩漬けにすると、盛り上がったかさが数日でぺしゃんとなる。おしたしや菜の漬け物は、今はやりの生野菜のサラダよりも量を多く食べられることから優れた面があり、見直すべきであろう。

それにしても、家庭でもスパゲティー、焼肉、カレーやハンバーグに生野菜、それに漬け物ならキムチが日常的になった現在の無国籍の食事風景からは想像しにくいが、三、四〇年前までは、漬け物や漬け菜、おしたしは、どこの家庭でも食卓にはなくてはならないものだった。

三河島菜は、江戸時代から、そんな大切なおかずの漬け菜のひとつであった。昭和の初め頃までは栽培されていたが、今では絶滅したと思われる。いったいそれはどんな菜だったのだろうか。

1 江戸自慢の菜っぱ 「名産 三河島漬な」

江戸時代には、冬に食べる菜っぱの類は乏しかった。ハクサイやサントウサイは、江戸時代には日本にはなかったからである。

江戸時代も中頃になると、江戸でうまい菜が作られるようになり有名になった。冬から春に出荷される貴重な青物であるコマツナや、冬の保存食の漬け菜とする三河島の菜である。それらの菜は、将軍が鷹狩りでその地を訪れる時には献上された。

第一部ですでに見てきたように、見立番付の『大日本産物相撲』には、「江戸　小松菜」が、『江都自慢』では、東に「さかさい　小松川のな」、西に「三河島漬な」があげられている。これらの見立番付からハクサイのまだなかった時代には、三河島菜は、江戸の自慢の優れた漬け菜としてよく知られていたことが分かる。

江戸時代最大の植物図鑑である『本草図譜』を著した本草学者の岩崎常正は、その図譜のなかに三河島の菜やコマツナの祖先を挿し絵とともに記載している。また、江戸周辺の動植物、産物を集めた『武江産物志』にも記されていることからも、これらの菜っぱは、とくに有名だったといえよう。

2 明治・大正・昭和の三河島菜

人々の心に強く残った菜っぱ

三河島の菜は、コマツナとともに明治になっても人々によく知られていた。明治六（一八七三）年に文部省から出版された『日本産物志』（伊藤圭介著）にも取り上げられている。

政府は、明治初年から外国の野菜や家畜を輸入し、国産化や品種の改良に取り組んだ。さらに在来種の優秀な品種の普及をも計画した。明治二二（一八八九）年、販売用の種子袋を集めた木版色刷りカタログ『穀菜弁覧　初篇』（巻末付録参照）のなかに、桜島大根やコマツナ等とともに選ばれている三河島の菜は、明治時代の野菜のなかでも将来性を有望視された菜っぱであったことが分かる。ところが、昭和一〇年代になると、なぜか三河島菜はその姿を消してしまったらしい。

昭和二〇年代末、私の子どもの頃、明治一七（一八八四）年生まれの祖母は、「昔は三河島ではいい菜ができた」と口癖のように語っていた。三河島でその菜が作られていたのは、その時すでに三〇年近くも昔の関東大震災以前のことだが、年寄りには昨日のことのように思えたのであろう。

三河島菜の産地の荒川区は、大正一二（一九二三）年の関東大震災後、急激に市街地化し、菜の産地は周辺の地域へ移る。戦後の三河島は、すでに完全に市街地となっていた。畑や水田は、隅田川を越え、さらに荒川（放水路）を越えて、国電（現在のＪＲ）の駅では三河島駅から三つ以上も北東の足立区や葛飾区へ行かないと見られなくなっていた。

しかも、周辺地域で作られる菜はハクサイなどに変わって、すでに三河島菜は生産されなくなっていた。それなのに三河島菜の名は、例えば昭和三〇（一九五五）年の『広辞苑』初版にも記載されている。菜そのものはすでになくなっていたのに、人々の心には三河島菜の印象は強く残っていたのであろう。

「いいなづけ」

その「三河島の菜」は、昭和の初めには「あの人とあの人は三河島の菜だよ」などと会話で使われた。三河島の菜は「良い菜漬け」になることから、「いい菜漬け」と「いいなずけ（許婚）」とを掛けた洒落である。昭和九（一九三四）年の『大辞典』（平凡社）にも記載されている。

明治四〇（一九〇七）年に浅草で生まれた私の母の世代には、ごく普通の洒落だったらしいが、今や三河島菜ばかりか、「いいなずけ」という言葉も死語となった感もある。

落語「青菜」の菜っぱとは？

「菜っぱ」の出てくる落語に、「青菜」がある。暑い時期に庭の手入れをしている植木屋に、昼間から旦那がコイのあらい（氷水で洗った刺身）と柳陰《やなぎかげ》という冷酒をご馳走する。さらに「植木屋さん、菜をお上がりか」と聞く。「へえ」との返事に、「奥や」と奥様に菜を注文する。ところが奥様の答えは「鞍馬から牛若丸が出でまして、その名を九郎判官《くろうほうがん》」。これには「では義経にしておけ」と旦那が返す。

そのやり取りに何のことか分からない植木屋に対して、旦那はさも自慢げに「その名（菜）を九郎（喰らう）判官、食べてしまってないというので、そこで、では義経にしておけ、よしておけという洒落だ」と説明する。これに感心して、家へ帰って他人にやってみたくてしょうがない植木屋は、早速真似するが、愚か者が他人の真似をして失敗するという話である。

ところで、その青菜とは何のことか、東西の落語家へこの疑問をぶつけた大阪芸術大学の女子学生さんがいた。しかもそれをもとに「そんなアオナ？　落語の『青菜』って何？」と題して大学の卒業論文を書いた。落語家からは、コマツナやホウレンソウ、さらには三河島菜という答えもあったという。しかし、大阪農林技術センターからは、「落語の舞台設定が夏であり、ホウレンソウは、昔は冬のもので、一番可能性のあるのはフダンソウ（215頁参照）では」との答えを得た。大坂天満で栽培された天満菜（大坂シロナ）も可能性はあるが、色が白いのが気にかかるとか（読売新聞大阪本社「優遊悠」「竹家竹丸のもうちょっと聞いておくなはれ」二〇〇三年より）。

昔はコマツナの旬は冬、コマツナを育てる段階で間引いたものがつまみ菜で秋、三河島菜は晩秋から収穫して塩漬けにする冬の保存用の菜であった。もっとも江戸川区辺では、大正時代より、コマツナの間引き菜とは別に、中国から来た雪白体菜（シャクシナ）を使って春から秋までつまみ菜を専門に生産しているそうだ。もしも落語の時代設定が大正以降で、しかも東京での話とするならば、そのつまみ菜の可能性も大きい。

3「菜っぱ」の分類

一口に青菜、菜っぱといっても、いろいろあり、見た目には似ていても仲間（科）の違うものもある。ちなみに先の落語の青菜の可能性としてあげられたコマツナ、三河島菜、天満菜はアブラナ科で、フダンソウ、ホウレンソウはアカザ科である。

いま八百屋やスーパーでよく見るその他の菜を仲間ごとに分けるならば、ハクサイ、サントウサイ、タアサイ、シャクシナ、ミズナ、アブラナ、カラシナ、タカナ、ノザワナやキャベツ、それに最近ではロケット（ルッコラ）もあるが、いずれもアブラナ科である。さらに、レタス（サラダナ）、シュンギクはキク科。ホウレンソウ、フダンソウはアカザ科。それにエジプトの野菜としてポピュラーになったモロヘイヤは、コーヒー袋などの南京袋にするシナノキ科のジュート（黄麻）の仲間だから、何のことはない、南京袋の葉っぱを食べていることになる。

このように、似た仲間ごとに分けていくと、例えばコマツナは、植物界、種子植物門、被子植物亜門、双子葉綱、ケシ目、アブラナ科に属することになる。それより近い仲間ごとに分けると、属、種《しゅ》に分かれる。同じ種の植物は交雑する。例えば、コマツナとカブとは見かけは違うが、同じ種の植物なのである。その逆に、よく似ているカブとダイコンとは、科が同じだが種は違うという具合なのである。

同じ種のなかでも、カブとコマツナでは見かけが少し変わっているので変種に分け、その変種のなかでもコマツナとハクサイ、金町小カブや千枚漬けにする聖護院カブとの差は品種の違いということになる。

このような違いは、料理したり食べたりする者からはどうでもいいことだが、栽培や品種改良には深く関係し、昔の人たちはずいぶんと苦労したようだ。

ところが、数多くの動植物のなかには簡単に分けられないものもあって、図鑑によっては科や種が違う扱いとなっているものも少なくない。これまでは、目に見える形態を中心に分類してきたが、最近ではDNAを調べることで分類の見直しも行なわれ、新しい発見もされている。

4　三河島菜の実態にせまる

三河島菜の研究家古山清氏について

三河島菜は、江戸時代から有名な菜であったが、それはいったいどんな菜っぱだったのか、古山《こやま》清《きよし》氏はこの菜のことをずいぶん研究していた。私も古山氏から教わり、いろいろ三河島菜の資料を集めていたが、それらがまとまらないうちに古山氏は他界された。

古山清氏は、荒川区で江戸時代から農業と植木職を生業としてきた家に生まれた。成人された頃には周辺の農地は、すでにほとんど宅地に変わっていたという。古山氏は、昭和一七（一九四二）年四月一八日、日本が太平洋戦争で最初の空襲、ドゥーリトル空襲を受けたまさにその日に、宇都宮高等農林学校（戦後に宇都宮大学農学部）在学中の宇都宮で徴兵検査を受けたそうだから、大正一一（一九二二）年の生まれということになろうか。

ひどい近眼の古山氏は、身体検査の順番は最後に回された。軍医が書類を見て、「お前は東京の荒川出身か、旭電化って知ってるか」と聞いた。「はい、大きな工場です。家から二キロメートル位です」と答えると「今、東京が空襲されて旭電化が爆撃されたらしい、念のため家のほうに連絡してみろ」といってくれた。だが、結局、古山氏も含めて、宇都宮の一般人がこの空襲について知ったのは、翌日の新聞のごく簡単な記事からであったという。

古山氏は、国家総動員のため専門学校、大学の在学期間が短縮されたことにより、昭和一七年九月に入隊し、一九年六月に中国大陸へ送られ、ある作戦に投入された。その作戦は、例のドゥーリトル空襲の直後から行なわれていた。

ドゥーリトル空襲では、太平洋上の米航空母艦から発進した爆撃機の編隊が、日本本土を空襲し、さらに中国大陸に着陸した。日本のレーダーは実用にならなかった時代で、この攻撃には日本軍の防空能力は無力に等しかった。これを繰り返されると日本本土は壊滅的な被害を受ける。衝撃をうけた軍部は、あわてて米空母の基地であるミッドウェー島を攻撃しようとして、日本海軍は空母四隻を失い大敗したのが、昭和一七年六月のミッドウェー海戦である。一方では、米国爆撃機が着陸できる中国大陸の飛行場を占領し破壊するという作戦を行なった。古山氏が送られたのは、まさにその作戦であった。

古山氏が徴兵検査を受けた当日のドゥーリトル空襲被災地のひとつ、荒川区東尾久の旭電化という工場が移転し、その跡地が一九七七年に東京都により買収された。その後「旭電化跡地利用計画」がまとまらず、放置されていたが、その間に自然が回復し、「トンボの楽園」となった。

地元の荒川区からは、温水プールつきのレジャー施設案などが東京都へ出された。それに対して、身近な自然を観察しようと結成された「下町みどりの仲間たち」は、「トンボ公園・自然体験園」の建設を主張して活動した。このときの会の創立メンバーとして活動されたのが、古山氏であった。

古山氏は、「下町みどりの仲間たち」の会報に、次のような文を寄せている。

「この私たちの属した極二九〇五部隊は、先のドゥーリトル隊の米軍機が日本本土空襲後着陸した飛行場の破壊を目的とする作戦に参加した山砲第二七連隊なのである。昭和六〇年に私たちは山砲第二七連隊誌を発行したが、その資料集めをしている時、偶然私が昭和一七年の残り少ない学生時代、採集植物の押し葉に使用した新聞紙が出てきた。その中に何枚かその作戦の記事を見つけた折には何か運命というものを感じた。私は、時々、みどりの仲間たちとあるいは一人で旭電化跡地へ行く。

今の都内にまれな広い原っぱには新しい自然の営みが息づいており、あのいまわしい太平洋戦争の初期、星のマークをつけた米軍機が上空を低く飛び、すぐ西側の地域に爆弾、焼夷弾が投下され、多大の被害の出たことなど想像も出来ない。私は思う、現代に生きる我々は、この貴重な場所を自然科学の学びの庭として後世へ伝える責任の重いことを。」（古山清「旭電化のこと」より）

また、古山氏は、農林省（現在の農水省）に勤め植物防疫を専門としたので、農業については詳しかった。例えば『植物防疫』、『農薬研究』という雑誌その他に、数多くの文を書いている。

『三河島菜の話』は、古山氏が一九九〇年度のあらかわ区民企画講座で講演されたときの文である。そのとき配布されたのは五、六〇部にすぎず、図書館などで閲覧することも難しいと思われるため、資料として抄録したので、参照されたい。

三河島菜・三河島菘のすがた

三河島菜は、現在ではもう栽培されず、その形態、すがたをしのぶには、残された絵と記録に頼るほかはない。

三河島菜のすがたについては、東京都農業試験場に残る絵と、荒川ふるさと文化館所蔵の『三田育種場物産帖』、正しくは『穀菜弁覧　初篇』（一八八九・明治二二年）の「三河島菘《すう》」の絵がよく紹介されるので、それだけが三河島菜であり、一つの品種と思い込んでいる人も多いようである。その他にも江戸〜大正までの三河島の「菘」の記録と挿絵、農業関係資料があり、しかも挿絵にはかなりの形の違いが見られるから、それらを総合的に考える必要がある。

三河島菜にはいくつかのタイプがあったことは明らかである。三河島菜の種子は、昔は各農家で自家採種していたようで、品種として十分に固定されておらず、特定の一品種というよりも、三河島菜は三河島村で栽培されていた菜の総称と考えなければならない。正しくは「三河島の菜」と呼ぶべきであろう。

三河島の漬け菜は、将軍の三河島筋（三河島方面）への「鶴お成り」（ツルを捕る鷹狩り）に際して献上されたが、それは後の改良されたタイプの三河島菜ではないことは明らかである。「三河島菜」という固定した菜の一品種が、昔から変わらず連綿として作られてきたかのように考えるのは誤りである。

明治以前に三河島で栽培された菜にも、いくつかの系統があったことは、古山氏が『三河島菜の話』に「明治一〇（一八七七）年に、メキシコ、ブラジルに農産物を寄贈した折の公文書には、三河島ケンサキ（剣先）菜、三河島丸葉漬菜、早生三河島漬菜、の三品種が記載されております」と書いているが、それは、『勧農局文書』（明治一〇・一八七七年）による。勧農局は、明治一四年設置の農商務省、大正一四年の農林省を経て、現在の農林水産省に相当する行政機関である。

明治四〇年代に「三河島菜」と呼ばれたものは、葉身は広大、葉柄は狭く長く、葉数は少なく、外葉の基部が外に張り出すので「イカリ菜」とも呼ばれた。しかし、古山氏が、昭和初期に売られていた「三河島菜」の種子を播いたところ、できた菜は、栽培経験のある土地の古老に聞いたイカリ菜の形状とはずいぶんと違っていたという。

明治以降とくに新しく清国から導入されたハクサイやサントウサイなどとの交配が試みられたらしい。私が町屋在住の古老から聞いた「チリメン」という名のものも、あるいはハクサイ類などと交配し改良された三河島の菜の一品種かもしれない。

明治、大正時代には、三河島から、尾久、または現在の足立区、葛飾区辺りでも栽培されるようになるが、昭和初期には、栽培されなくなり、現在では絶滅したと思われる。

「菘」という文字

三河島菜は、三河島菘《すう》と書かれることもある。まず、「菘《すう》」という文字と「菘」という菜について話さねばならない。菘はスウ（慣用）、シュウ（漢音）と読む。本来の菘とは中国の菜で、現在のトウナ（唐菜）の祖先のことである〔『本草図譜総合解説』〕。トウナは、葉を漬け物にして食べる菜で、中国中南部の原産。唐、宋、明と時代が下るにしたがって北部に伝わるが、日本には江戸中期まで、実物の菘そのものは伝来しなかった。

一方、日本には実物が伝来するよりはるか昔に「菘」という文字は伝わっていた。そのため日本では、実物を知らないままに、古来塩漬けにする菜の類を総称して「菘」と書いた。古事記にも「菘」の文字は使われていた。日本のいろいろな菜、例えばミズナ、タカナその他の菜を「菘」という字で表していたのである。『農業全書』（元禄一〇・一六九七年）、『成形図説』（文政元・一八〇四年）でも「菘」、「菘菜」として、トウナ以外のいろいろな菜をあげている。

江戸中期に実際の「菘」が渡来したことから、『本朝食鑑』（元禄一〇・一六九七年）や『大和本草』（宝永六・一七〇九年）では、「菘」という文字と実物の菜が一致して書かれた。

『本草図譜』や『日本産物志』では、三河島菘と書き、三河島の産の菜をトウナの系統と考えていたようである。

挿絵各種

◎『本草図譜』岩崎常正著　文政一一（一八二八）年

『本草図譜』は、江戸時代最大の植物図鑑である。その中に、「菘　とうな　いんげんな　しろな　箭幹菜」、「江戸三河嶋の産肥大にて、上品なり。秋月実を栽ゆ。形ふゆなに似て葉立て高さ二尺〈六〇センチメートル〉余、茎白色葉円し。やや粉色なり。三月花あり。形ふゆなと同じ。冬月塩蔵す」（第七冊巻之四六　菜部　葷菜類）とあり、菜の挿絵がある。「ふゆな」とは、コマツナのことである。

この図の菜は、後に三河島菜といわれたものの祖先であるが、岩崎常正は、江戸時代中期に伝来したトウナの類と考えた（『本草図譜総合解説』）。「箭幹菜」という名は中国の文献にあり、常正は『武江産物志』で三河島の菜にその名を使用している。なお、国立国会図書館所蔵の『本草図譜』は、インターネットで閲覧できるので参照されたい（国立国会図書館貴重書画像データベース http://www.ndl.go.jp)。

◎**『日本産物志』**伊藤圭介著　文部省発行　明治六（一八七三）年

挿絵に添えて「菘　ツケナ　タウナ　シロナ　此品葉圓ク甚肥大ニシテ長サ二尺ニ過ギ粉白色ノ菜ナリ。

「菘」（『本草図譜』国立国会図書館蔵）

冬月塩蔵ニ宜シ　三河島ノ名産ナリ」の文がある。

◎『**穀菜弁覧　初篇**』竹中卓郎著　三田育種場発行　明治二二（一八八九）年

この「三河島菘」の絵は、荒川区の資料では『三田育種場物産帖』（荒川ふるさと文化館蔵）の一部とされ、それが

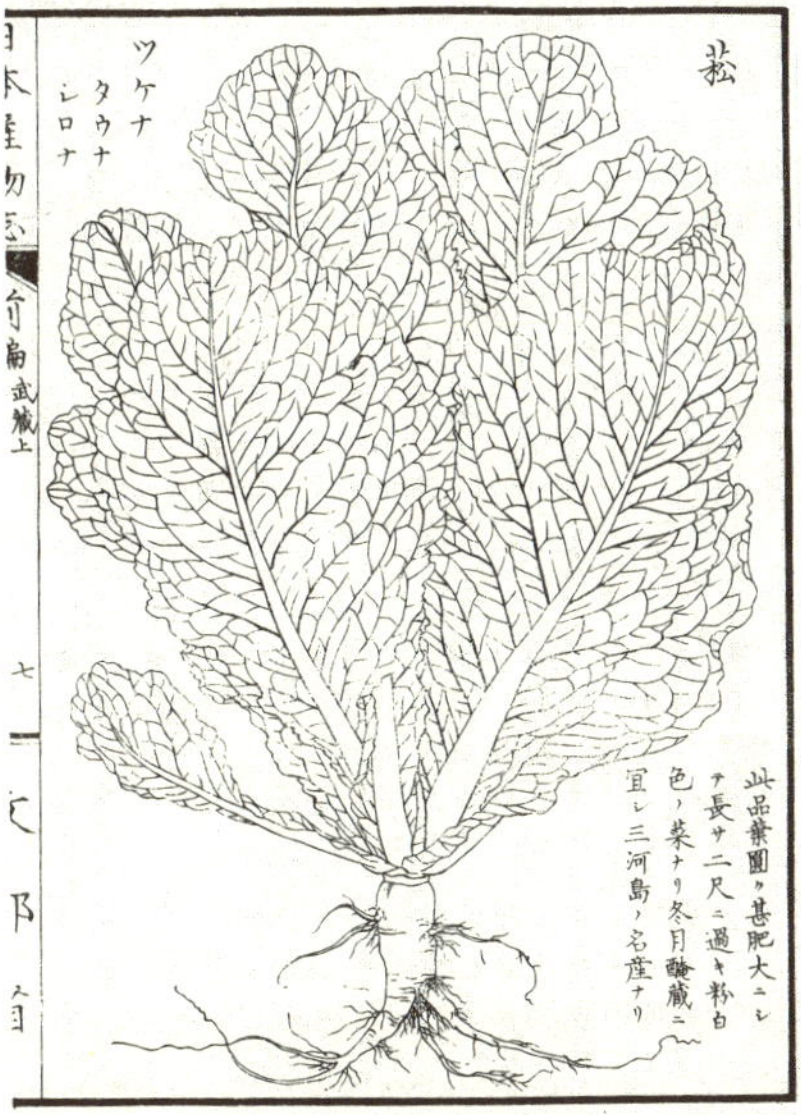

「菘」（『日本産物志』）

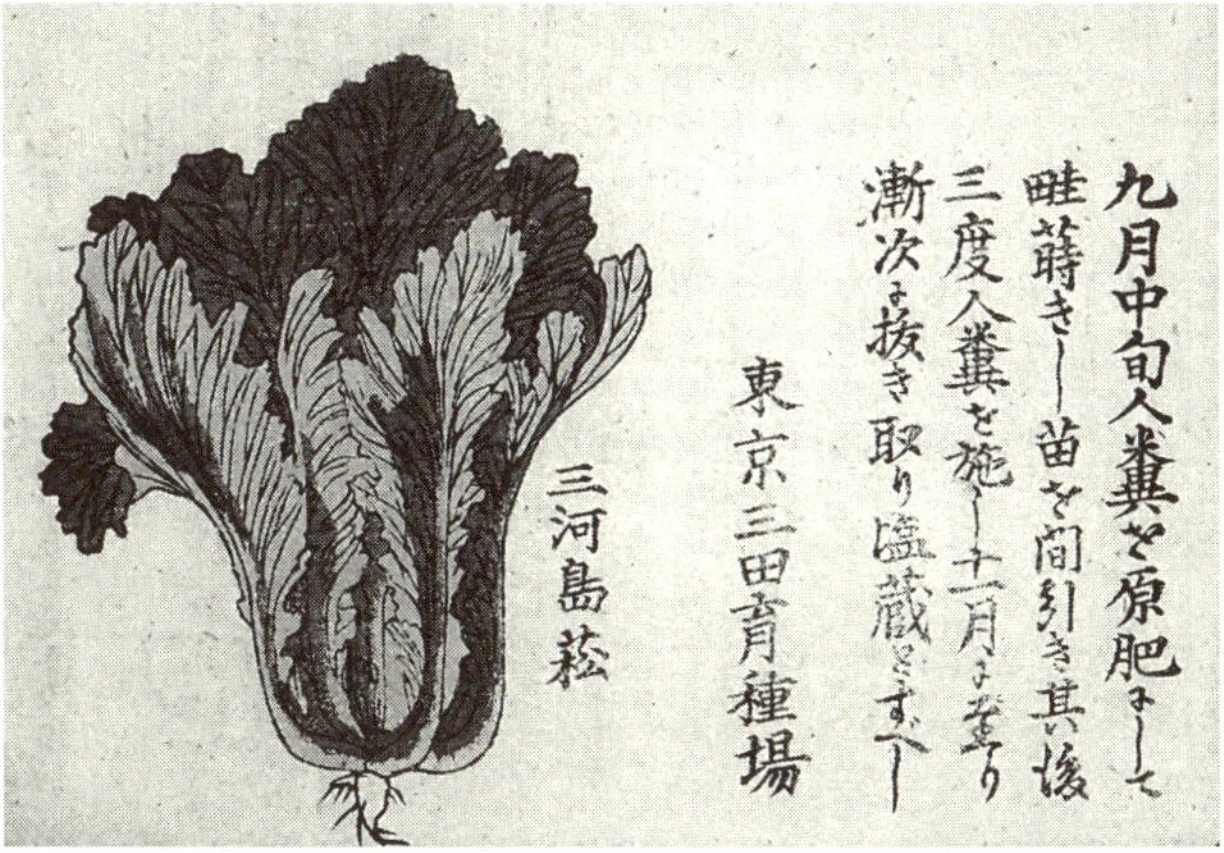

「三河島菘」（『穀菜弁覧　初篇』荒川ふるさと文化館蔵）

様々な資料に孫引きされている例が見られる。しかし、『三田育種場物産帖』とは荒川区がつけた名称で、『穀菜弁覧　初篇』（国立国会図書館蔵）が正しい表題である。

ここに描かれた三河島菘の絵は、当時三田育種場で販売していた種子を入れた小さな紙袋に木版色刷りで印刷されたもので、どこまで忠実にその姿を再現しているかは分からない。しかし、葉柄の根元が湾曲し、東京都農業試験場に残る三河島菜の絵と同じくハクサイに近い形態となっている。したがって、「菘」、「箭幹菜」とも呼んだ『本草図譜』や『日本産物志』の挿絵とは異なっている。明治以前に三河島で栽培された菜にも、いくつかの系統があったことはすでに述べた。『穀菜弁覧　初篇』のものは、あるいは、在来種の淘汰選抜だけではなく、明治維新後の、例えば輸入された外国産の菜との交配の結果の可能性も考えられるのではなかろうか。

三田育種場とは、明治一〇（一八八八）年、勧業寮（明治一〇年に勧農局と改称・現在の農林水産省）により、三田の慶應義塾前（三田四国町・現在の芝三丁目辺）に設置された官営競馬場に、農業試験場を併設した勧農局育種場のことである。この育種場に外国や国内各所から農作物や果樹を集めて試作、改良、種苗交換会などを行なった。

三田育種場では、外国から輸入した穀物（トウモロコシや豆類）や野菜の種子を販売したが、桜島大根や日光トウガラシ、コマツナや「三河島菘」（三河島の漬け菜）など、国内各地の名産といわれた野菜も含まれていた。「三河島菘」すなわち三河島の漬け菜は、当時全国的に見て優れた漬け菜と認められていたことが分かる（184～185頁参照）。

◎『大植物図鑑』大植物図鑑刊行会発行　村越三千男編集・描画　大正一四（一九二五）年

◎東京都農業試験場所蔵の三河島菜の図

◎その他の挿絵

『家庭園芸宝典』（主婦の友　昭和九・一九三四年）

『小学農業書』（文部省　昭和一〇・一九三五年）

「三河島菜」（『大植物図鑑』）

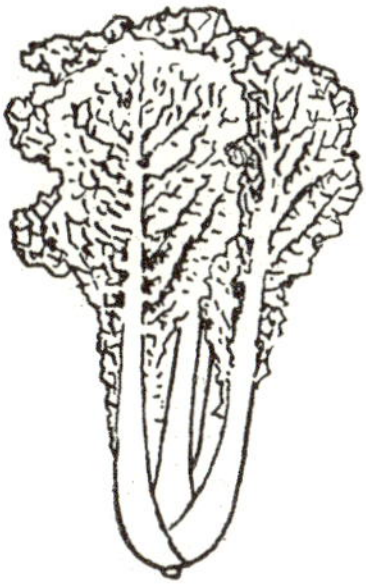
三河島菜（『家庭園芸宝典』）

三河島菜（『小学農業書』）

「三河島菜」（東京都農業試験場蔵）

各時代の三河島産の菜の絵について

古山清氏によれば、本来三河島菜という特定の菜はなく、三河島で生産される漬け菜のいくつかの品種の総称であり、ただでさえアブラナ科の植物は交雑しやすく、三河島の菜の栽培農家では、家ごとに菜の純血を保つため、種子を採るには隔離栽培し自家採種したという。

古山氏は、それぞれの三河島産の菜の図を見た感想を次のように述べている。

a 『本草図譜』の菘・箭幹菜の図は、現在のノザワナに形状が似ている。

b 『日本産物志』の菘の図は、基部が肥大し、粉白色の葉は、カブの性質を示している。例えばノザワナはカブより変性したものといわれている。

c 『穀菜弁覧　初篇』（『三田育種場物産帖』）の三河島菘の図は、イカリナに似ている。

d 東京都農業試験場所蔵の三河島菜の図は、葉柄が偏平大で、明らかにハクサイの血が入っていると思われる。

「三河島菜」の種子を販売していた（故）鈴木金蔵氏の意見

一九八〇年に、北区滝野川二の四一の五で、代々種苗商を営んでいた鈴木金蔵氏を訪ねて、三河島菜の話をうかがった。

鈴木氏によれば、「三河島菜」の種子は昭和八（一九三三）年頃まで売っていて、その菜はまた「バショウナ」とも呼んだという。葉の形がバショウの葉のように長かったことからそう呼ばれたので、それはハクサイの葉の形とは大きく異なる。なお、バショウナ（芭蕉菜）は、現在でも北関東から東北地方で作られているが、とくに仙台芭蕉菜が有名である〔116頁参照〕。

東京都農業試験場に残る三河島菜の図は、明らかにハクサイの系統であり、鈴木氏が当時種子を売っていた三河島菜ではないと断言された。

また、『家庭園芸宝典』にある三河島菜の図は、江戸川高菜と似ているという（ただし、江戸川高菜は、東京都農業試験場江戸川分場によると、二〇〇三年当時でも江戸川区内で種子を隔離栽培により自家採取し、栽培している農家があるが、三河島菜との関係は不明とのことであった）。

三河島菜はどんな味

三河島菜は、初冬に収穫されて、冬の保存食用の漬け菜とするのが本来の用途で、他に間引き菜を汁の実とし、浸し物、和え物などにもしたであろう。その漬け菜は、古くから「うまい菜」として有名だが、どのような味か、詳しく書かれた文献は少ない。

『東京府北豊島郡農業志料』（明治三六・一九〇三年）には、「其《その》味ト柔カミトハ、敢《あえ》テ他ノ地方ニ譲ラズ」とあり、その味と軟らかさとを強調している。

『大植物図鑑』によれば、三河島菜は、サントウサイ、ハクサイなどに比べると繊維《すじ》が多くて味は劣るが、それらの伝来以前には、たいへんに賞美されたものであったという。

『三河島菜の話』のなかで古山氏は、明治四〇年代のものは「イカリ菜」と呼ばれ、近世の三河島菜の代表的な品種で「葉身は広大、葉柄は狭く長く、葉数は少なく、漬け減りが大きく、葉の感じはコマツナに似ているとの話もあり、風味がよかったが、葉柄がいくぶん内側に巻き込むような形であり、土砂が入りやすく、漬け込みの折の掃除に難渋したとも聞いております」と記している。また、古山氏の祖母は「三河島の菜っぱはうまいけれど、葉っぱばかりでアキがくる。サントウサイの方が軟らかくてジク（葉柄）が甘いから子供にサントウサイを漬けよう」と言っていたことを記憶していると語っている。

現在のタカナやノザワナのジクはかたい。また形が似ているとされる宮城県の仙台芭蕉菜《ばしょうな》は、そのまま漬けるとゴワゴワした舌触りとなるので、湯通ししてから漬けるという。

後に述べるが、三河島菜は時代により、またいろいろなタイプがあった。いずれも栽培方法は短期間に多量のチッソ分を与えるなどして栽培し、その菜はすじが少なく「軟らかさ」が特徴であった。

三河島菜の起源

三河島菜の起源には、在来種から作り出されたとする説と中国からの渡来種説の二説ある。

渡来種説には、岩崎常正『本草図譜』の江戸時代中期に伝来したトウナ説、『農学大事典』（野口弥吉監修　昭和五〇・一九七五年）の不結球白菜類が江戸時代に渡来土着して、三河島菜、間菜、広島菜となったとする説などがある。

ただし、「三河島漬菜は本郡の在来種で名高いが、それは山東菜から変わったものではないか」とするサントウサイからの変化説（『東京府北豊島郡農業志料』）は、サントウサイ（山東菜）は、明治八（一八七五）年に、政府の勧業寮が農産物の調査に清国へ調査委員を派遣して、種子を輸入し試験栽培したことが明らかなので、明治以前の古いタイプの三河島菜がサントウサイから出たことは否定される。

栽培方法

三河島菜の栽培方法は、『東京府北豊島郡農業志料』には、「一般平均と認むる施肥量は人糞尿一反歩当り四十荷」とある。なお、一反歩当り三〇荷とする説もある。一反は一〇アールで、一〇〇〇平方メートル。一荷とは、二斗入りの肥桶二本分（七二リットル）である。

『穀菜弁覧　初篇』には、「九月中旬人糞を原肥にして畦蒔し、間引き其後〈そのご〉三度人糞を施し、十一月に至り漸次抜き取り、塩蔵とすべし」とある。九月の彼岸頃から一二月までの七〇～九〇日の短期間に下肥を多量に施してチッソ分を多く吸収させ、スジの少ない軟らかな品質の菜を作るのである。各書物に三河島の産のものはとくに「江戸三河嶋の産肥大にて、上品なり」などとさけていることから考えて、品種の問題のほかに軟らかに栽培するには、他の地域には教えないコツ、秘伝があったのかもしれない。

5　肥料の話

下肥

三河島菜の栽培には、多量の下肥《しもごえ》を必要とした。下肥とは人の屎尿を腐熟させた肥料である。都内二三区全域に水洗便所が普及したのはそんなに昔のことではない。昭和初期に水洗化された地域もあるが、遅れたところでは一九八〇年代まで「汲み取り便所」であった。

「汲み取り便所」では、床下に埋めた陶器の大きな便壺に屎尿をためておく。便壺が一杯になるころ、通称「おわい屋」が来て、汲み取り口からひしゃくで一杯ずつ桶に汲み取る。汚穢《おわい》とは、穢れたもの、屎尿のことを指す。後に都の清掃局のバキュームカーがホースを差し込んで吸い取るようになるが、私の記憶ではそれは、一九六〇年頃からかではなかろうか。

「おわい屋」が汲み取った屎尿は、ふたつきの桶に入れて、牛車で郊外の農家へ運ばれた。肥溜《こえだめ》、別名「のつぼ」とか、「留桶《とめこが》」も呼ぶ大きな肥料桶に蓄えて腐熟させたものが下肥である。それを肥桶《こえたご》＝糞桶《こえおけ》に入れて、畑へ運び作物に施した。

古山清氏は、古老から聞いた話として次のように語っている。三河島では肥溜は畑の周囲に設けられていたが、囲いも雑で、溜めの上面は地表からあまり高くなかった。したがって大水が出ると中身が流され、あるいは水で相当薄められる。農家の人は、大水が予想されると篠竹《しのだけ》、矢竹、ネザサなどの竹類、粗朶《そだ》（多くはケヤキの枝）などを溜めの上面にたてよこに渡し、その上にワラや刈り草を敷き、さらに土をかけ、覆った材料が浮き上がり流れ出すのを防いだという。

江戸の周辺では、下肥が大量に使われた。江戸川区、葛飾区など、江戸の市街地からはかなり遠いところでも野菜の生産が盛んであった。それは、舟による下肥の輸送が容易であったからである。

下肥は、野菜栽培には欠かせない。そのため農民は金を払い、または作物と交換に手に入れなければならない「金肥《きんぴ》」であった。屎尿は、農民が集めるほかに、専門の業者が江戸市中から集めた屎尿を舟でそれら各地へ運んだ。

江戸から遠い練馬、板橋方面でも、本郷、下谷、神田あたりの武家屋敷と契約し、ダイコン（干し大根、沢庵、浅漬け）、ナスなどの現物と交換に集めた屎尿を、荒川の舟運を使って板橋区の徳丸へ運び、そこから台地へ運び上げて練馬のダイコンの生産に使った。初期の江戸を描いたとされる『江戸図屏風』には、加賀前田家の下屋敷（現在の東京大学本郷キャンパス）に、野菜の振り売りと肥桶をかつぐ人の姿が見られる。

『文政年間漫録』（栗原柳庵著）によると、練馬では、江戸の市街地から遠いためか、下肥の代金が、収穫したダイコンの売り上げの約四〇パーセントを占めていたとの記録がある（『江戸・東京の四季菜』）。この計算通りなら農家にとって決して安いものではなかったこ

野菜の振り売り（右下）と肥桶をかつぐ男（左下）
（（『江戸図屏風』部分、国立歴史民俗博物館蔵））

とも分かる。

長屋の共同トイレの屎尿は、大家、差配《さはい》の大切な収入源であった。そのため屎尿のくみ取りの権利や値段をめぐってしばしば争いが起きた。寛政元（一七八九）年、武蔵、下総《しもうさ》の農村一〇一六ケ村は、大同団結して江戸の下肥価格を五〇年前のレベルにまで引き下げるよう運動を開始し、数年がかりでそれを実現した。その他にも天保一四（一八四三）年、慶応三（一八六七）年などにも同様な動きが見られる。それにしても、屎尿、つまり江戸の住民が排出したものが、その住民が消費する大量の野菜の栽培を可能にしていたのである。

東京に人口が集中する大正時代になると、屎尿の汲み取りには、都市住民が金銭を支払うようになる。しかし、その後も下肥は肥料として重要であった。昔は舟で運ばれた下肥は、戦中、戦後の時期に、西武鉄道（現在の西武新宿線）、武蔵野鉄道（現在の西武池袋線）、東武鉄道などの鉄道によっても運ばれた。

一九六〇年に、私自身、大学の政治学の講義で「農民は、肥桶の下肥の中に腕を入れて、引き上げたときに腕の毛穴についてくる下肥の様子で成分のよしあしや腐熟の度合いを判断する。農村の代議士は、それができないと農民の票は獲れない」と教わったことがある。

しかし、化学肥料の普及で屎尿の需要は減り、下水道の普及でくみ取りは減るが、あまった屎尿は海洋投棄された。一九九九年三月末に、海洋投棄船の第一大東丸が廃船となって、その歴史が終わった。

刈り敷きと堆肥など

その他の肥料としては、都市から離れた自給自足的な地域では、初夏に雑木林の若芽を枝ごと刈り取り水田に投入する「刈り敷き」（「かっちき」、「柴」ともいう）や、刈った草や落ち葉から作る堆肥《たいひ》が主に使われた。「刈り敷き」を埋木《うめき》と呼ぶ地域もある（千葉県長生郡）。しかし、刈り敷きの採取には、水田面積に対して一定の面積の雑木林が必要であり、また多くの労働力を必要とした。

武蔵野台地では、新田開発（新田といっても畑の開墾）に際しては、むら（住宅）、のら（畑）、やま（雑木林）を一世帯ごとに配置した。林は薪炭のほかに落ち葉を堆肥として利用するためである。雑木林は、ほぼ一定の間隔で配置されていたので、偶然だが野鳥などの生きものの山から市街地などへの季節的な移動には好都合な「飛び石」となっていた。

公有地から草や刈り敷を採るときには、百姓は「野銭《のせん》」、「山銭」という税金を取られた。『新編武蔵

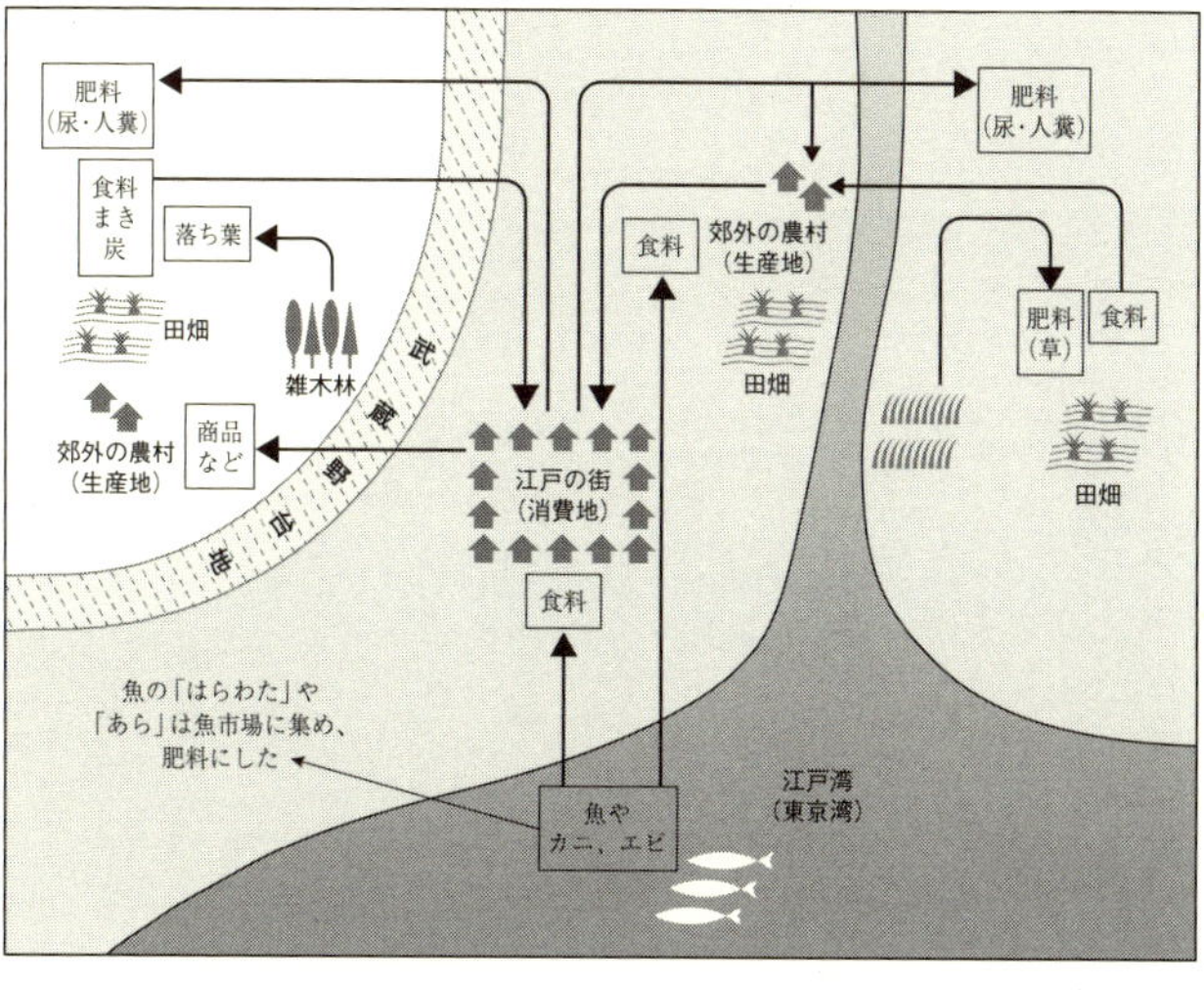

都市と農村におけるゴミなどの循環

風土記稿』の葛飾区の水元あたりを読むと、「葛西志に、正保の田文に伊奈半十郎御代官所、猿ケ又村《さるがまたむら》九百弐石九斗六升四合、外に野銭永《のせんえい》三百五拾文とのせたり」などの文が見られる。

江戸時代には、草は堆肥にするほか、茅葺《かやぶき》屋根やすだれ（ヨシズ）などの材料、飼料、燃料などとした。カヤ（萱、茅）はヨシ、オギ、ススキ、チガヤなどの大形のイネ科の植物の総称だが、金銭的な価値があったので当然課税されたのである。とくにヨシの根は燃料とされた。湖沼に生える藻も刈り取って堆肥とした。また、湖沼や溝の泥も有効な肥料であった。

その他、市中の家庭から出る台所のかまどの灰、魚の市場から出る「あら」と呼ばれる魚の頭や「わた」（内蔵）などもまた肥料とされた。イワシやニシンの干鰯《ほしか》や、菜種《なたね》油を絞ったかすの油粕《あぶらかす》もあった。

6 三河島菜の仲間

つぎに、三河島菜に似た菜っぱと、三河島菜との関係が想像される菜っぱを列挙してみる。

バショウナ（芭蕉菜）

北関東から宮城県仙台市などで栽培されている菜で、葉がバショウの葉に形が似ているところからその名がある。福島県や岩手県にもバショウナがあって、いくつかの系統があるらしい。中でも仙台芭蕉菜が有名で、ハクサイが普及するまでは、囲い野菜（保存食用野菜）の筆頭株だったという。

滝野川の種苗商鈴木金蔵氏の「三河島の菜をバショウナともいった」との話〔108頁〕から考えると、バショウナとは、姿かたちの似た菜の類を総称して呼んだとも考えられる。三河島の菜の一品種もこれらによく似た形をしていたのでそう呼ばれたのであろう。その三河島の菜の種子が、中仙道の道筋にあたる滝野川の種苗商で売られ、北関東などに広まって現在に至ったことも考えられるが、現在のバショウナと三河島菜との関係は不明である。

長崎ハクサイ

長崎ハクサイは、ハクサイのような球にはならない半結球性の漬け菜で、漬け物の他に鍋物や正月の雑煮に利用されて、長崎地方では不可欠の菜である。その系統は、通説では中国から来たトウナ（唐菜）から改良されたという。『長崎聞見録』（広川獬著　一七九七年）には、「唐菜は長崎に多くあり、他国に移植《うつしう》ゆるに一年は生ずといえども、次年変じてその物にあらずとなん」とある。

菜やカブは、他の品種と交雑しやすく品種を保つのが難しい。長崎では狭い谷に栽培地が分散していたことが幸いして、交雑せず隔離採種できたので、この品種の安定が保たれたらしい。

長崎ハクサイは、トウナから改良されたとされるが、江戸時代の三河島の菜が岩崎常正の説どおりトウナであるとすると、それから改良された東京都農業試験場の図に見るような後世の三河島菜が、ハクサイに近い姿に変化したことと共通点はないか。長崎ハクサイは、三河島（江戸）と長崎との関係をも推測させる興味ある菜ではなかろうか。当時、江戸と長崎とは距離は遠くても、人の行き来は頻繁にあったと考えられる。

曲金菜《まがりかねな》

奥戸村大字曲金《おくどむらおおあざまがりかね》（葛飾区高砂町）が原産地で、在来種から明治二二（一八八九）年頃に作り出されたとされる。三重県伊勢市の神宮徴古館農業館に、明治二三（一八九〇）年田中芳男が記録した「武蔵国漬菜之図」がある。それには「方言シロジクと呼ぶ、今形状性質を検するに、三河島菜と山東菜との中間に位する一の種類なり」とし、「東京府下においては三河島菜を最良の種類とすれども、ただその長大なるを貴ぶのみ、この品に比すれば劣れり」として、三河島菜より曲金菜は優れているといっている。

茎葉は広くて大きく、生食、煮食用の他、主に漬け菜として明治四〇（一九〇七）年頃から大正にかけて相当生産された。しかし、その後、唐人白菜が明治維新後日本に渡来し、明治末頃亀戸付近に伝わり、葛飾区奥戸新町とその付近に普及し全盛となると、曲金菜はしだいに栽培されなくなり、いまではほとんど見られなくなった。ただし、三河島菜との関係は不明〔『葛飾区史』昭和六〇・一九八五年　東京都葛飾区発行〕。『大辞典』は、曲金菜を三河島菜の一品種とする。

間菜《まな》

大正初期に晩生コマツナと丸葉山東菜の交配種から亀戸付近で作り出されたもので、その一品種の丸茎には、三河島菜の系統が混じっているという。江戸川区・葛飾区・足立区で主に作られていた菜で、冬から早春にかけて収穫しその葉を食べる〔『ふるさとの野菜』〕。ただし、現状は不明。

ハクサイ

一般にハクサイと呼ぶものは、葉を巻いて球を作る結球ハクサイをいう。サントウサイや三河島菜は球にはならない。ハクサイは、主に漬け菜とされ、また鍋物にも多く消費されている身近な野菜なので、大昔から日本にある野菜かと思うと、その歴史は意外と浅い。日本のハクサイの栽培は、サントウサイとともに明治八(一八七五)年に清国から種子を輸入し試験栽培したことに始まる。

ハクサイの栽培は、最初のころはなかなかうまくいかなかった。輸入した種子を播くと、一年目はよく成育するのだが、それから採った種子からは、親と同じ姿の菜には成育しない。それは原産地とは気候風土が異なるためと思われていた。前述の『長崎聞見録』の文にもこうしたことが記されていて、原因は不明ながらその現象は昔からよく知られていた。

日清戦争(一八九四~五年)で多くの日本兵が大陸へ渡った。そして多くは農民である兵隊がハクサイを知った。その時、ハクサイの種子を仙台の師団の参謀が持ち帰り、宮城農学校で試作された。さらに日露戦争後にも、また大正時代にも中国各地から種子を輸入してその栽培の研究が進められた。

ハクサイ栽培の失敗は、在来のアブラナ科の他の植物と交雑することによるのではないかと考えるようになった。菜の仲間は、古くから改良されて、外見はずいぶんと違って見えても、「種《しゅ》」としては同じものなのである。外見が異なるカブやハクサイやキャベツでも、植物の分類の「種」としては同じものか極めて近い種で、それらは交雑可能なのである。交雑すれば形態や品質は変化する。人間にとって好ましい変化もあれば、好ましくない変化もある。常に人間にとって都合よく変化するとは限らない。

実は、昆虫により花粉が運ばれても、すべてのアブラナ科の植物同士が受粉して種子を作ること（交雑）ができるわけではないのだが、それは知られていなかった。そこで、品種を一定に保つには他のアブラナ科の植物のない状態で種子を採取すればよいと考えた。これを隔離採種という。隔離採種には島が適している。島では、開花期には一品種のハクサイを残して、それ以外の交雑しそうな他のアブラナ科の植物はすべて刈り取った。

例えば宮城県塩釜市（松島湾）では、大正時代から桂島、朴島などで一島一品種ずつ隔離栽培して種子を採ってきた。なお、一九九八年当時でも、塩釜市は全国のハクサイ種子需要の三割をまかなっている。

さらには、昭和二六（一九五一）年頃より、F_1、すなわち一代雑種によりキャベツで、ついでハクサイで優秀な品種が作り出された。こうして改良された結果、現在では、ハクサイの品種は、一〇〇〇にも及ぶ。

一代雑種は、その両親の品種を栽培し、交配して種子を採取する。その種子からは、両親よりも優れた性質を持つものができるが、その性質は一代限りである。なお、現在では、野菜は一代雑種のものが多くなり、かつてのように農家が自家で採種する固定種、在来種は少なくなっている。種苗会社は、販売用種子を生産するために、異なる親のそれぞれを毎年栽培して同じ組合せで交配し続ける。栽培農家は、毎年種子を種苗会社から買わねばならない。例えばスイートコーン（トウモロコシ）では、日本の農家は、外国で採種された一代雑種の種子を毎年買って栽培している。

7 三河島菜の消えたわけとその意味

三河島の漬け菜には、江戸時代以来いくつかのタイプがあった。三河島ケンサキ（剣先）菜、三河島丸葉漬菜、早生三河島漬菜、それに明治末には「イカリ菜」があり、また、昭和初期には「バショウナ」とも呼ばれたものもあった。この菜っぱは、他の菜と交雑して変化しやすいことはすでに述べた。三河島菜は、いわば「発展途上の」菜であり、特定の一品種ではなく、三河島で作られていた菜の総称であり、「三河島の菜」というべきであった。間菜のように三河島菜の「血」が入っていたとするものもあるが、それは三河島菜の名では呼ばれなくなる。三河島菜は、昭和八年頃までは種子の販売もされていたとの証言はあるがその後は不明である〔108頁参照〕。

ちょうどそのころ、関東大震災後の都市化により荒川区から農地はなくなり、産地は周辺地域に移る。現在の荒川区は、都内二三区内で最も緑の少ない地域（緑が地表を覆う割合の緑被率は七・三パーセント）である。この地域では、明治四（一八七一）年当時約一万二千人であった人口が、関東大震災後の市内からまた他府県からの流入により、昭和一五（一九四〇）年には三五万一〇〇〇人となっている。

三河島菜の産地が周辺地域へ移るころ、ほぼ時をおなじくして、三河島菜とおなじに漬け菜として使われるハクサイは、全国で作られるようになる。明治期に清国から導入されて以来、いわば「国をあげての研究・改良」が進んだ結果であった。周辺各地で作られていた三河島菜は、類似の曲金菜などとともにハクサイに圧倒されて、栽培されなくなったのであろうとされている。

しかし、ハクサイに負けたのは、あくまでも推測だが、三河島菜の性質にかかわる問題点に加えて、生産地が他の地域に移ると、三河島の農民の三河島菜の特性を熟知した栽培技術が失われ、同じ品種を作っても他の産地では軟らかな菜ができなくなったためという可能性はないだろうか。

三河島菜は、品種とともに栽培技術も含めて、地域の歴史と文化の「証人」であり、立派な「文化財」であった。それが失われたのには、生産地の急激な変化、農業を主とした地域共同社会の崩壊があった。一般的に農業関係者も地域野菜を文化財と考えず、地域野菜の遺伝子や品種保存に関心もなかった時代背景もあった。

蛇足だが、三河島菜に限らず、この地域の文化も多くは失われた。例えば、餅つきの習慣がある。荒川沿岸の地域には、餅つき唄を歌いながら大勢でひとつの臼をつく餅つきがある。とくに北、板橋、練馬、浦和、川越（南大塚）、大宮（日進）、桶川、東松山その他、荒川あるいは中山道沿いの地域には無形文化財として今も残る。荒川区でもかつてはそうした餅つき唄があり、昭和七（一九三二）年に新しく荒川区が誕生したとき、その唄を残そうとしたが、結局後世には伝わらなかった。

東京都では、終戦後の昭和二四（一九四九）年から学校給食が開始された。その三〇周年記念の会で、一ヶ月に一度は郷土料理を給食に入れることが決まった。荒川区でも研究したが、郷土料理と呼べるものはなかったという〔『尾久の民俗』荒川区民俗調査報告書　同区教育委員会発行　平成三・一九九一年〕。

●コラム

小学校の校章は三河島菜かサクラか？

小学校の校章は、何の花かで話題となったことがある。東京都荒川区荒川（旧三河島町）の小学校の名を峡田《はけた》小学校という。峡田とは、この地域の昔の広域地名の峡田領に由来する。

「はけ」とは、関東から東北地方にかけて、丘陵の崖を指す言葉で、おそらく、上野から飛鳥山へと北へ続く丘と崖の下の低地を指してその名がついたと思われる。領とは、郷、荘などとともに中世からの広域地名の一つで、江戸時代には、習慣的に使われたが、領はとくに行政組合や生活共同体として機能していた。三河島とその周辺地域は、ほとんどが峡田領に関係する。

旧三河島町の小学校の数は、かつては第一から第九まであり、その校章のデザインはほぼ同じで、校章の中央の文字の第一から第九が違うだけであった。

一九八九年に、第七峡田小の児童が自分たちの学校の校章の由来を調べ、そこに描かれている植物は、三河島名産の三河島菜（アブラナ科）と判定したことが区の広報に載った。

これがきっかけで、地元に代々住む第二峡田小学校卒業の古山清氏が「校章の植物はサクラ（バラ科）説もある」との手紙を荒川区教育委員会へ出した。区教育委員会が調べると、すでに第一峡田小学校の創立九〇周年記念誌（昭和四七・一九七二年）に、峡田小学校卒業の元東京学芸大学教授林松木氏の「六年の秋（明治四二・一九〇九年）近衛師団と同じ桜花によって飾られた記章が本校にも定められた」との記録が見つかった。職員がさらに防衛庁まで行き調べたところ、何と両方のデザインはそっくりなのにびっくり。

明治三八（一九〇五）年制定の近衛師団の記章のデザインは、交差したサクラの枝をリボンで結び、中心に陸軍の「五芒星《ごぼうせい》」を配置している。一方、明治四二（一九〇九）年制定の峡田小学校の校章は、中心の「星」を峡田の文字に置き換えただけである。近衛の記章の花はヤマザクラの花であるから、それにそっくりな峡田小学校の校章の花もまた、ヤマザクラということになる。

三河島菜の花、ナノハナといわれても、どう見ても、ナノハナには見えない。一方、サクラの花にも似ていないという意見があるが、ヤマザクラは葉が出てから花が咲く。今の人が見慣れたサクラはソメイヨシノであり、葉が出る前に花が咲く。ヤマザクラはソメイヨシノの花とは感じが違うように思えるからであろう。

近衛師団（左）と峡田小学校（右）の記章

論争はこれで簡単に決着がついたと思われたが、荒川区教育委員会では、いまだに三河島菜説に固執している。その理由は、「例えば、目黒区の中目黒小学校では、その土地の名産のタケノコを校章に使っているという例もある。だから、三河島名産の三河島菜を採用したとの説にも説得力がある」のだそうだ。はたしてこれが真実であろうか。

【付】三河島の菜に関する記録集

「三河島菜」または「三河島菘」、「三河島の菜」（三河島で作られていた菜）に関係すると思われる文献・資料を年代順に掲載する。

◎『**農業全書**』宮崎安貞・貝原楽軒著　元禄一〇（一六九七）年

宮崎安貞（一六二三～九七）は、広島に生まれ福岡藩主黒田氏に仕えた。主として西日本各地の農業の様子を見て、四〇年間を費やし、『農業全書』を編纂する。『農業全書』の農業の様子は一六〇〇年代後半のもので、『武江産物志』の約一三〇～一五〇年以前のことである。『農業全書』に書かれた作物は、『武江産物志』に記載されたものと比較すると、種類数も少ない。ただし、ソラマメや菘《すう》と呼ぶ菜については、江戸と関西との品種の違いも記されている。

菘については、『農業全書』の時代には本物の菘（トウナ）は日本に伝わっていたはずだが、複数の菜にその文字を使用している。そのなかで、「江戸菜はその根大根のごとく長し」として、江戸には他の地域とは違う「江戸菜」があることを記しているが、その江戸菜と後の三河島の菜とどう関係するのか、これだけの記述からは分からない。

なお、『大植物図鑑』によれば、「江戸菜」はトウナに似るが、タカナの一種であろうとしている。

◎『**武江産物志**』岩崎常正著　文政七（一八二四）年

江戸を中心にその周囲約二〇キロメートルの範囲で、作物、薬草、昆虫、魚類、鳥類、哺乳類などの産物を書き上げたもので、その中の「野菜并果類」に、「箭幹菜　つけな　三河島」が記録されている。

◎『**本草図譜**』岩崎常正著　文政一一（一八二八）年　↓103頁参照

◎『**日本産物志**』伊藤圭介著　文部省発行　明治六（一八七三）年　↓104頁参照

◎『**東京府志料**』明治二（一八六九）年調査　明治七（一八七四）年編纂（昭和二九年東京都都政史料館で復刻）　↓省略

◎『**勧農局文書**』明治一〇（一八七八）年

メキシコ、ブラジルへ送った野菜の種子目録の中に「三河島ケンサキ菜、三河島丸葉漬菜、早生三河島菜」の三種が見られる。

◎『**東京府村誌**』明治一一（一八七九）年　↓省略

◎『**農務顛末第一四　三田育種場第六巻　三田育種場種苗交換会目録**』明治一五（一八八二）年二月種苗交換市府県出品目録

農商務省（農林水産省の前身）の資料で、東京府下に「三河島菜」、「三河島枝豆」の文字が見られる。

◎『**穀菜弁覧　初篇**』竹中卓郎著　三田育種場発行　明治二二（一八八九）年　↓184頁参照

◎『**東京府北豊島郡農業志料**』明治三六（一九〇三）年

三河島村　漬菜。「三河島漬菜ハ本郡在来種ニシテ其名高シト雖《いえど》モ其原始ニ遡レバ山東菜ノ変性ナルヤ亦《また》知ルベカラズ」とある。また「旧幕府時代ノモノハ青茎俗ニ剱先ト唱へ其葉先剱ニ似タルヨリ此名アリ。然レドモ明治ノ初年頃ヨリ青茎ノ剱先中種子ノ撰種ヲナシ益々ノ改良シタル結果現今ノ白茎菜トナリタル故ニ旧幕府時代ノ漬菜ト今ノ漬菜トハ其茎葉ニ於テ多少変化ヲ来セシト雖モ其味ト柔カミトハ、敢テ他ノ地方ニ譲ラズ。之レ全ク三河島漬菜ノ村名ヲ唱へシ特徴ナリ」とあり、江戸時代には青茎・剱先といった品種であったが、改良されて現今では白茎菜と呼ぶなどのことが記されている。

肥料については、「一般平均ト認ムル施肥料ハ人糞尿一反歩当四十荷ヲ施セリ」としている。

◎『**東京府立農事試験場要覧**』大正二（一九一三）年

漬菜　（産地）北豊島郡三河島村、尾久村。

◎『**大植物図鑑**』大植物図鑑刊行会発行　村越三千男編集・描画　大正一四（一九二五）年

三河島菜……又単ニつけなト称ス。……武蔵国北豊島郡三河島町ノ産ヲ最良トス。……本種ハ山東菜、白菜等に比スレバ纖維多ク味美ナラザルモ、コノ二菜ノ伝来セザル以前ニアリテハ東京付近ニ多ク栽培セラレ、頗ル賞美セラレタルモノナリ。

◎『**実験活用園芸宝典**』昭和二（一九二七）年　富樫常治著　→省略

◎『**大辞典**』平凡社発行　昭和九（一九三四）年
「三河島菜　古来、東京府下三河島地方にて栽培せる非結球白菜。漬け物及び煮食用とし、白茎三河島菜、曲金菜等の品種有名。ミカワシマ……①地名（説明省略）、②三河島菜の略。③、②より転じ許嫁の異称。いい菜漬の洒落。」

◎『**家庭園芸宝典**』（主婦の友）　昭和九（一九三四）年　→省略

◎『**小学農業書**』昭和一〇（一九三五）年　文部省
三河島菜の挿絵あり。菜の姿は、東京都農業試験場の絵とは異なりバショウナによく似ている。

◎『**荒川区史**』昭和一一（一九三六）年
観音寺の寺伝に寛政年間（一七八九～一八〇〇）の頃から「三河島近辺に鷹狩（鶴御成り）に出向かれた将軍に三河島菜を供した」。

◎『**くだものと野菜の四季**』加藤要著　昭和四四（一九六九）年
山東菜《さんとうさい》が、東京で広く食べられるようになったのは、大正の初期で、それまで東京では、菜漬けは三河島菜と唐菜であった。広島菜は、明治初年、中国から輸入された体菜（杓子菜）の一種、三河島菜の仲間で結球せず、葉は、濃緑色、葉の中肋（通称茎・葉柄のこと）は幅広く偏平なところから、平茎菜ともいわれていたことが書かれている。

◎**『ふるさとの野菜』** 農耕と園芸編集部編　昭和五四（一九七九）年

間菜《まな》は、江戸川区・葛飾区・足立区で主に作られた菜。冬から早春に収穫しその葉を食べる。葉の色は緑期黄色で葉の中心部にある中肋の形によって偏平な系統を平茎、丸い系統のものを丸茎というが、両者の中間の形質をもったものを「剣先」ともいう。間菜は現在の亀戸付近で、大正初期に晩生コマツナと丸葉山東菜の交配種からできたものという。そのうちの丸茎は、片親の丸葉山東菜に丸茎である三河島菜の血が入っていると推察される。

◎**『農学大事典』** 野口弥吉監修　昭和五〇（一九七五）年

不結球白菜類は、華北（中国北部）の原産で、徳川時代に渡来土着して、三河島菜、間菜、広島菜となり、一般に葉は幅の広い丸葉で、幅広の中肋を持ち、葉面に毛が多い。

◎**『江戸東京ゆかりの野菜と花』** ＪＡ東京中央会・（社）農山漁村文化協会編　平成四（一九九二）年

三河島菜は、『荒川区史』からの引用。一部に、執筆者の一人である福井功氏（元東京都中央農業改良普及所主任）が、古山清氏から聞き取りをした部分もある。

◎**『三河島菜の話』**古山清著（一九九〇年度・あらかわ区民企画講座記録集。区民企画講座運営委員会・荒川区教育委員会発行）〈抄録〉

私は三河島菜について若干の調査をしていたことがありますので、ここに知り得た資料の範囲で三河島菜の概要をお話しいたします。

一般に河川の流域の土地は肥沃で農作物がよくでき、飲料水にも恵まれています。したがって当地区では早くから集落が起こり、田畑が開かれたことが想像されます。江戸に幕府が開かれて都市化が進むとともに人口が増え、幕府の政策もあり、当地区が江戸市内への野菜供給地として、明治、大正期までの、長年月貢献した理由には、市場が近い、下肥《しもごえ》の入手が比較的容易であるなどの条件に、度々洪水があったことも影響しているかもしれません。

当地で三河島菜が作られるようになった時代は不明ですが、荒川四丁目の観音寺の寺伝によると、寛政（一七八九〜一八〇〇）の頃、将軍の鶴御成り（鷹狩り）の折り、食膳に三河島菜の漬け物を供したとされており、この頃から三河島菜の菜が有名になったであろうことが推察されます。

三河島の特産となった在来種の「菜」がいつごろから「三河島菜」と呼ばれるようになったのかは、これまたはっきりしませんが、天保年間（一八三〇〜四三）に現在の北区滝野川の中山道筋にあった種子屋の主力商品が、三河島、尾久特産の漬菜の種子であったと伝えられており、おそらくこの頃には三河島菜の菜が固定化し、栽培地域は相当広がったことが考えられます。

私の父は青年時代（明治末期）に三河島菜を作りましたが、父によれば、当時の三河島の農家は自分たちの作る漬菜を三河島菜と呼んだことはなく、通常は単に「菜っぱ」といい、浅草の馬道に居住した親類も「三河島の漬菜」といっており、神田、日本橋の市場関係者が「三河島菜」と呼んでいたとのことでした。

なお、明治一〇（一八七七）年に、メキシコ、ブラジルに農産物を寄贈した折の公文書には、三河島ケンサキ（剣先）菜、三河島丸葉漬菜、早生三河島漬菜、の三品種が記載されております。

三河島菜のような漬菜類、カブ、ハクサイなどはアブラナ科植物といわれますが、上記のものは同種のものはもちろん、仲間内でも交雑しやすく、純粋な系統（純系）を保持することは必ずしも容易ではありません。その反面、従来のものよりも良い形質の新種ができる可能性もあります。

三河島菜といっても、江戸期の栽培種と明治・大正期のものとは形、質ともに大きな差異があったであろうことは想像できますが、明治中期以降に三河島菜として栽培されたものの中には、サントウサイ（山東菜）やハクサイの血が入った系統もあったようにうかがわれます。

私の父たちが明治四〇年代に栽培した漬菜の系統は「イカリ菜」と称し、葉は地際から直上せず斜上するもので、舟で使う碇《いかり》の形、あるいは肩をいからすなどの、角が立っているというような意味から名づけられたらしく、葉身は広大、葉柄は狭く長く、葉数は少なく、漬け減りが大きく、葉の感じはコマツナに似ているとの話もあり、風味がよかったが、葉柄がいくぶん内側に巻き込むような形であり、土砂が入りやすく、漬け込みの折の掃除に難渋したとも聞いております。

私の祖母は百姓をしなかった人で、「三河島の菜っぱはうまいけれど、葉っぱばかりでアキがくる。サントウサイの方が軟らかくてジク（葉柄）が甘いから子供にサントウサイを漬けよう」と言っていたことを記憶しています。

現在では本家の三河島菜も奥戸から出た曲金菜も、中国から入ったサントウサイやその改良種（西新井山東、栗山山東）や結球白菜の類に追われ、耕地の減少などの諸原因が重なり、ついには姿を消してしまった訳でございます。

　また、落語にも取り入れられておりますが、当地区の漬菜栽培と下肥施用は深い関係があり、記録によると、九月から一二月までの七〇～九〇日ぐらいの間に、下肥を一〇アール（約一〇〇〇平方メートル）当たり一回に三〇荷（一荷は約七二リットル）、計三回、九〇荷を施す耕種法の例が記載されておりますが、これは生育旺盛の短期間にチッソ分を多く吸収させてスジの少ない軟らかな品質のものを作るという、漬菜類栽培の施肥理論に合致します。
◎『**三河島菜を訪ねて**』古山清著（「みんなで考えよう　川の手あらかわ　輝く未来」区民作品集　荒川区発行　一九八七年）　↓『三河島菜の話』とほぼ同じにつき省略

第二章　三河島菜の産地［近郊農村の生活］

1　江戸の川と川を忘れた東京

三河島菜の産地とはどんなところだったか、昔の三河島やその周辺地域の様子を知るには、まず川の話をしなければならない。それは野菜に限らず、江戸の生活について語るとき、川を抜きにしては語れないからである。

現在の東京の下町では、川のすぐ近くにいても、人々は毎日の生活と川との関係はすぐには思い浮かばないだろう。実は都市を流れる川は、ヒートアイランド現象に対しての気候緩和や風の通り道、上下水道その他でも生活に大きな影響を与えている。しかも荒川と隅田川に囲まれた「江東デルタ地帯」は、東京湾が満潮となると水面下になる。現実には水浸しにならないのは、堤防とポンプ場のお陰である。そればかりか、都市の自然環境にとっては、都市と農村とを結ぶ生物の移動の回廊としても重要な意味を持っている。だが今の都市の生活者は、そうしたことには気がついていないように思える。

しかし、つい最近まで下町の人々は、いつでも川を意識し、水害のことを毎日心配しながら生活をしていたのである。

江戸へ全国から物資が集まる

江戸は、将軍を頂点として六十四州の大名が集まり、その家族や多くの家臣も生活していた。彼らの生活を支える人々の分も含めて、莫大な物資を全国から集める必要があった。

主食のコメも全国から江戸へ集められた。江戸では毎年約一〇〇万石のコメが必要だった。コメは、幕府の直轄地の天領などからの幕府米と、各藩からの藩米とを合わせて全体の約半分、残りの半分は、商人が買い集めた商人米で、上方から来る下り米と、周辺地域からの地廻米《じまわりまい》とによってまかなわれていた。

さらに、遠くは蝦夷地からのコンブ、ニシン、カズノコ、サケをはじめ、その他酒、醤油、塩、水産加

日本橋小網町のコメの荷積み
（『江戸図屏風』部分、国立歴史民俗博物館蔵）

工物、織物、材木、炭など様々なものが江戸へ集められた。なかでも上方からのものは、「くだりもの」としてとくに珍重された。江戸周辺で作られたものは「地廻りもの」と呼ばれ、一段低く見られた。

川によって百万人が生活できた時代

百万人が生活した江戸の日々の生活は、主に舟運によって維持されていた。川は生活を支える一方で、いったん氾濫すると人々は大変な被害を受けた。また日照りにも、荒川の近くなのに荒川の水が使えず遠くから用水を引いていた地域では、干害に苦しめられた。

昔の人々は、お天道様次第で人の自由にはならない川や水とどのように付き合ってきたか、そうした様子は、三河島菜の産地である荒川区周辺を見ることでも分かるのではなかろうか。川はまた、

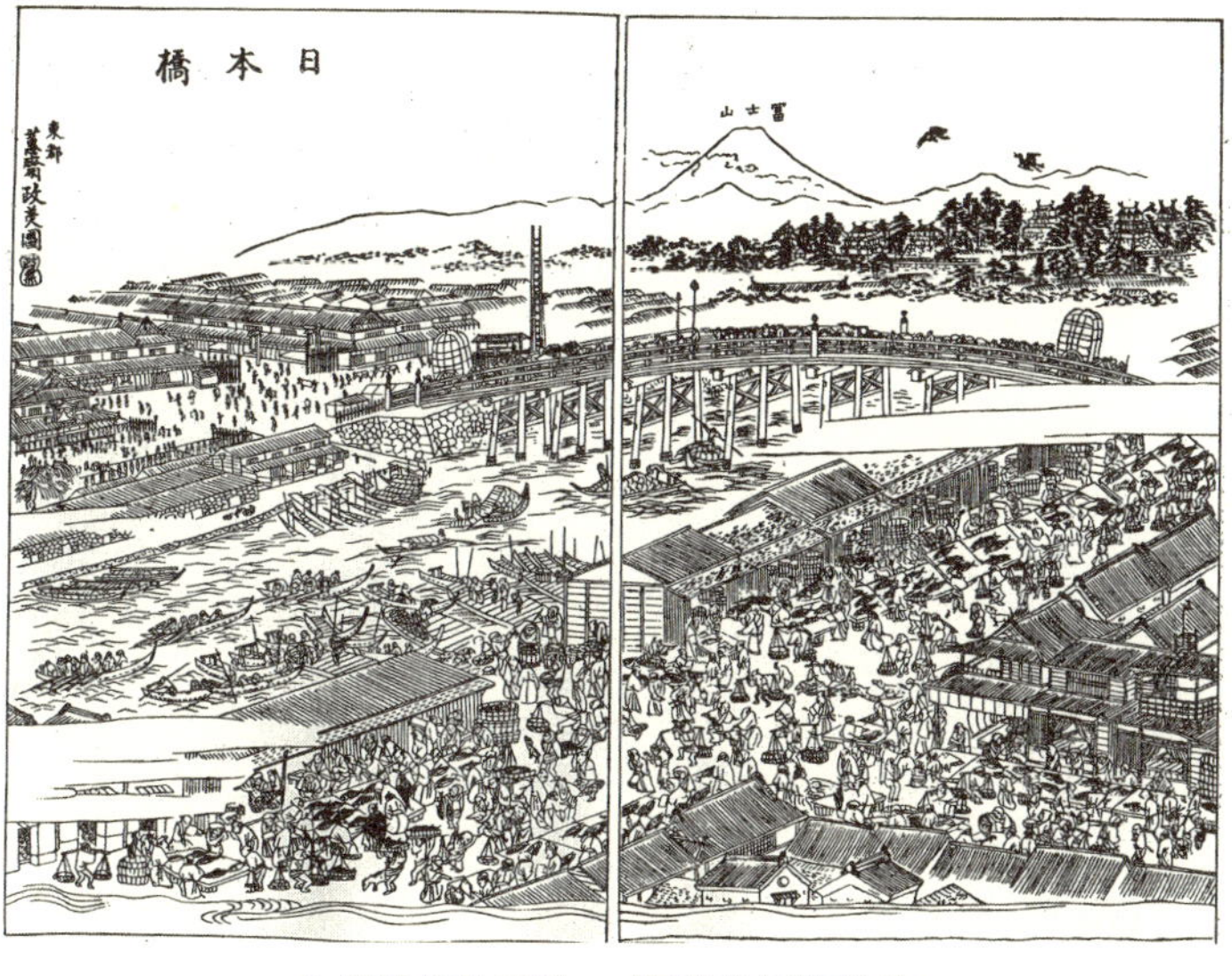

日本橋魚河岸の賑わい（『東海道名所図会』）

野菜の生産、流通とも深く関係していたのである。

輸送手段は主として舟や筏

当時の輸送手段で、もっとも効率がよいのは舟であった。牛車や人が引く大八車もあったが、馬車は許されていなかった。馬は、荷を背につけて運んだ。一駄四〇貫（一五〇キログラム、一駄三六貫とする説もある）が普通一頭の馬の運べる重さといわれている。馬一頭と馬子一人で、コメならば二俵（一二〇キログラム）しか運べない。それに比べて、舟ならば船頭一人当たりコメ一〇〇俵近くも運べた。川を行き来する舟でも、船頭、水夫七、八人でコメ九〇〇俵から一二〇〇俵も運べた大きな高瀬舟もあった。そのため輸送コストは、舟が格段に安かった。

小名木川の光景（『名所江戸百景』）

徳川幕府は、五街道の整備と共に舟運の充実を図った。江戸周辺の大きな川の整備だけでなく、舟運のための設備、舟着場である河岸や物揚場《ものあげば》が整備された。江戸の市街地には掘割が縦横に掘られて、河岸が各地に作られた。今も鎌倉河岸（千代田区）、神田佐久間町河岸（千代田区）、八丁堀（千代田区）、日本橋堀留町（千代田区）などの名も残っている。

魚河岸（中央区日本橋）、大根河岸（中央区京橋三丁目）などもあり、魚は江戸湾のいわゆる江戸前だけでなく、相模湾や房総など遠くの地域からも集ったが、近郊農村からの野菜も多く舟で運ばれてきた。またその逆に市街地からは、屎尿が舟で各地に送られたことは、すでに述べたとおりである。

とくに隅田川の東の低地には、行徳で作られた塩を江戸へ運ぶために掘られた小名木川、新川など、多くの運河が縦横に掘られていた。

管流と筏［材木の運搬に関する村《むら》触《ぶれ》］

材木を山から運び出すのに、筏を組めない狭い谷川では、木を一本ずつ流した。これを「管流《くだながし》」という。その材木を、集めて筏に組んだ。入間川上流からは西川材が、また秩父からも材木やたきぎが、そうして千住へ運ばれた。

千住には、千住大橋のたもとに材木店が並び、「材木筏宿」やたきぎの問屋もあった。たきぎは都市にとって重

千住大橋の材木屋や筏の様子（『東都歳事記』）

要なエネルギー資源であった。材木は、千住からさらに深川の木場へも運ばれた。

筏は、しばしばばらばらになる恐れがある。そのため、大規模な筏流しの前には、「乱木があれば、村々は集めて届け出ろ」という触書《ふれがき》が荒川沿いの各村へ出されることがあった。『三河島町郷土史』（入本英太郎編　昭和七・一九三二年）には、嘉永六（一八五三）年一一月の「水戸殿御用材木、武州秩父郡、上吉田藤倉村百姓林より伐り出し……江戸深川木場まで廻木《かいぼく》」に際して「川丈出水等にて乱木あれば」として触書が出された。なお、この「川丈」は『同郷土史』の誤植で、川欠が正しく、川欠とは堤防決壊の意味である。

また、同書には、嘉永七（一八五四）年、お台場の建設に関して下赤塚村（板橋区）から切り出した材木の高輪までの廻木に際して、さらに安政二（一八五五）年にも、秩父の大滝村から深川木場まで、御用材を廻木するとして、そのときの触書が記録されている。

多摩川の筏と舟

多摩川に浮かぶ舟や筏（『調布玉川惣絵図』）

荒川だけではなく多摩川でも、青梅や五日市の山奥で切り出された木材が筏に組まれて下流の六郷へと運ばれていた。また、山や川沿いの大丸村（東京都稲城市大丸）、長沼村で焼いた炭や、大森でノリの養殖に使うノリひびとするための「粗朶《そだ》」も運ばれた。北相模の特産の絹や、大丸の名産の重いスイカも舟で運ばれたのではなかろうか。『調布玉川惣絵図』（相沢伴主著　長谷川雪堤画　弘化二・一八四五年）に多摩川に浮ぶ舟や筏の様子が見られる。

川越夜舟

現在の埼玉県川越市から江戸への定期便の舟が出ていた。川越夜舟《かわごえよふね》という。荷物だけを扱う並舟と乗客も乗せる早舟があった。早舟は、毎日夕方出航し、夜中に新河岸川を下って荒川へ出て、千住大橋へは朝の八時頃、終点の浅草花川戸には昼頃に着いた。早舟は、上り下りの一航海に五日かかった。一日に下った舟は、五日に川越へ戻り、六日に出る。これを一六船《いちろくぶね》と称した。同様に二七船、三八、四九、五十船とあった。

陸路では、江戸・川越間は一二里（四八キロメートル）の道のりだが、新河岸川を下ると三〇里、九十九曲がりといわれたほど蛇行が激しかった。それでもこの舟により、客は寝ているうちに、コメや茶、川越素麺、繭《まゆ》、川越平《かわごえひら》（絹袴地）、木材や炭などの大量の物資とともに運ばれ、朝には千住へ、さらに昼には浅草へ着く。その積荷のひとつに「八里《はちり》」とも また「一三里」とも呼ばれた、川越のサツマイモがあった〔40頁参照〕。

2 江戸の町を水害から守る仕組み

江戸の町の犠牲となった地域［江戸の市街地との関係］

江戸の中心の日本橋から日光街道、奥州街道の第一番目の宿場の千住宿までは二里（約八キロメートル）。その千住宿の少し手前の三河島菜の産地の三河島は、日本橋から五〜七キロメートルの位置になる。荒川（現在の隅田川）の南側で、江戸の範囲の御府内ではあるが、市街地に近い農村地帯であった。

三河島ではしばしば水害に悩まされた。三河島に限らず現在の荒川区、北区の低地部、足立区などの地域、すなわち荒川（下流が隅田川）が江戸の市街地に至るより上流の地域は、同様に水害の被害を受けた。それらの地域は、江戸という都市との位置関係から、またとくに舟運とも関連して、江戸の市街地を洪水から守る役割も担っていたのである。いわば江戸の町のために犠牲を強いられた地域であるともいえよう。

日本堤と隅田堤と上野の台地［江戸の下町を流れる隅田川には堤防がなかった］

江戸の市街地のうち、低地には舟が着き、商業が盛んになった。日本橋、室町は、そうした商業地域であり、高台の武家屋敷の多い地域、すなわち山手《やまのて》に対して、下町と呼ばれた。

下町は、舟による交通は便利だが、水害には弱い。水害を防ぐには堤防が必要だが、舟運の邪魔になる。それを解決するため、隅田川には堤防を築かずに下町を洪水による水害から守る仕組みが施されていた。

荒川の下流の隅田川が、江戸の市街地に至る直前の場所、浅草の上流に、隅田川をはさんで「逆ハの字状」に二本の堤防が築かれた。上流から見て右側（右岸側）を「日本堤」といい、左岸側を「隅田堤」といった。現在でも、「日本堤」は地下鉄日比谷線三ノ輪駅（荒川区）近くから、浅草の観音様の近くの今戸（台東区）への土手通りとして残っている。また、「隅田堤」は、江戸時代からサクラが植えられて花見の名所となり、隅田川沿いの墨堤通《ぼくていどおり》となっている（61頁「台地と低地の野菜の分布」図参照）。

この逆ハの字状の堤防の配置、すなわち川をはさんで上流側が幅広く、下流側は幅が狭く配置された堤防によって、川の水量が増大しても、下流へ流れ出る水量は一定になる。じょうごの理屈である。下流へ流れきれない水は、堤防の上流地域にあふれる。つまり日本堤の上流地域は、遊水地となっていたのである。しかも日本堤の上流側の三ノ輪は、上野の台地が近く、そこから連続した台地が飛鳥山、王子、赤羽へと続く。この台地そのものによって荒川の洪水が江戸へ侵入するのを防いでいたのである。

日本堤の土手（右奥が吉原）（『名所江戸百景』）

この二つの堤防から下流には、堤防は築かれていなかった。幕府が舟運を重視したからと考えられる。市街地の隅田川には堤防を築かない考え方は、明治以降も荒川放水路を開削することで引き継がれた。昭和三〇年代になって、隅田川に刑務所の塀とも呼ばれた評判の悪い堤防が築かれたのは、上流からの洪水に対する備えではなく、地下水の汲み上げによって地盤沈下したため、海から高潮が襲ってくる危険がでてきたので、それに備えたものであった。

日本堤と吉原

日本堤は、文学や芝居により、新吉原との関係でよく知られている。吉原へ通う金持ちの客は、柳橋あたりから「猪牙《ちょき》」という快速舟を雇って隅田川を上った。今戸で山谷堀に入り、舟宿から日本堤の土手へ出た。吉原へ通うことを「山谷通《さんやがよい》」といい、この舟を「山谷舟」ともいった。

吉原の遊郭の周囲はぐるりとおはぐろどぶに囲まれていた。客は日本堤の土手から、S字に曲がった衣《え》文坂《もんざか》を下り、大門《おおもん》を通って吉原へ入った。日本堤の一方の端の三ノ輪には、吉原の遊女の悲しい末路を弔

絵本に描かれた猪牙（『絵本吾妻遊』）

った「投げ込み寺」と呼ぶ、浄閑寺がある。

江戸独特の文化の面で述べられることが多い吉原や日本堤であるが、実は、日本堤とその対岸の花の名所の隅田堤とは、ともに江戸を洪水から守る重要な役割を担《にな》っていたのである。

利根川と荒川の付け替え［利根川の東遷と荒川の西遷］

荒川（隅田川）だけでなく、利根川、江戸川は、物流の面から江戸に深く関係していたが、その一方で、江戸の市街地、特に下町に大きな被害をもたらす水害の原因ともなっていた。

古くは利根川は、古利根川筋を流れて、足立区と墨田区の境の鐘ケ淵《かねがふち》で入間川と合流し、それより下流は隅田川と呼ばれて江戸湾に流れ込んでいた。その本流は、足立区と葛飾区の境を流れる、今では小川のような古隅田川や、旧綾瀬川の跡の隅田水門にその痕跡が残っている。中川もその支川であったといわれている。

幕府は、その利根川の流れを東へ移して常陸川につなぎ、銚子へ向かわせた。これにより、舟運によって運賃も安く大量輸送が可能になった。東北地方から太平洋岸を南下してきた舟は、危険をおかし、多くの日数を費やして房総半島をぐるりと廻る必要はなくなった。舟は銚子に着くと、大量の積荷を高瀬舟に積み替えた。高瀬舟は、利根川を上り、関宿（千葉県）から江戸川を下れば、江戸湾へ出て江戸に至ることができた。舟運には便利だがこれが洪水の一因ともなった。

また、江戸時代より前の荒川は、元荒川筋を流れ、吉川付近で当時の利根川（古利根川）に合流していた。幕府は、利根川の支流の荒川を、熊谷の近くの久下で流れを変えて入間川の支流につなぎ、西へ移す工事を行なう。これにより荒川では、中山道の陸路と平行して久下からの航路が開け、入間川筋の材木などに加えて、秩父方面からの材木や物資も江戸へ運ばれた。荒川の付け替えの結果、新田開発も進められたが、荒川を小さな入間川につないだため、荒川の中・下流地域ではしばしば洪水が起こり、被害が増大した。

権現堂の堤防と三河島の半鐘

大昔からの流れの方向を変えられた利根川は、よく氾濫した。さらに天明三（一七八三）年の浅間山の噴火で、火山泥流が利根川に流れ込み川底が高くなると、利根川はますます氾濫するようになる。その昔江戸湾に流れていたことを忘れてはいないように洪水は江戸へ向かって押し寄せた。

しばしば決壊する堤防が埼玉県幸手市内の権現堂にあった。権現堂を流れる権現堂川は、利根川の支川となっているが、もとは利根川とは別に江戸湾に流れ込んでいた渡良瀬川（別名太日川《ふとひがわ》）の一部であった。利根川の東遷とともに渡良瀬川の上流は利根川に合流させ、渡良瀬川の下流は改修されて関宿から江戸湾に至る江戸川となった。

その権現堂川や利根川の氾濫は、江戸では大変に恐れられた。荒川の洪水に利根川筋の洪水が加われば、隅田川の日本堤と隅田堤では防ぎきれず、江戸の市街地にも大きな被害が出たからである。明治になっても、権現堂の堤防は「東京の生命線」と言われていた（『都市を往く荒川』建設省荒川下流工事事務所発行平成二・一九九〇年）。

古山氏は、「慶応三（一八六七）年生まれの祖母から、三河島でも権現堂の堤防の維持などに協力し、また、堤防が危なくなると、半鐘を打ち継ぎ、三河島にまで知らせてきたと聞いた」という。権現堂は、荒川区からは、その北方直線で約三〇キロメートルにある。

荒川・利根川関係の本には、この半鐘のことは書かれていないようである。こうしたことは、地域の歴史だけではなく、地域の自然、生きもののつながりなどを考えるときにも大切なことなのだが、現在荒川や隅田川の歴史の研究家には忘れられているようだ。なお、琵琶湖周辺では半鐘による水害通報のシステムがあったことは知られている。

『新編武蔵風土記稿』には、利根川、江戸川の洪水がしばしば襲った地域の葛飾区の各所に、「ここにも流作場《ながしさくば》あり」という文字が見られる。「流作場」とは、川筋、堤防筋にあって洪水の被害を受けやすい田畑で、税額が低いか、その年の収穫高を確認してから決めるところであった。江戸時代には、「川欠引《かわかけびき》」という制度もあった。「川欠」（堤防の決壊）によって、田畑が損害を受けたときには、年貢を減免する制度である。そうした制度はあっても、農民は多くの犠牲を払わねばならなかった。

荒川の特徴

荒川は、全長一七三キロメートルで、その源は長野県、埼玉県、山梨県の境で標高二四七五メートルの甲武信ヶ岳《こぶしがたけ》より流れ出る。荒川の上流部の山々は、冬の積雪は少ないが急峻なため、台風時などには大量の水を一気に下流へ押し流す。そのため蛇行が激しい中流の平野ではよく氾濫した。

荒川の中流域では、左岸側は熊谷堤から荒川堤と連続した堤防が築かれる。一方、右岸では村を囲む囲堤という部分的な堤防（輪中堤）やかすみ堤を積極的に築いているが、連続した堤防ではなかった。

幕府は、中流の囲堤などの工事は度々行なうが、蛇行した流路を直線的に直す河川の改修はしなかったらしい。それは、洪水を中流であふれさせて下流へゆっくりと流すためだったからではなかろうか。蛇行した河川を直線的に直すと流れが速くなり、洪水は一気に下流に押し寄せる。それでは江戸が危なくなる。

さらに幕府は、荒川の舟運を重視したことも考えられる。当時、熊谷の久下より下流では、舟運はとくに盛んであった。改修により川が直線的になると流れが速くなる。そうなると舟の航行には危険が生じるとか考えたのではなかろうか。事実、後に新河岸川の改修が終わると、川越夜舟などの舟運は衰えた。鉄道や自動車が舟に取って代わったのも事実だが、「九十九曲がり」といわれたほど激しい屈曲が直線的になって水の流れが速くなり、舟運には適さなくなったことも原因していた。

久下と新川河岸

熊谷の久下《くげ》は、荒川を入間川の支流の和田吉野川につなぎ、現在の荒川の流れに変えたところだが、鎌倉時代には、源頼朝を支えた関東武士団の久下氏の拠点であった。その菩提寺は荒川の堤防の横にある東竹院である。

その寺の下流に、荒川の瀬替えによって生まれた新川村の新川河岸があった。そこは、対岸の大里と中仙道とを結ぶ要路にもあたり、千住・浅草との約一〇〇キロメートルの舟運により栄えた。江戸へはコメや炭、絹織物、農産物などを、江戸からは塩や雑貨を運んだ。この地域は洪水の多発地点であったため、大正時代に始まる荒川上流改修工事に際して新川村は政府が買い上げ、住民は移住させられ廃村となった。

横堤と調節池の意味

明治四三（一九一〇）年の大洪水により、岩淵水門の建設と荒川放水路の開削が計画された。それまで遊水地としてきた日本堤より上流の荒川区、北区などの地域には、多くの工場が進出し住宅が密集するようになったからである。

それに次いで、岩淵より上流の改修も計画、実施された。激しく蛇行していた荒川の流路は、現在では川本町から北区岩淵までほぼ直線的に直されている。その改修工事は、大正九（一九二〇）年に開始された。昭和二（一九二七）年までに完成の計画が、震災、戦争、戦後の洪水などのために遅れ、竣工したのは昭和二九（一九五四）年のことである。

このときの計画でも、洪水を中流域にためてゆっくりと下流へ流す考え方は変わっていない。それは、鴻巣市、吉見町付近の中流域に堤防を築くが、川幅を二〜三キロメートルと幅広くし、同時に、全国でも珍しい「横堤《よこてい》」がつくられたことにも現れている。

普通の堤防は、流れに平行につくられる。これに対して「横堤」は、流れとは直角の方向に、流れに突き出して築かれている。洪水時には、流れの速度を緩める働きをする。その数は、全部で二六箇所にも及ぶ。それまでは、なすがままにあふれさせていた水は、連続した堤防で一定の範囲に押し込める代わりに、「横堤」で流れの速度を緩めるのである。

現在では、さらに安全性を高めるために、笹目橋上流から約八キロメートルにわたり羽根倉橋まで荒川第一調節池がつくられ、さらに調節池が計画されている。

3 自衛する村々

江戸の下町を荒川の氾濫による水害から守るのには、日本堤の上流側の三ノ輪に近い上野から谷中、日暮里、田端、飛鳥山、王子、赤羽、板橋へと続く台地を利用していた。荒川が増水したときは、日本堤と隅田堤によって下流への水量が絞られる。あふれた水は、台地のすそに広がる北区や荒川区の低地の地域にあふれさせることによって、その下流の江戸の下町は守られたのである。それは、荒川放水路が開削されるまで続いていた。人々は常に洪水の危険にさらされていたので、さまざまな自衛のための工夫をしていた。

秋ケ瀬と岩淵のハンノキ林

現在も秋ケ瀬の羽根倉橋近くにはハンノキ林が残っている。荒川沿岸では現存する最大のハンノキ林である。

また、彩色された明治初期の「迅速測図」には、岩渕の上流で現在の東北線鉄橋の上流側の河川敷に、「榛林」の文字が書き込まれた面積約七ヘクタールの大きな林が認められる。それは、右岸の凸部で集落の上流にあたる。この林は、荒川の改修工事で大正一〇（一九二一）年頃には失われたと思われる。その他にも、荒川沿岸にはハンノキの林は各地にあった。

三河島の「榛の木山」

隅田川の岸辺、現在の荒川区町屋一・八丁目付近の三河島村字荒木田と呼ばれた辺りから、いまの荒川自然公園のある三河島汚水処理場のあたり一帯、さらには南千住の千住大橋のあたりまで、江戸時代にはハンノキの林がずっと続いていた。明治四二（一九〇九）年のドイツ式の地形図には、川沿いに濶葉樹林《かつようじゅりん》の記号が記入されている。この林は、「三河島の榛《はん》の木山」と呼ばれた。

これらのハンノキ林は、洪水に備えて、水の勢いを弱める水防林としての目的があったとは考えられないか。なお、荒木田付近の林は「榛の木山」と呼ばれたのだが、「ヤマ」とは、いわゆる「山」の意味ではなく、平地の林をヤマと呼ぶ習慣があったからである。

汐入の民家［水塚と揚げ舟］

荒川区南千住八丁目の汐入《しおいり》地区は、西から東へ向かう隅田川の流れが急に南南西へ方向を変えて「つ」の字状になるところである。ちなみに、この汐入の対岸が、カネボー発祥の地の鐘ケ淵である。

その汐入村は、約四〇〇年前、上杉謙信の家臣四氏が住み着いたことに始まるという。昔は、汐入大根の栽培と、カキがらを石臼でひいて、日本画に使う白色の顔料の胡粉《ごふん》の製造が盛んであった。

汐入の町に入ると、道路は狭く建物は古いが、庭付きの家も多く、江戸時代にタイムスリップした感さえあった。旧家ほど、街の北側の川沿いの微高地《びこうち》にあり、隅田川を背に、水塚《みずか》と呼ぶ土を盛って石垣でかためた塚の上に建てられていて、中二階もあり、昔は軒に非常用の舟（揚《あ》げ舟）をつるしていたという。家の裏手には、木々が植えられ、生垣があって、洪水時に流されてくる丸太やごみを止めて家を守る役目をしていた。ここ独特の生活習慣、民俗もあった。

この地域は、木造住宅が密集し、道路が狭く、消防車も入れず、防災上問題があるとされた。町をそっくり取り壊して高層住宅をつくり、白鬚西公園と一体として防災拠点とする再開発計画が立案され、一九九〇年代に、再開発によって、新しい町となった。

江戸時代以来の水と共存をしてきた荒川流域の地域は、多かれ少なかれ汐入と同様な生活をしてきたのである。

4　多摩川・利根川にも頼っていた荒川下流域

新河岸川を渡るいろは樋

荒川では、江戸時代には中流の熊谷付近に六つの堰をつくって農業用水を取水していた。昭和一四（一九三九）年にその六つの堰を一箇所に集めて「六堰頭首工《ろくぜきとうしゅこう》」がつくられた。「頭首工」とは、農業用水を取り入れる施設のことである。それより下流では荒川本流の水は、使われていなかった。

荒川の右岸の地域は、洪水に悩まされたのだが、またしばしば日照りによる干害にも悩まされた。水田の用水は、そばを流れる荒川からは取水できなかったからである。地形的にもまた、江戸湾が満潮になると逆流する感潮河川のため、川の水に塩分が含まれていたことにもよる。

江戸の上水道（飲み水）としては、中川から亀有上水（曳船川ともいう、現在も曳船の名が残る）を、また神田上水に加えて、多摩川の羽村から玉川上水を江戸へ引き、さらに千川上水、青山上水、三田上水を分けた。その玉川上水から分流して、埼玉県新座市の野火止には、承応年間（一六五二～五五）に、農業用水の野火止用水を開削した。

その野火止用水を、荒川のすぐ近くなのに、新河岸川を横断して引いた地域があった。荒川の右岸と新河岸川の左岸とはさまれた埼玉県志木市の宗岡地区は、水害に悩まされる一方で、荒川の水が使えず農業用水の不足にも悩まされていた。そのために寛文二（一六六二）年に野火止用水の水路橋（長さ二六〇メートルの木製の樋《とい》）を新河岸川に架け渡して宗岡地区に送水した。それをいろは樋と呼ぶ。明治時代（一八九八～一九〇三年）には、鉄製のパイプで川の下を潜る方式（伏越）に変更された。

山谷堀と石神井川用水

新吉原の遊郭へ通う客が、隅田川から「猪牙《ちょき》」で乗り入れた山谷堀は、じつは、北区、荒川区、台東区の水環境と密接な関係があった。隅田川から上流への一キロメートルほどを山谷堀と呼んだが、その上流は、石神井川用水、一名音無川といった。

その用水の本流は石神井川である。それは、小平市から流れ出て、練馬区石神井の三宝寺池などからの水を併せて隅田川にそそぐ。石神井川用水は、石神井川から北区の王子で取水され、北区、荒川区、台東区の田を灌漑して延々と流れて三ノ輪に至り、山谷堀となり隅田川に至った。石神井川用水は、流域の村の数から、二六カ村用水（明治に至り合併して一三ケ村用水）とも呼ばれた。

この細い用水一本に頼っていた地域は、日照りには水争いが起こった。その上、荒川の氾濫による水害にも悩まされた。そのため、江戸に近い地域では、金になる野菜の栽培が盛んになり、植木職人などとなるものも多かった。

昔も今も頼りは利根川

コメの産地であった荒川の左岸側の埼玉県東南部や足立区などの地域でも、荒川からは取水できなかった。そのため冬の積雪量も豊富な上越国境に水源地がある利根川から、見沼代用水、葛西用水、金野井用水、二郷半領用水などにより延々と水を引いていた。見沼代用水は、綾瀬川と交差するところでは、木製の樋を架け渡した。綾瀬川も芝川も海の干満の影響を受ける感潮河川で、農業用水には使えなかったからである。

現在荒川の水は、昭和三九（一九六四）年の東京オリンピックの年に完成した秋ケ瀬の取水堰（アザラシの「たまちゃん」で有名になったところ）で取水され、東京都の一部に水道水として供給されている。また、新河岸川の汚れた水を薄めるため、文字通り「水増し」するための浄化水を荒川から注いでいる。そのための水が、遠く利根川から武蔵水路を通って荒川へ送られている。東京都の使う水は、一見荒川の水のようだが、その実は利根川からの水なのである。

5 三河島周辺の風景

水がもたらした豊かな自然環境と鶴御成り

東京の北東部から東部の地域は低地で、いくつもの川が流れ、それらを結ぶ掘割が掘られ、灌漑用水がめぐらされていたので、魚類や水鳥など水に関係した生きものの生息にはその環境は適していた。現在では絶滅したトキやその恐れがあるコウノトリ、ツル、ガンなども珍しくはなかった。『武江産物志』にはそうした様子が記録されている。

低地を流れる荒川、中川、江戸川などは、シラウオ、コイ、ウナギなども多く、漁業も盛んで、これまで述べてきたように舟運にはなくてはならない存在であった。

江戸時代には、江戸の周囲五里（二〇キロメートル）四方は将軍家の御拳場《おこぶしば》と呼ぶ狩場とされていた。将軍が行なう狩りには、巻き狩りと鷹狩りとがあるが、「鶴御成《つるおなり》」というツルを狩る鷹狩りは、幕府の年中行事のなかでもとくに重要なものだった。そのためにツルを呼び寄せ、鳥見役という役人が、密猟を監視し、ツルを驚かさないようにと、家の新築はもちろん、屋根の葺き替えから、樹木の伐採に至るまで厳しく取り締まった。また、ツルに餌を与える係りの「餌《え》まき」もいた。

江戸城から五、六キロメートルの荒川区の地域でも、ツルが来ていたことは将軍家の狩猟の記録などからも明らかで、その種類は真名鶴《まなづる》、黒鶴《くろづる》などの名が見られる。

「箕輪金杉三河しま」（『名所江戸百景』）

歌川広重の『名所江戸百景』（安政四・一八五七年）の一つに「箕輪金杉三河《みのわかなすぎみかわ》しま」がある。現在の台東区と荒川区とのさかいのあたりを描いたものである。時代は一九世紀中頃、いまから約一五〇年も前のことだが、そこには、冬枯れの田畑にツルが描かれている。葉を落とした樹木はハンノキであろう。

ツル以外の鷹狩りの対象のハクチョウ、ヒシクイ、カモなども保護されていた。その他の野鳥も、小鳥に至るまで一般人が勝手に捕ることはかたく禁じられていた。「ヒバリの子も許可なく捕るな」との村触れが天保一三（一八四二）年に村々に出された記録がある（『三河島町郷土史』入本英太郎編　昭和七・一九三二年）。

そこはまた、江戸の市街地を守る遊水地としての役割から水への備えを怠ることなく、家々は水塚を築いて倉庫を作り、揚げ舟を備えるなどの自衛手段をもとっていた。江戸を水害から守り、将軍のためのツルを呼び寄せるために、農民はずいぶんと犠牲を強いられたのである。

「ミズオオバコ」と「ナズナ」と「メダカ」

昔の三河島の風景が目に浮ぶような資料がある。『武江産物志』には、三河島で見られた薬草やメダカがあげられている。

〔道灌山ノ産〕に〔龍舌草《みづおほばこ》　圓葉はタウカモリ〕というなぞのような文がある。ミズオオバコ（トチカガミ科）は、水田や池に生ずる一年草で、生育環境により、葉の形などが異なる。普通、葉はオオバコの葉に似た形だが、ときに丸い葉のものがある。だが、〔タウカモリ〕とは、一体何のことか、長いこと疑問であった。

『本草図譜』を見てそれは氷解した。「ミズオオバコ　武州三河島稲荷森　水田中に圓葉の物あり」との記述があった。タウカ（とうか）は稲荷《いなり》の音読みで、この三河島村の総鎮守の宮地稲荷（荒川区荒川三の六五）の森のことであった（『本草図譜』巻三三）。多くの江戸大絵図に、三河島村に「いなり」の文字と鳥居が描かれている。

明治一三（一八八〇）年の『迅速測図』（東京府武蔵国

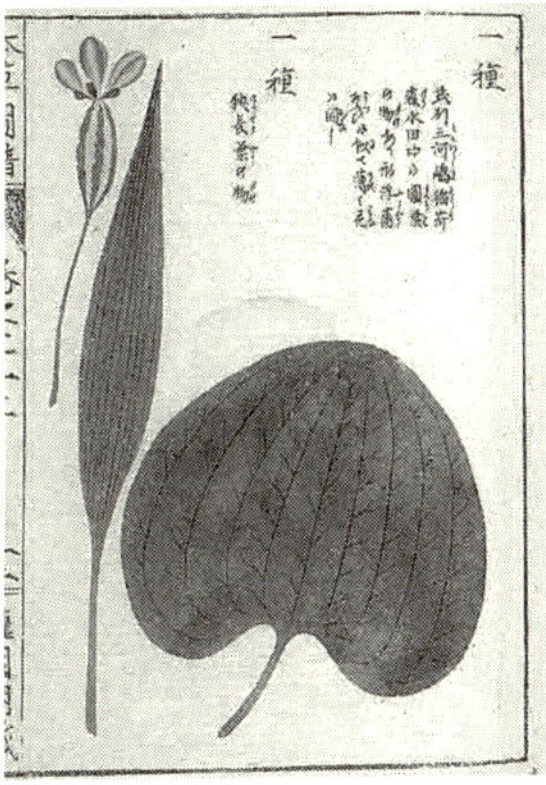

「ミズオオバコ」
（『本草図譜』国立国会図書館蔵）

足立郡本木村及北豊島郡三河島村ノ図」の欄外にも、「三河島村字宮地稲荷社ノ図」がある。広い野にあって、遠くからもよく見えたのであろう。今ではビルに囲まれて、樹齢六五〇年のケヤキの切り株が残るだけの小さな社だが、この稲荷は、「江戸わずらい」といわれたかっけによく効くとして、広く江戸中の信仰を集め、有名であった。

その他［尾久ノ原］の産に、［薺《なずな》　三河シマ］、［砕米菜《たがらし》　三河島　谷中］、［破銅銭《たのじも》　三河島　千住］もある。「たのじも」とは、デンジソウ（デンジソウ科）のことで、池沼に生じ、根は水底にあり、茎や葉を水上に伸ばす抽水性《ちゅうすいせい》のシダ植物の多年草で、絶滅が危惧されている。

「河魚類」には［麦魚《めだか》　三河島］がある。当時はどこでも見られたはずのメダカについて、特に［三河島］の名をあげている。三河島周辺は、野釣りの名所のひとつとして『釣客伝』（黒田五柳著　天保一三・一八四二年）に書かれている。

この地域は、細い用水が縦横にめぐり、また、南には隣の金杉村との境に沼があった。今も「前沼」の旧字名のついた小公園もある。これらの植物やメダカからは、水田と畑が混じる低地の農村の様子が浮んでくる。

江戸の人々の遊覧の地

江戸の人々は、行楽好きで、神社や仏閣への参詣にこと寄せて、また、花見や紅葉狩りなどと何かにつけて郊外へ出かけている。その行楽地は、『江戸名所花暦』や『武江産物志』などから見ると、江戸の下町から徒歩で日帰りの範囲である。およそ現在の二三区内にあたる。遠いところでは、例えば小金井の玉川上水のサクラの花見もあるが、江戸から片道七里半（約三〇キロメートル）では、一泊が必要であった。江戸の東部～北部の地域では、足立区には野新田《やしんでん》のサクラソウ、荒川区には尾久のサクラソウ、日暮里《ひぐらしのさと》の寺々のサクラ、ツツジ、モミジ、道灌山などがあった。北区には、滝野川のモミジ、飛鳥山のサクラ、西ヶ原の牡丹屋（敷）その他が見られる。そうした名所は、圧倒的に台東区、文京区、墨田区に多い。江戸の西部～南部では、港区に多く、目黒区、品川区、新宿区等がそれに次ぐ。

荒木田の原のスミレ

荒木田とは、昔の三河島村の字名で、旧荒川区三河島九丁目付近の荒川の岸辺の地域である。住居表示後は、現在の同区町屋八丁目となった。

この荒木田には、上野寛永寺の寺領の芝地もあり、『江戸名所花暦』には、「千住と尾久のあひだの原、おびただしきすみれ也。前は川にのぞみて絶景の地なり。春は遊客、酒肴をもたらしきたって興ずること、日の西山に傾くをしらず」とスミレの名所として紹介されている。

三河島菜を育てた荒木田土

荒木田土の名は、三河島村の字名にちなむが、荒川、利根川流域に広く分布し、現在でも造園などの業界では使われている。それは、粘り気があり、やや重たく、乾くとカチカチに固まる。地下水位が高い土地の条件と重なって、作物としては、三河島村の漬け菜などの名産品を産んだ。

この土は、壁土や屋根の瓦の下地とされ、瓦や植木鉢などの原料としても使われた。また、台東区今戸付近で瓦や今戸焼きという焼き物が焼かれていたことは有名である。それは、安物の土風炉、灯心皿、人形などで、とくに人形はおいらん、姉様、おたふく、相撲取り、ねこ、たぬき、きつねや福助などであった。明治以降には、この土でレンガが焼かれた。

道灌山

道灌山と呼ぶ地域は、荒川区西日暮里四丁目の現在開成学園がある高台のことである。ＪＲ京浜東北線がその下を通っている。道灌山の大部分は秋田藩主佐竹氏の抱屋敷になっていたが、道灌山からの眺望は素晴らしく、人々はこの高台から、千葉県市川市、松戸市の下総台地に至るまで続く低地や、そこを流れる荒川や、遠くの筑波山の眺めを楽しんだ。また、ここは虫聴きの名所としても知られていた。

上野から谷中、道灌山、飛鳥山と続く一連の高台は、武蔵野台地の東の端にあたり、江戸の市街地との

今戸焼きの制作（歌川国芳『東都名所』「浅草今戸」）

関係では、この台地こそ、荒川の洪水が江戸へ侵入するのを防いでいたのである。

尾久のサクラソウ

荒川の岸辺の「尾久の原」はサクラソウで有名なところで、湿地に生える植物も多く見られた。その様子は、『武江産物志』や文政一〇（一八二七）年の岡山鳥著『江戸名所花暦』に紹介されている。その上・下尾久村は、三河島村の隣である。

尾久に限らず、荒川の沿岸には多くのサクソウの名所があった。しばしば洪水が襲うために多くは草刈場とされていたところである。背の低いサクラソウは、本来は山の落葉樹のミズナラなどの下に生えるのだが、荒川の河川敷では、冬に草を刈ることで本来の山の生息地と同じ環境ができたので、春に日光を浴びて花を咲かせて、生きられたのである。

「尾久原　桜草」（『江戸名所花暦』）

6　三河島の植木屋

植木屋は江戸の一大産業

江戸には、上は将軍家から大名、旗本、下は商家に至るまで、膨大な数の庭園があった。それらの庭園を築造し維持管理したのが、江戸の植木屋である。植木屋は、駒込、千駄木、本所、巣鴨（庚申塚）、染井などが有名だが、三河島にも名の知れた植木屋がいた。

三河島の植木屋の一人伊藤七郎兵衛は、一一代将軍家斉にひいきにされ、その三河島の邸宅は汐入の池や築山もあって豪壮なものであった。家斉が死ぬと、水野忠邦により天保一二（一八二五）年に、その庭園と居宅の取り払いが命じられていることからも、その財力はかなりのものであったと思われる。

また、伊藤七郎兵衛は三代にわたりその名を名乗ったので、同一人物かどうかは不明だが、嘉永六（一八五三）年六月、米国のペリーが浦賀に来航しとき、三河島の植木屋七郎兵衛がお台場の築造のため、「先で飯喰って二百と五十」つまり食事付きで一日二五〇文の人足用達を命ぜられ、非常な損害を被っている。

江戸の近郊の農民の中には、こうした大きな植木屋に雇われて働く者も多かった。

生鮮野菜の栽培はコメ作りより有利［野菜作りはもうかる］

三河島に限らず、江戸の市街地に隣接する地域では、植木屋などとして働く他に、野菜の栽培が盛んであった。江戸時代には、何よりもコメは年に一度の収穫で天候にも大きく左右されるうえ、年貢として厳重に課税されるが、野菜は、換金性が高かった。

それは年貢制度が終わっても同じで、『南葛飾郡誌』(大正一二・一九二三年)に次のような文がある。小作農がコメ作りを嫌い、有利な畑の耕作を希望するため、例えば亀青村(現葛飾区亀有・青戸)では、作付していない田は大正九(一九二〇)年に約二町(約二ヘクタール)であったが、大正一〇年には約八町に増加した。その対策として、「最初畑の小作には必ず水田を付属せしめ、その組み合わせは水田一段(一〇〇〇平方メートル)と畑三畝(三〇〇平方メートル)というがごとき割合で、小作は必ず水田を耕作すべき条件を付し、もってようやく水田耕作を継続し来ったのであるが、……」それでも耕作されない田が多くなった。「小作料も田畑の組み合わせ小作にあっては、畑一段歩平均二十五円位のものも、田を耕作せずして畑のみの小作ならば、倍額に引き上ぐべき旨《むね》をもってしても、なお小作人は田を捨て畑におもむく状況にある」というから、水田耕作に比べて畑作が現金収入にいかに有利であったかが分かる。

さらに、『南葛飾郡誌』によれば、同郡では畑作の収入がよいことから、明治後期から水田の土を盛り上げて畑とするものが多くなり、土を掘り取った後の深い田で、レンコンの栽培が盛んになったという。江戸川区地域のレンコン栽培は、昭和三〇(一九五五)年には栽培面積二三〇ヘクタールでピークであったが、市街地化が進み、昭和五四(一九七九)年が最後となる。レンコン栽培の隆盛は、稲作から畑作への転換の副産物であった。

7 古山清氏が見聞きした三河島地域の様子

古山家の建物は、慶応三（一八六七）年に土盛りをして建てたもので、洪水に備えて天井が約二・七メートルと高く、土間の天上部の上は、物置部屋（板の間）が設けられていた。大水が出たときには戸障子、家具、食料その他生活必需品、売却用の野菜などをそこへ運び上げ、時には居住部屋として使用されたらしい。

その建物は、最初は茅葺き屋根の農家で、その後改造され屋根や外壁は変わっているが、内部は、昔の農家の面影を伝えている部分もある。家のほぼ中央に二七センチメートル角のケヤキの大黒柱があり、未改造の旧部分は釘をまったく使用していないまま残されている。

庭には、樹齢百数十年の「江戸一」またの名を「甘百匁《あまひゃくめ》」という品種のカキの木もあり、都会ではまれな樹木に囲まれた空間となっている。

古山氏自身の職業は農業ではなかったが、農林省（現在の農水省）に勤め植物防疫を専門としたので、農作業についても詳しかった。その古山氏が、三河島菜を栽培していた人々から直接聞いたことや、その菜が栽培されていた大正から昭和初期の荒川区の様子を書いた文章が、荒川区を中心とした自然好きの人々の会「下町みどりの仲間たち」の会報にある。

それによれば、古山家の周辺では、地下水位が高く、昭和初期までは、「三尺（約一メートル）掘れば水が沸く、六尺掘ればカキガラが出るといった地層」で、大正初期には手桶で水が汲める井戸も存在していた。祖母（一八六七〜一九四五）や父（一八九一〜一九五七）によると、当時は例年夏秋の候、大なり小なりの出水に見舞われ、とくに被害の大きかった出水を「大水《おおみず》」と呼んだ。

昭和五、六（一九三〇、三一）年頃までは、大雨があると、家の北側を流れる幅一メートルばかりの溝（灌漑用水路の跡）があふれ、水の引き際に四つ手網をかけると相当大きなフナ、コイ、ナマズ、ドジョウなどがとれたという。

水の恐ろしさを身にしみて感じていた昔の人は、洪水のことを「水が出た」、「明治何年の水」などと表現し、とくに被害の大きかった洪水の程度を「床の上何寸まで来た」と伝えていた。とくに明治四三（一九一〇）年の洪水の時の水の跡は、ケヤキの大黒柱にはっきりと残っていて、水跡のスジ

古山家の建物を紹介する新聞記事
（1995年11月29日付『毎日新聞』したまち版）

を祖母が「明治四三年の水の跡だ」と話しながら、米ぬかを入れた袋で、毎日丹念に拭いていた姿が思い出されるという。

古山家の向かいにある旧家のS家の屋号は「みずか」と呼ばれていた。前述したが、「水塚《みずか》」とは、「洪水の際、避難するために屋敷内にあらかじめ築き設けた高地」のことで、それが屋号となったらしい。

戦前のS家は、立派な邸宅と築山と池のある見事な庭園で有名であった。祖母の話では、「大水のとき『みずか』（S家）の井戸にみんなが水をもらいに来ていた」ということを聞いた。古山家にも井戸があり、昔洪水のとき、ずいぶんと地域の役に立ったという。昭和一二（一九三七）年頃には工場などの地下水の汲み上げが激しくなって、飲み水としては使われなくなったが、太平洋戦争中は「ぞうみず（雑用水）」として飲用以外の用水や地域の防火に役立った。

なお、昭和初期にはすでに古山家の近くには、農作業用の田舟を持つ家はなかった。だが、祖母が「大水の時、水を汲みに来る舟が井戸がわ（井戸の囲い）にぶつかって壊すのでやかましく注意した」と語っていたので、三河島地区には洪水に備えて舟を持つ家があったことは間違いないという。

●コラム

地域によって異なる事情［イネの泥落とし顛末］

『平成荒川区史』（一九八九年）の上巻一二二頁に「三河島村でも家々に小舟が常備されていた

という古老の話が伝えられているが、荒川流域では高い土盛りをして家を建て、洪水の際には実った田の上に舟を漕ぎ出して、稲の葉にたまった肥沃な泥を揺さぶって落としたという（絹田幸恵『荒川放水路物語』）」と記されている（『荒川放水路物語』は、新草出版から一九九〇年に刊行）。

これについて、古山氏は大いに疑問であるという。「三河島あたりはよく水の出た地域で、祖父や父からも大水の話はたびたび聞いたが、イネの泥を舟をゆさぶって落す話は聞いたことがない」と語っている。

さらに、古山氏は、実際の経験から、イネの花が咲く時期に冠水すれば収穫は皆無、実った田が冠水すれば、普通は胸まで水に浸かってでも刈り取るだろうという。

その後、『荒川放水路物語』が引用したのは、北区が行なった浮間地域の聞き取り調査のなかにある、洪水時の「イネアライ」と称する記録であることが分かった。調査したA氏は「浮間村のイネアライについて」（『あらかわ学会の論文集』一九九七年）において、「北区の浮間地域で聞き取りの記録があるだけで、豊島地域ではこうした習慣の聞き取りは皆無であった」と発表している。これにより、イネアライとは、荒川流域で一般的に行なわれていたものではないことが明らかとなった。

たとえ行政の作った歴史書であっても、資料を引用する際には注意が必要であるという一例。

第三部

野菜の改良と広がり

1 野菜の渡来と品種改良

昔は、野菜の旬の時期が限られていたものだが、今では、品種改良や栽培技術が進み、ほとんどの野菜が一年中栽培されている。また輸送の発達によって遠くからも、季節が逆な南半球からさえも運ばれて来て、いつでも新鮮な野菜が豊富に出まわり、消費者はビタミン不足を心配することもなくなった。

専門家によると、売られている野菜の名は昔のままでも、改良が進んだものが多く、まったく違う品種に変わったものもあるという。例えばホウレンソウは、ゆでて食べるのが常識であったが、改良されてサラダとして生のまま食べる品種もできているとか、秋から冬が旬であったコマツナも、早生《わせ》、晩生《おくて》など品種改良が進み、一年中出荷されるようになった。カボチャは、在来の日本カボチャはいまでは一割程度で、ほとんどが西洋カボチャとなっているので、それに合わせた料理の仕方を知らないと、うまい煮物はできないなど、そうした例は限りがない。

江戸から明治にかけても、渡来種や在来種の野菜の改良や普及の努力がなされてきた。その様子を、ごく簡単ではあるが紹介してみたい。

野菜の渡来とその後の消長

一六世紀半ばから南蛮船がわが国にやって来るようになると、さまざまな野菜や植物がもたらされた。

とくに新大陸からの植物も、ヨーロッパを経てあるいは中国経由で日本に渡来している。タバコ、カボチャ、ジャガイモ、トウモロコシ、サツマイモ、トウガラシなどは有名である。

江戸時代にも長崎を通じてオランダや中国から、また対馬の宗氏を通じて朝鮮との交易などによって、いろいろな野菜がもたらされた。そのなかには、フジマメ、スイカのように全国に広まったものもある。

一方、観賞用とされただけで野菜としては一般化しなかったトマトやキャベツ（ハボタン）のようなものもある。また、戦後に普及したセロリも、その渡来は古い。加藤清正が朝鮮出兵の時に朝鮮人参の一種と偽られて持ち帰ったといわれ、キヨマサニンジンの名もある。タマネギは、江戸時代には渡来していたが普及はしなかった。明治になり本格的に栽培されるが、明治二五（一八九二）年にコレラが流行した際に、タマネギがコレラに効くといわれて消費が伸びたという。このように、渡来の時期は古くても、一般には普及せず、明治維新後、あるいは太平洋戦争の後になって一般化したものも少なくない。

各地での産物の研究

三河島菜には、江戸・明治を通じて改良しようとした形跡が見られる。他の野菜はどこで、どのように在来種から選抜され、また外国から渡来して、改良されてきたのであろうか。

例えば、幕府は現在の墨田区向島に、江戸城で使う野菜を栽培する御前栽畑《ごせんざいばた》を作り、また現在の新宿区西新宿七・八丁目にあたる成子村と府中市是政の是政村に美濃国真桑村（岐阜県真正町）から農民を呼び、マクワウリを作らせている。

幕府も各大名も、とくに輸入される薬草の国産化に力をそそぎ、各地に薬草園を作っている。港区南麻布三丁目の薬園坂、千葉県習志野市の薬園台などの名が残るが、小石川の御薬園《おやくえん》（文京区の小石川植物園）などで試作したり、また大名の中には江戸の藩邸で試作させたりしていたところもあった。そうしたところで、いろいろな野菜も試作していたらしい。

モウソウチク（孟宗竹）は、中国原産で沖縄を経て薩摩藩へ伝わったが、薩摩藩の江戸下屋敷で栽培していたものが、目黒川沿いに広まり、モウソウチクのタケノコが目黒の名物となった例もある。

幕府の『諸国産物帳』（丹羽正伯編）や、薩摩藩の『成形図説』（文化元・一八〇四年）など産物の研究も盛んに行われた。『成形図説』は、薩摩藩主島津重豪《しげひで》が命じて作らせた農業、薬草などに関する書である。

大名は家臣団とともに参勤交代で移動するから、いろいろな品物や野菜も各地から江戸へあつまり、また各地へ散って行ったことは想像に難くない。野菜の種子は、旅人によっても運ばれた。「清水なつ大根」は、板橋区志村の清水薬師のあたりで生産され、暑い夏に収穫できた。その種子は「清水種《たね》とて世に賞しはべり」と『江戸名所図会』に見られるが、旅人によって土産として各地へもたらされた。中山道沿いの北区の滝野川に多くの種子販売業者があつまっていたのはこうした理由にもよると考えられる。

日本全国の各地の篤農家が、旅人が持ち帰った種子からその土地ならではの名産品の作出に努力していた例は限りがないくらいである。

園芸の流行と栽培技術の進歩

江戸時代には、園芸が盛んになり、とくに江戸では、染井などの植木屋はボタンやシャクヤク、ツバキ、キクなどの園芸植物にとどまらず、いわゆる野草の栽培をも盛んに行なっている。

染井の植木屋の伊藤伊兵衛は、園芸植物に限らず、野の草木、例えばサクラソウはもとよりネジバナ、ミズアオイやオモダカからヘクソカズラまでもあつめて栽培し、元禄八（一六九三）年に出版した『花壇《かだん》地錦抄《ちきんしょう》』に、それらの栽培の要点を書いている。オモト、マツバラン、サクラソウ、フウランなどは、自然の中から珍しい品種を求めるだけでなく、品種改良も研究された。こうした品種改良や栽培技術の普及は、野菜にも応用されたと考えて差し支えないであろう。

なお、果樹では、優れた性質のものは、その種子を播いてもよい性質は必ずしも受け継がれず、挿し木や接ぎ木をして増やさなければならない。元禄時代の『農業全書』には「接木之法」として、いろいろな接ぎ木の方法が詳細に書かれていて、接ぎ木による繁殖方法はすでに確立されていたことが分かる。

アサガオに見る品種改良の例〔種子を作れない品種を保つ技術やその広がり方など〕

野菜ではないが、品種改良の例にアサガオがある。アサガオは、中国から伝来、種子を牽牛子《けんごし》と呼び、古くは薬用（利尿剤、緩下剤《かんげざい》）としたが、江戸時代に下谷や本所など下町で観賞用として品種改良が盛んになった。その後、入谷（台東区入谷）でも作られた。七月六、七、八日の入谷のアサガオ市はそのなごりである。

アサガオブームは、江戸や大坂から、やがて全国的に広がる。狂歌師や下級武士などが「連」を作り、

「花あわせ」（品評会）が行なわれ、番付が出版された。

　当時のアサガオの様子は、『武江産物志』にも葉の変化や花形の変化も細かく書かれている。そのなかには、八重咲きなど「変わり咲き」もある。こうした変わり咲きは、めしべとおしべが花びらに変化したものが多く、種子はできない。この品種を毎年咲かせるためには、毎年その両親のアサガオを育てて種子を採取しなければならない。そうした技術や知識がすでに知られていたのである。

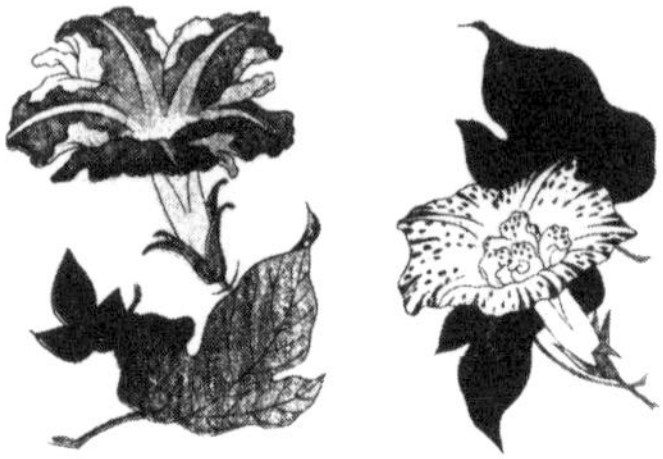
変わり咲きアサガオ
（『三都一朝』〈嘉永7・1854年〉より）

旬とはしり

旬《しゅん》とは、魚や野菜、果物などがよく充実して熟し、味のよい時期のことである。それに対して、はしりとは、それらの初物のことをいう。旬のものは味もよくなり、量も出回り値段も安くなる。だから旬のものを食べるのが一番賢いのだが、他人が食べるころに同じものを食べるのでは面白くない。だれも食べていない時期に、自分だけが食べるという優越感を味わうために、初物が珍重され、「初物を食べると七十五日寿命がのびる」などといわれた。

「初物禁止令」

第一部で見た見立番付の『江都自慢』に「前頭　はしり　初松魚《がつお》先陣」とあるが、『花競贅二編』にも

「土橋　料理　初松魚　なまりぶし」がある。初夏に一番早くとれたはしりのカツオを珍重して、小判で何枚ものべらぼうな大金を払った。

初物に大金を払うのは野菜でもおなじ。堆肥やゴミの発酵熱と、海岸の冬でも暖かい気候を利用した野菜の早出しが流行した。五代将軍綱吉の時代、貞享三（一六八六）年に、過度の早出しは禁止し、ナスやシロウリ、ビワは五月節から、マクワウリ、ササゲは六月節からならば売り出してよいとしている。

贅沢な野菜の例として、『花競贅二編』に「山谷　料理　鉢植茄子《なす》ノ新漬」と「たで入　花丸の印籠づけ」とが洒落た食べものとされている。「山谷　料理」とは山谷堀の有名な料理茶屋の八百善《やおぜん》のことであろうか。「鉢植茄子ノ新漬」は鉢植えにして促成栽培したナスを漬物にしたものであろう。

このような初物、はしりをいち早く提供するには、栽培技術の工夫に頼るほか、早生の品種の改良も必要であった。その逆に、時期を遅らせて出荷する晩生の品種も改良された。

こうした流行が過熱すると、幕府は、初物の魚や野菜に大金を払う贅沢を禁止する

初鰹売り
（『東都歳事記』「初夏交加図」）

「初物禁止令」、「奢侈《しゃし》禁止令」をしばしば出している。

2 飢饉に備えた救荒野菜

備荒作物栽培の奨励

江戸で幕府が贅沢を禁止するお触れを出す一方で、地方では、天候不順や災害、病虫害による飢饉で餓死者が出ることもしばしば起こった。そうした飢饉に備えて、天候にも影響されず一般の作物が不作でもよく出来る、ヒエ、ダイコン、サツマイモ、ジャガイモなどのいわゆる「救荒作物」の栽培が奨励されていた。

ダイコンは、『農業全書』では「もっとも飢を助くる」ものとして「必ず過分に作るべし」と栽培を奨励している。東北地方では、ダイコンは根も葉も貯蔵ができる重要な代用食であった。沢庵漬けの他に、切干し大根とし、また岩手県盛岡では凍大根《しみだいこん》として保存した。

熱帯アメリカ原産のサツマイモは、一六〇〇年代の初め頃に琉球を経て薩摩へ、さらに本土へと伝わるが、暖かい地方でしか栽培できず、そのため江戸には現在のバナナのように商品としてもたらされるだけであった。

享保一七（一七三二）年の山陽、西海、南海、畿内地方の大飢饉のとき、伊予（愛媛県）ではサツマイモが民衆を救った。このことから、サツマイモの利点を説いた青木昆陽《こんよう》の『蕃藷考《ばんしょこう》』（享保二〇・一七三五年）が、吉宗に評価される。昆陽は小石川御薬園で試作に成功し、これによりサツマイモは関東各地に普及した。とくに下総の八幡（千葉県市川市）や武蔵の川越（埼玉県川越市）が有名な産地になった。

ジャガイモは江戸時代初期には日本に伝わっていたのに、なぜかあまり栽培されなかった。しかし、天明の飢饉、天保の飢饉にはその価値が認められ、さらに高野長英が『救荒二物考』（天保七・一八三六年）を著し、ジャガイモの効用を説き栽培、利用を勧めたこともあって広まったという。

飢饉の年における江戸と地方との違い

飢饉というと、遠い昔の話と思うかもしれない。だが、一九九三年には、天保の飢饉に相当する冷害のためコメの収穫高が平年の七五パーセントと不作で、一五〇万トンが緊急輸入された。また、二〇〇四年の夏には新潟、福井で集中豪雨のため、水田が大きな影響を受けた。江戸時代なら、地域によっては大量の餓死者が出ていたかもしれない。

封建制度下では各藩は、いわば「独立国」であるから、飢饉に備えてそれぞれに非常用の囲米《かこいまい》や義倉《ぎそう》、社倉《しゃそう》と呼ぶ制度で、備蓄米を用意していたはずなのだが、それでもしばしば飢饉は起きた。飢饉時には酒造りが禁止となった。一説にはコメの生産高の三分の一が酒造用に使われたというから、効果は大きい。しかし、それにも限界はあった。いよいよ困ると、首謀者は死を覚悟しての百姓一揆も度々起きた。それでもなお、大きな飢饉の時には多くの餓死者が出た。

不思議なことに、コメが不作で全国的な飢饉が起きても、江戸にはコメがあつまった。もちろん値段は暴騰するが、江戸にあつまるコメはなくならない。幕府は江戸への廻米を命じる。また、各藩は、コメを売って藩の費用をつくらねばならなかったからである。他の藩が凶作で米価が上がったのを見て、コメの値上がりは自藩の収入増加とばかり、自藩の凶作の予想を甘く見て、コメを江戸や大坂へ売ったために餓死者を大量に出したところもあった。人災による飢饉であった。

人為的な原因はほかにもあった。例えば、文化一〇（一八一三）年には、豊作でコメの値段が下落し武士や百姓が困ったので、豪商に献金を命じ、また江戸へのコメの移動を制限している。文政元（一八一八）年にも、豊作で米価は下落している。このように、コメが豊作でも米価が低迷すれば大名の収入は増えない。そこで藩の収入増加となる商品作物を奨励したために、コメの生産高が減少し飢饉の原因となるという矛盾もあった。

江戸のコメの値段が暴騰すると、「九尺二間」と呼ばれた棟割長屋に住む、その日暮らしの貧乏人は大変に困った。餓死者が出ても不思議はない。ところが江戸では、大火や震災、風水害では多くの死傷者が出るが、飢饉によって大量の餓死者が出たという記録は見当たらないようである。

そのようなとき、天明七（一七八七）年や天保四（一八三三）年などのように、貧乏人たちは騒動を起して米問屋を襲う。コメはあるところにはあった。天保七（一八三六）年五月には、身分不相応な贅沢をしたとして札差《ふださし》が廃業の上、手鎖《てぐさり》の刑に処せられている。武士の俸給のコメを代理で受け取り金に換えたり、そのコメを担保に金融を行なう業者である札差は、貧乏旗本、御家人の禄米《ろくまい》を前もってお張紙値段（公定値段）で買い取っているから、米相場が上がれば上がるだけ利を得ていたのである。

また幕府は御救小屋《おすくいごや》を作り、御救米や御救金として銭を支給した。天保四（一八三三）年には、「江戸町会所、窮民《きゅうみん》三二万人に二度にわたり施米」している〔『日本史年表』〕。同年、小菅（葛飾区）に幕府の「囲籾蔵《かこいもみぐら》一〇棟が完成」〔『江戸東京年表』〕しているが、施米に備えたものであろう。行き倒れ人の救済が名主に命じられてもいる（天明五年一月）。

天保七年にはコメが異常に値上がりし、さらに天候不順に加えて、七、八月（現在の八、九、一〇月）には、洪水が江戸を襲った。幕府は、七月からコメや銭を配り、翌年四月まで続けた。一〇月には神田佐久間町河岸に御救小屋が作られている。天保八（一八三七）年二月に、大坂で大塩平八郎が乱を起こしたのも、大坂にあつめられたコメが、江戸へ運ばれてしまうからであった。将軍のお膝元として、餓死者などを出してはならなかったからである。

コメの値段と賃金などの変化や比較は難しいが、資料がなくはない。江戸では、飢饉よりも大火や地震が問題であったが、それも貧乏人にとっては救いの神でもあった。火事があっても、灰になるのは家主の家で、命さえ助かれば何とかなる。それどころか、災害の後には賃金が何倍にも跳ね上がる。

賃金の相場として、お台場の土かつぎの日当は「先で飯喰って二百と五十」で有名だが、それに比べて大工の日当は、天保一三（一八四二）年には、飯料を入れて銀五匁といわれる。銭に替えると銀一匁が当時一〇八文として、五四〇文になる。これは平時でのことで、火事などあると三倍、四倍に値上がりした。『光雲懐古談』（高村光雲著　昭和四・一九二九年）に、職人の手間賃が安政の地震後に一時四倍にまで上がったことが記されている。「この三匁とか一朱（三匁七分五厘）とかの賃金を取る人が、地震の結果で一分とはねあがった。一六日稼がなければ一両の金が取れない人が、四日稼げば一両懐へ入ってしまう。……大小の料理屋からすべての盛り場は金で火の燃えるような勢い」であったという。

普段は銭一〇〇文で米一升（一・八リットル、約一・五キログラム）位は買えた。天明七（一七八七）年には、一〇〇文で三合とか二合となり、ついに五月一八日から暴動が始まる（『江戸古地図物語』）。以下に示したのは、値上りしたときの様子である（『江戸東京生業物価事典』）。

文化五（一八〇八）年　一〇〇文で　六合九勺四才
弘化二（一八四五）年　五合五勺
嘉永六（一八五三）年　七合
安政五（一八五八）　六合
文久二（一八六二）年　十とせぇ、時の相場といいながら二合の内では気が引ける……。
元治元（一八六四）年　おコメも高くてしょうがない、二合台では喰われない……。
明治元（一八六八）年　一合一勺……等の記録がある。

「菜っ葉のお陰で助かった」という話

『荒川区郷土史年表』の天保七（一八三六）年の項に「この年四月から連日雨降り、五月に入っても霖雨〈りんう〉〈なが雨〉のやむ時なく、蔬菜〈そさい〉も成育せず人々が困窮した。当時『通新町〈とおりしんまち〉乞食町、菜っ葉のお陰で助かった』という俚謡〈りよう〉〈里歌〉がはやったという」とある。

通新町とは、菜の産地として知られた三河島村の隣で、現在の台東区三ノ輪から荒川区南千住の千住大橋に至る、いまの日光街道（国道四号線）の道筋に沿った町であった。周囲は田畑で、千住の火葬寺への葬列目当ての物乞いが多いことから「乞食町」と呼ばれたのであろう。「菜っ葉のお陰で助かった」という意味は、コメを食えない貧乏人が、三河島の菜っぱを食って飢えをしのいだとも解釈できる。

ほかにも、天明、天保の飢饉のときに、「のらぼう菜」によって住民が救われたとの記録が、多摩のあきる野市の子生《こやす》神社に「野良坊菜の碑」として残されている。「のらぼう菜」は、春先に伸びた花茎を食べる菜で、ほかに食べる野菜がまだない時期には、それを食べて助かったことはうなずける。

しかし、通新町の「菜っ葉のお陰で助かった」にはそれとは別な意味があるかもしれない。凶作でコメの値段が異常に上がっても、江戸と地方での様子は違っていたようである。まったくの想像にすぎないが、次のようなことは考えられないだろうか。

天保七年にはコメが異常に値上がりし、さらに天候不順に加えて、七、八月（現在の八、九、一〇月）には、洪水が江戸を襲った。長雨や洪水で根や実を食べる野菜は不作だが、通新町近くの三河島では、秋に種子を播く三河島の菜はよく育ったのではないだろうか。とすると、新鮮な菜を江戸の市中に運べば、べらぼうな高値でも買うものも少なくなかったであろう。菜が育つに連れて間引いた苗も、「つまみ菜」として高値で売れただろう。

コメの値が上がって困った通新町の貧乏人は、「前栽売り《せんざい》」（天秤棒をかついだ行商の八百屋）となり、高値の菜っぱを江戸市中に売り歩き、米価の値上がりであぶく銭をもうけた金持ちに三河島の菜っぱを高く売りつけて、思わぬ収入を手にすることができて助かった。「菜っ葉のお陰で助かった」とは、そんな意味に解釈できないかと、勝手な想像をしてみた。

食べられる野草を教える

江戸から離れた地域では、天候不順、風水害、イナゴの害などで、凶作はしばしば起きた。それにさまざまな原因が加わって、飢饉は起こった。

コメの値段がどんなに高くなっても、どこかにコメはある江戸と違って、地方ではコメは徹底的になくなる。たとえあっても種籾《たねもみ》まで食いつくしてしまうわけにはいかない。そのようなときには、百姓は、野山の草の根や木の皮までも食うこととなる。

『農業全書』では、「巻之四　菜之類」で、山野の植物で、現在でも野菜として使われているフキ、ワラビ、ゼンマイ、セリ、ミツバ、タデなどのほかに、ヒユ、ホウキグサ、タンポポ、ケイトウ、ナズナ、アカザ、また「巻之五　山野菜之類」には、カワヂシャ、キノコ、アザミ、ニガナ、ツクシ、タビラコ、ミミナグサなどの利用を勧めている。自家用とするほかに売れたのかもしれない。

江戸時代に盛んであった学問に、薬となる植物、動物、鉱物などを研究する本草学《ほんぞうがく》があった。本草学はまた、凶作、飢饉に備えて、山野に生える食べられる草木をも教えた。毒があるものも、適切に毒を抜けば食べられるものもある。各地で飢饉が起こると、その対策の必要から、多くの救荒書が出版された。陸奥一関藩の建部清庵《たけべせいあん》著『民間備荒録』（宝暦五・一七五五年）、米沢藩（藩主上杉鷹山）の『かてもの』（享和二・一八〇二年）が出され、岩崎常正も『救荒本草通解』を著し、伊藤圭介は、天保八（一八三七）年に『救荒食物便覧』という一枚ものの刷り物を出している。

毒草による被害

○『備荒草木図』について　仙台藩の支藩である一関藩（岩手県南部・田村氏三万石）の藩医、建部清庵が、宝暦五（一七五五）年の飢饉の経験から、明和八（一七七一）年に『民間備荒録』を著す。清庵は、飢饉に際しては、飢えて死ぬ人よりも、草の根や木の皮を食べて病気や中毒で死ぬ人の多いことを見て、食べて毒にならない植物の知識を与えることを狙いとしたのである。

その『民間備荒録』のなかから文字の読めない庶民にも分かるようにと、『備荒草木図』を編集するが、天保四（一八三三）年にやっと刊行される。『民間備荒録』から六〇年余も後になる。その子らや弟子、本草学者などが校正し、挿絵も不備なものは描き直したからである。なお、建部清庵は、『解体新書』の訳者の一人の杉田玄白と親しく、清庵の一子由甫は玄白の娘婿となっている。

『備荒草木図』に取り上げられた植物約一〇〇種に

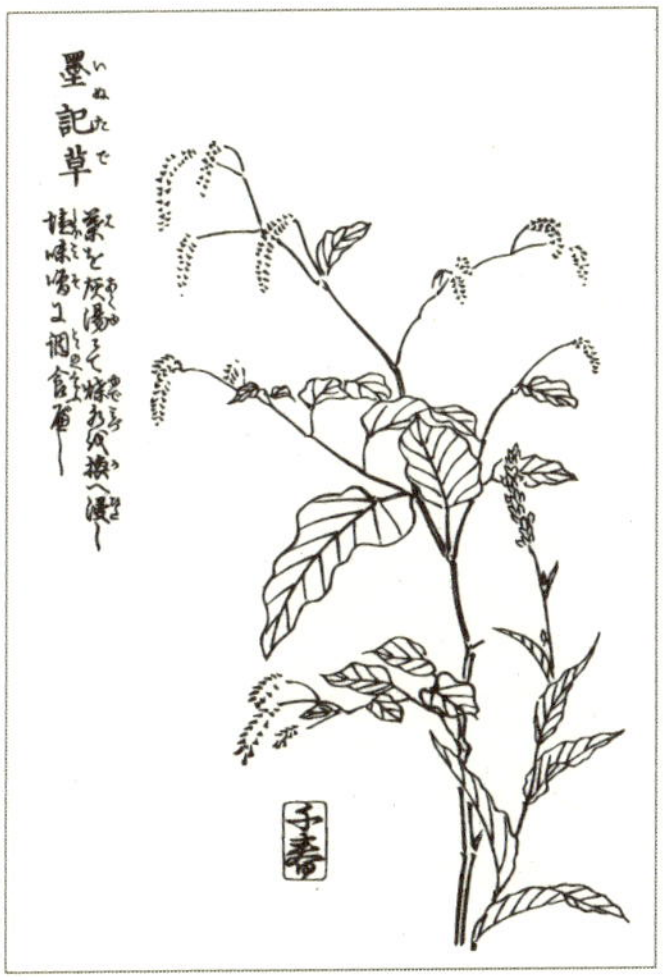

「いぬたで」（『備荒草木図』の一図）

は、漢方薬、民間薬として利用されるもの、自生するもの以外にも園芸植物なども含めている。多くは、ゆでて水にさらしてあく抜きをした後、味噌、塩などで味付けして食べるものとしている。

○『日本産物志』に見る毒草による中毒の事例　『武江産物志』には、センニソウ（キンポウゲ科）を「歯ノ毒ナリ」とし、ドクゼリ（セリ科）を「透山根《はなわさび》アヤセ川　大毒アリ」として危険なことを付記している。

明治六（一八七三）年の伊藤圭介著『日本産物志』（文部省発行）には、毒となる植物やキノコがさらに詳しく記されている。ハシリドコロ（ナス科）は天保八（一八三七）年の木曾での事例、ハヒコロシ（ハイトリダケ）は弘化三（一八四六）年の渋谷広尾町での事例、ドクウツギ（ドクウツギ科）は府中での事例、ドクゼリは天保一〇（一八三九）年の信州伊那での事例を、それぞれに中毒の様子を具体的に記して、その恐ろしさを警告している。

戦時中の「食用野草」の研究

野草料理は、現在ではアウトドア・ブームで脚光を浴びたり、野趣あふれる食べものとされたりしているが、野や山に自生する野草を食べて飢えをしのいだのは、遠い江戸時代の話ではない。まさに人為的な飢饉であった太平洋戦争当時には、日本人は多かれ少なかれ野草を食べなければならなかった。陸軍までも真剣に研究し、兵士にガリ版刷りの手引きを配っていたのである。

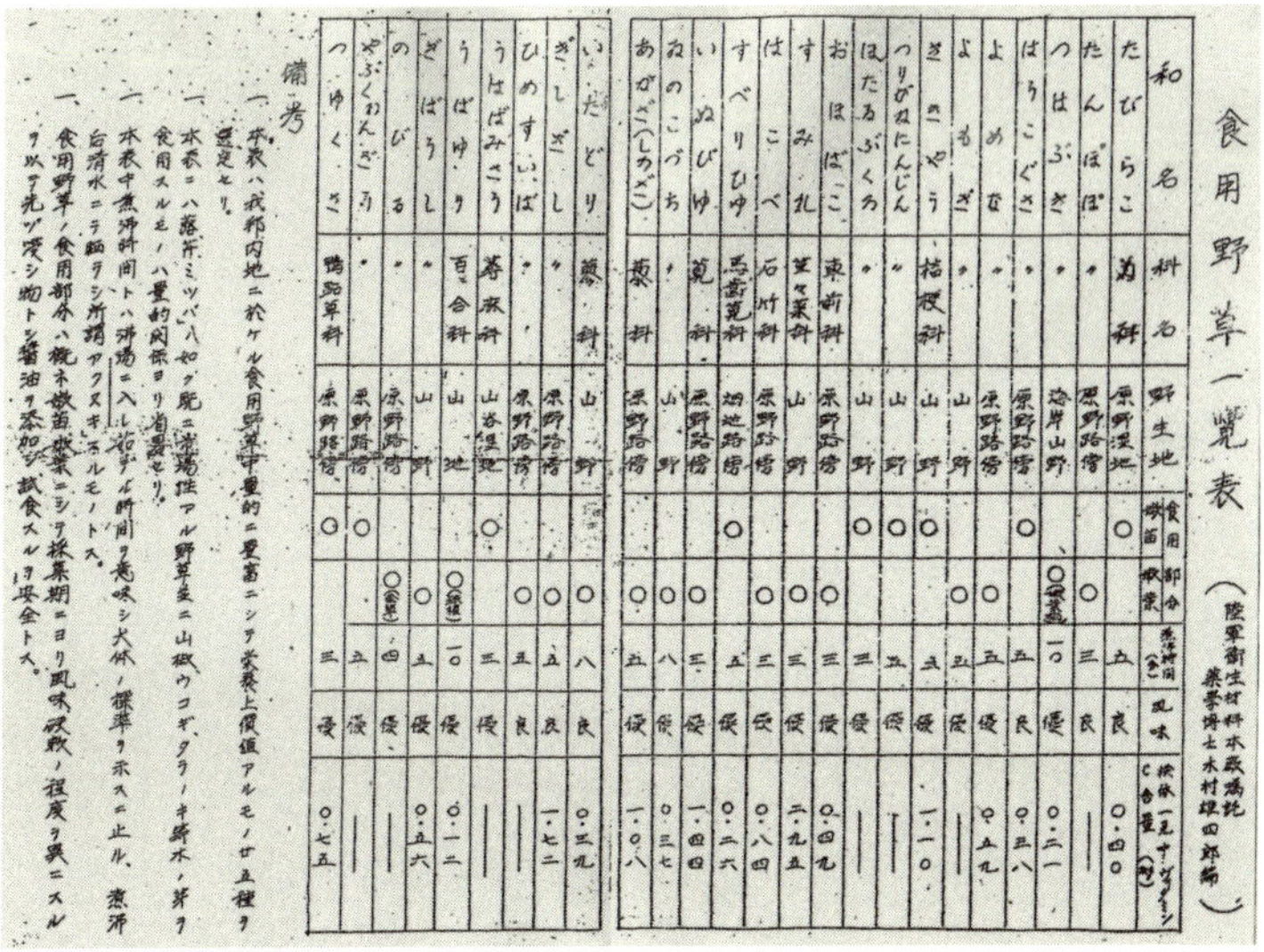

食用野草一覧表

（陸軍衛生材料本廠嘱託 薬学博士木村雄四郎編）

和名	科名	野生地	食用部分 幼苗	食用部分 茎葉	煮沸時間（分）	風味	ヴィタミンC含量
たびらこ	菊科	原野湿地	○		五	良	〇・四〇
たんぽぽ	〃	原野路傍		○	三	良	—
つはぶき	〃	海岸山野		○（[illegible]）	一〇	優	〇・二一
はうこぐさ	〃	原野路傍	○		五	良	〇・三八
よめな	〃	原野路傍		○	五	優	〇・五九
よもぎ	〃	山野		○	五	優	一・一〇
ききやう	桔梗科	山野	○		五	優	—
つりがねにんじん	〃	山野	○		五	優	—
ほたるぶくろ	〃	山野	○		三	優	—
おほばこ	車前科	原野路傍		○	三	優	〇・四九
すみれ	菫々菜科	山野		○	三	優	二・九五
はこべ	石竹科	原野路傍		○	三	優	〇・八四
すべりひゆ	馬歯莧科	畑地路傍	○		五	優	〇・二六
いぬびゆ	莧科	原野路傍		○	三	優	一・四四
ゐのこづち	〃	山野		○	八	優	〇・三七
あかざ（しろざ）	藜科	原野路傍		○	五	優	一・〇八
いたどり	蓼科	山野		○	八	良	〇・三九
ぎしぎし	〃	原野路傍		○	五	良	一・七二
ひめすいば	〃	原野路傍		○	五	良	—
うはばみさう	蕁麻科	山谷湿地	○		三	優	—
うばゆり	百合科	山地		○（[illegible]）	一〇	優	〇・一二
ぎばうし	〃	山野		○	五	優	〇・五六
のびる	〃	原野路傍		○（全草）	四	優	—
やぶくわんざう	〃	原野路傍	○		五	優	—
つゆくさ	鴨跖草科	原野路傍	○		三	優	〇・七五

備考

一、本表ハ我邦内地ニ於ケル食用野草中量的ニ豊富ニシテ栄養上価値アルモノ廿五種ヲ選定セリ。

一、本表ニハ蕗芹ミツバ等ノ如ク既ニ市場性アル野草並ニ山椒、ウコギ、タラノキ等木ノ芽ヲ食用スルモノハ量的関係ヨリ省略セリ。

一、本表中煮沸時間トハ沸湯ニ入レ若干ノ時間ヲ意味シ大体ノ標準ヲ示スニ止ル、煮沸后清水ニテ晒ラシ所謂アクヌキスルモノトス。

一、食用野草ノ食用部分ハ概ネ幼苗茎葉ニシテ採集期ニヨリ風味、硬軟ノ程度ヲ異ニスルヲ以テ先ヅ浸シ物トシ醤油ヲ添加シ試食スルヲ安全トス。

戦時中に陸軍が作ったガリ版刷りの「食用野草一覧表」

3 明治政府による野菜の普及

『穀菜弁覧　初篇』に見る外国野菜と国内野菜

明治政府は、明治初年より勧業寮（明治一〇年に勧農局と改称・現在の農林水産省）をつくり、アメリカより綿花、砂糖大根、カブなどの種子を取り寄せたのを初めとし、内藤新宿（現在の新宿御苑）に農業試験場を設けた。また明治七（一八七四）年に欧米からキャベツの種子を取り寄せ、山形など五県で試験栽培させた（『日本の野菜』）。

明治八（一八七五）年には清国へ清国農産物調査委員を派遣し、サントウサイ、ハクサイ、タイサイなどを持ち帰り、明治八年三田の育種場の畑にその種子を播いて試験栽培した（『白菜のなぞ』）。ただし、三田育種場の正式な開業は、明治一〇（一八七七）年九月三〇日との説がある（『江戸東京年表』）。

勧業寮（後の勧農局）は、農産、畜産の分野で外国から優れた品種を導入し、また在来の優れたものをあつめて、東京三田育種場で野菜や果樹の品種改良のために試作研究し、また各地の政府機関、民間へ配布する役目を担っていたと思われる。

外国からの果樹や穀物、野菜は『舶来果樹目録』（農商務省農務局編　明治一五・一八八二年）、『舶来穀菜目録』（農商務省農務局編　明治一六・一八八三年）などとして刊行されている。

さらに明治二二（一八八九）年には、『穀菜弁覧　初篇』が出版される。それらに見る穀物、野菜の種類は、圧倒的に外国から導入した品種が多い。導入品種の中には、間もなく日本に広まり一般的な野菜となったものもあるが、安定した栽培ができるまでにはかなりの努力、研究が必要であったものもある。また、一般に普及しなかったものや、普及するのは導入からはるか後の太平洋戦争後になってからのものもある。今日の野菜の歴史を知る上で、貴重な資料である。

政府は、外国から導入した野菜ばかりでなく、国内の優れた野菜の品種を普及すべく、種子の頒布を行なった。その一端が『穀菜弁覧　初篇』に見られる。三河島菜やコマツナなどもここに含まれていて、漬け菜としての三河島菜を有望視して全国に普及させようとしたことが分かる。そうした努力にもかかわらず、三河島菜は半世紀後の昭和初期には姿を消して、昭和三〇（一九五五）年の『広辞苑』（初版）などにその名が残るだけとなる。

『穀菜弁覧　初篇』に見られた国内野菜の中には、現在も栽培されているものもあり、また絶滅したもの、あまり栽培されなくなったものと様々である。東京に関する野菜では、コマツナが現在でもその発祥の地の江戸川区で生産されており、亀戸大根も江東区の隣の葛飾区で作られている。また、フランスのカブと交配されてできたといわれる小カブ（後に金町小カブと呼ばれる）も健在である。さらには、「尾張宮重蘿」のように江戸時代からの品種から、現在隆盛のいわゆる青首ダイコンが作られた例も見られる。

『穀菜弁覧　初篇』について

荒川区の荒川ふるさと文化館が所蔵する『三田育種場物産帖』とは、木版色刷りで、横一四センチメートル、縦一〇センチメートル。体裁は、細長く一枚につなげた紙を経典のように折りたたんだ折本である。その正式な名は、『穀菜弁覧　初篇』という。

奥付は、「明治二二年六月二五日出版、東京市芝区三田四国町一番地、著作者　竹中卓郎、発行者　三田育種場」とあるが、荒川区がこれを購入した時には、すでに表紙が失われていて、肝心の表題が分からなかったらしい。

荒川区ふるさと文化館でそれを閲覧すると、その奥付の前には、「本場販売の種子は、欧米諸国の例に倣〈なら〉いて、包紙に一々其発生の形状を図写し描写、培養の方法、収穫の季節等を略記して示せし故、之をあつめて一帖となし、一層閲覧に便ならしむべしと諸君の勧めにより、其芳意に基きて之を編次するに至れり。明治二二年六月」とあることから、東京三田育種場で販売した種子袋の目録（種子の袋の一覧）であることが分かった。

当時、三田育種場で販売する野菜の種子を入れた木版色刷りの紙袋には、外国の例にならって、その野菜の挿絵や栽培方法、収穫の時期などを解説した文章が書かれていた。種子の購入者の便利や輸入野菜や国内の優れた品種の普及の手引き、見本帳として、その袋をあつめて一帖としたのである。各ページは袋を開いてその裏表を同時に示した状態であり、ページの中央がその折り目に当る。栽培方法の説明文の最後と、挿絵に添えられた品種名、英語名などの下に「東京三田育種場」の文字が二か所それぞれに書かれているのは、こうした理由による。

ところで、勧農局は、明治一四（一八八一）年に農商務省となり、大正一四（一九二五）年に農林省と変わり、現在の農林水産省に相当する行政機関である。すると、この『穀菜弁覧　初篇』の奥付は、『舶来果樹目録』や『舶来穀菜目録』のように農商務省農務局編となるはずである。ところが、三田育種場とだけ記されていて、農商務省の名がない。その理由は、育種場が、明治二二（一八八九）年に民間の有限責任会社となったためである。

東京三田育種場について

東京三田育種場とは、畜産振興を目的に、明治一〇（一八八八）年官営競馬場が設置され、興農競馬会社による三田競馬が始まったが、そこに農業試験場も設置され、勧農局育種場とも呼ばれたところである。明治一二（一八七九）年の浅草千束村官営屠場の払い下げの申請人に、「三田育種場内兵庫県平民　木村荘平」の名が見られ、木村は有名な牛鍋屋「いろは」の第一号店を三田四国町で開店することからも、三田育種場では畜産も重要な目的のひとつであったと思われる。育種場は、前述のごとく、明治二二年に民間の経営となる。

三田育種場の場所は、東京市芝区三田四国町にあり、それは、現在の芝三丁目あたりと思われる。明治一〇年一〇月発行の『実測東京図』（松井忠兵衛板）や、明治一四（一八八一）年測量の『迅速測図』、その他明治二〇年代の地図にも「勧農局育種場」と書かれ、円形の馬場に「丸馬場」の文字、馬場の内外に「畑」の文字が書かれている。

なお、三田四国町とは、芝増上寺の南側、慶應義塾大学三田キャンパスの東側に当る地域。江戸時代に

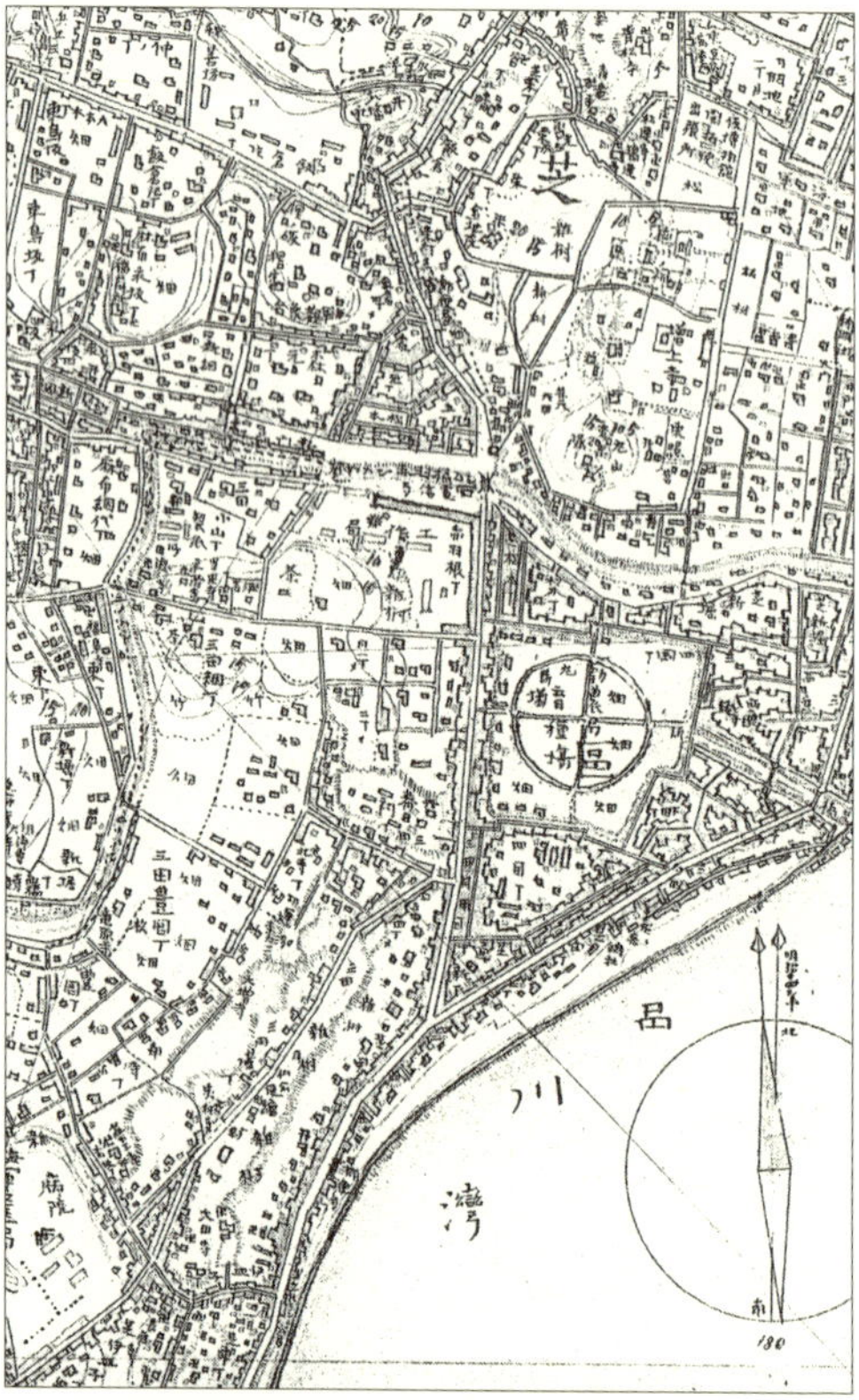

三田育種場付近の地図。
円形の馬場に「勧農局育種場」の文字が見える
（明治14年『迅速測図』陸軍作成）

徳島藩邸があり、近くに高知、高松、松山各藩邸があったことから俗に四国町と称したが、明治になって正式な町名となった。

『穀菜弁覧　初篇』の主な内容（導入した国別）

フランス産　トウモロコシ、エンドウ、インゲンマメ、チシャ、テーブルビート、ニンジン、ハツカ

ダイコン、フダンソウ

アメリカ産　インゲンマメ、ベニバナインゲン、アスパラガス、メキャベツ、キャベツ、チシャ、ホウレンソウ、セロリ、タマネギ、リーキ、ニンジン、ハツカダイコン、ブロッコリー、オクラ、ナス、スイカ、マクワウリ、カボチャ

清国産　フジマメ、広東菜、体菜、ハクサイ、山東菜、ナス、スイカ

その他　カラシナ、カリフラワー、バラモンジン、コールラビ、トマト、トウガラシ（ピーマン）

在来種　ネギ、ニンジン、チシャ、ハツカダイコン、細根ダイコン、桜島大根、練馬大長大根、尾張方領大根、尾張宮重大根、聖護院大根、二年子大根、ねずみ大根、亀戸大根、日野菜、カブ、三河島菜、京菜、小松菜、壬生菜、砂川ゴボウ、各種キュウリ、各種カボチャ、ユウガオ、トウガン、日光トウガラシ

これらの導入された野菜の中には、最近ではごく普通な野菜となっているものも少なくない。が、導入された後直ちに日本に定着、普及したわけではない。当時の食習慣の違いから長く一般化しなかったが、最近の食事の西欧化によって流行するようになったものもある。

また、在来種の中からも優れた野菜と認められ、全国的に普及を目指したものもあった。全文を後に掲載したので参照されたい。

付録

『穀菜弁覧 初篇』

【凡例】

◎『穀菜弁（辨）覧 初篇』（竹中卓郎著　三田育種場発行　明治二二・一八八九年）の全文を翻刻し、本文各頁ごとの写真を併載した。

◎『穀菜弁覧 初篇』は、国立国会図書館などにも蔵書があるが、本書では荒川ふるさと文化館の所蔵品を用いた。なお、荒川ふるさと文化館での資料名は、『三田育種場物産帖』である。

◎翻刻にあたり、原文の変体仮名は仮名に、漢字の旧字体は新字体に置き換えた。また、原文は文章の切れ目なく書かれているが、適宜句読点を付し、送りがなを付けた。なお、それぞれの図の下にある「東京三田育種場」（または「三田育種場」）の文字は省略した。

●奥付

明治二十二年六月十五日印刷
明治二十二年六月二十五日出版
　東京市芝区三田四国町一番地
著作者　竹中卓郎
　東京市芝区三田四国町一番地
発行者　三田育種場
　　右場長　竹中卓郎
　東京市芝区浜松町二丁目十五番地
印刷者　鈴木卯之吉

●第一頁に「播かぬ種は生えぬ」の文字あり

●奥付の前頁

本場販売の種子は、欧米諸国の例に倣〈なら〉いて、包紙に一々其発生の形状を図写し描写、培養の方法、収穫の季節等を略記して示せし故、之を集めて一帖となし、一層閲覧に便ならしむべしと諸君の勧めにより、其芳意に基きて之を編次するに至れり。　明治二二年六月

■フランス産 トウモロコシ（イネ科）

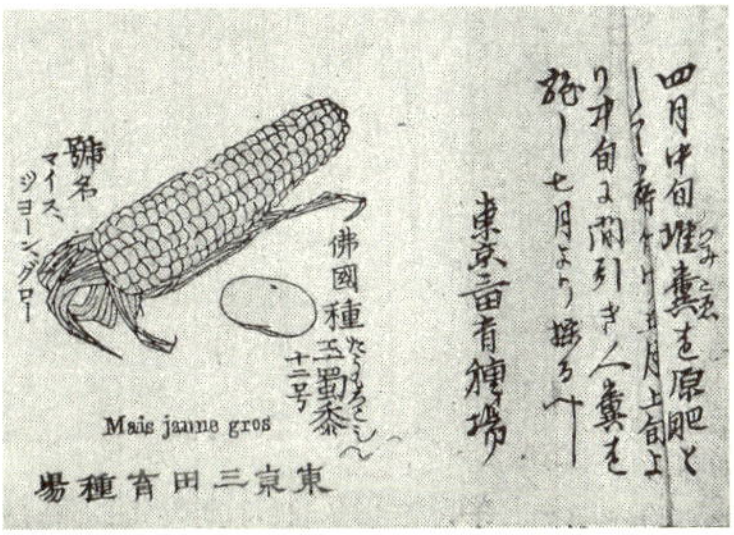

四月中頃堆糞《つみごえ》を原肥として蒔付け、五月上旬より中旬に間引き、人糞を施し、七月より採るべし。

東京三田育種場

仏国種　玉蜀黍《たうもろこし》十二号

号名　マイス、ジョーン、グロー

Mais janne gros

解説　「堆糞」は積み肥、すなわち堆肥のこと。人糞は下肥（人糞を発酵させた肥料）。「蒔付け」は種子を播くこと。号名は呼び名、名称の意味。

■フランス産 トウモロコシ（イネ科）

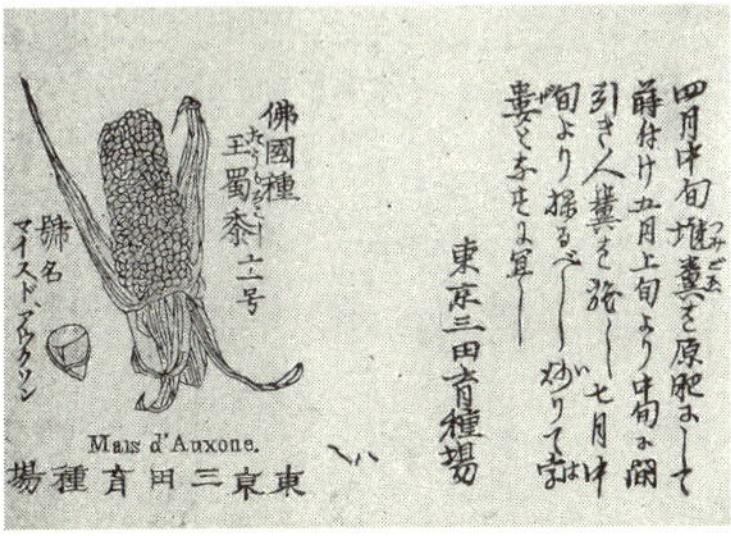

四月中旬堆糞《つみごえ》を原肥にして蒔付け、五月上旬より中旬に間引き、人糞を施して、七月中旬より採るべし。炒《い》りて孛婁《はぜ》となすに宜《よろ》し。

東京三田育種場

仏国種　玉蜀黍《たうもろこし》十一号

号名　マイスド、アウクソン

Mais d'Auxone

解説　「孛婁《はぜ》」とは、もち米などを炒ってはぜさせたものをいう。これらの品種は乾燥した種実を穀物として利用するもので、種子を火で炒ってはぜさせるか、粉にして食べた。トウモロコシを粉にして食べるのは、メキシコのタコス、ペルーのタマレスなど多いが、わが国でも山形県の郷土料理の「おやき」は、トウモロコシの粉で作る。現在一般的な未熟な雌穂を焼き、あるいはゆでて食べるスイートコーンは明治以降に輸入されるが、明治期にも「しんとして幅広き街の秋の夜の玉蜀黍の焼くるにほひよ」（石川啄木）の歌もある。

昭和二四（一九四九）年に一代雑種のゴールデン・クロス・バンダムが輸入されて、戦後に本格的に普及した。さらにはハニー・バンダムの種子が輸入され、わが国の農家は外国で採種された一代雑種の種子を買って栽培している。

なお、「孛婁」とは、爆米とも書く菓子の名だが、トキワハゼ（ゴマノハグサ科）という草の名は、その花の形が菓子のはぜに似ていることから名づけられたものである。

■清国産 フジマメ（マメ科）

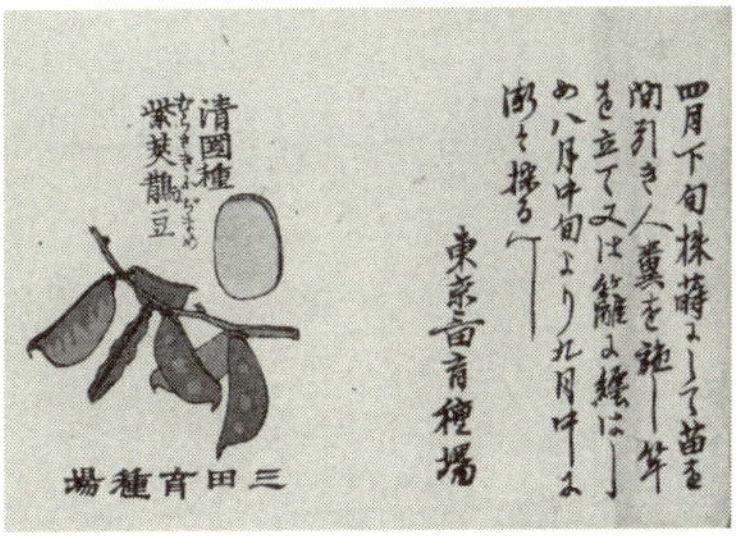

四月下旬株蒔にして苗を間引き、人糞を施し竿を立て、又は籬に纒はしめ、八月中旬より九月に漸々に採るべし。

東京三田育種場

清国種　紫莢鵲豆《むらさきふぢまめ》

解説　フジマメ（藤豆、鵲豆）は眉児豆とも書く。これが本来のインゲンマメであるという説がある。「株蒔《かぶまき》」は、数粒をいっしょに播くことか。「籬《かき》に纒《まと》はしめ」は、竹や柴を編んだ垣にまきつけること。「漸々《ぜんぜん》」は次第に、の意。

■フランス産 エンドウ（マメ科）

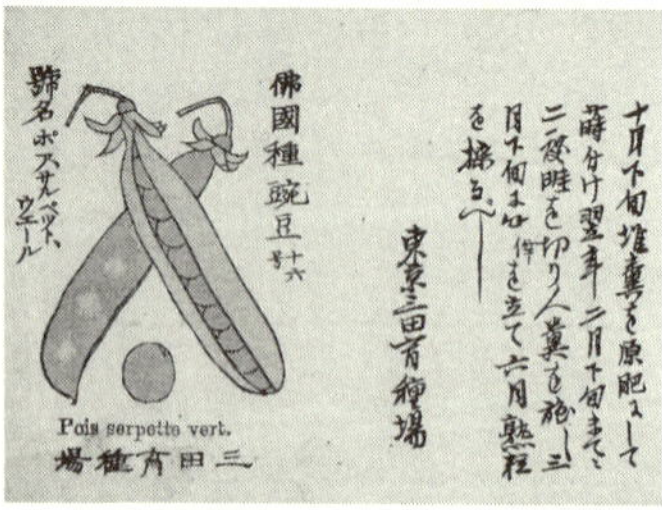

十月下旬堆糞を原肥にして蒔付け、翌年二月下旬までに二度畦を切り人糞を施し、三月下旬に竹竿を立て、六月熟粒を採るべし。

東京三田育種場

仏国種　豌豆　十六号

号名　ポア、サルペット、ウエール

Pois serpette vert.

解説　熟した豆を採る乾燥種実用の種類のひとつ。明治期には穀物的に利用された。現在ではわずかに、菓子や煮豆として利用される。

■フランス産 エンドウ（マメ科）

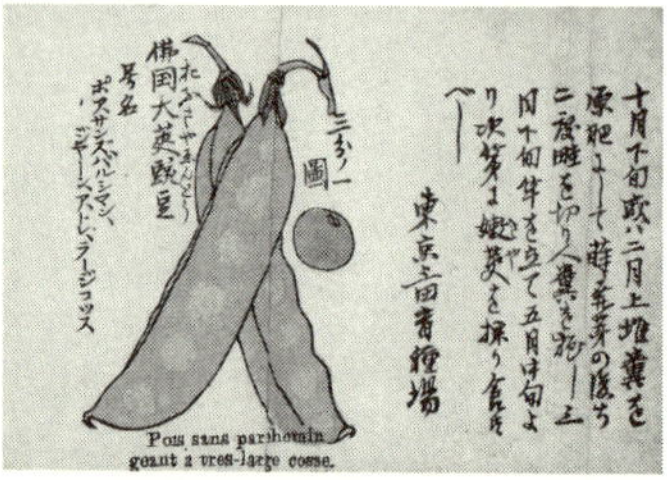

十月下旬或は二月上〈旬〉、堆糞を原肥にして蒔く、発芽の後ち二度畔を切り人糞を施し、三月下旬竿を立て、五月中旬より次第に嫩莢《さや》を採り食すべし。

東京三田育種場

仏国大莢豌豆《おおさやえんどう》

号名　ポア、サンズ、パルシマン、ジャーン、アトレ、ラージコッス

Pois sans parshemin goant a tres-large cosse.

解説　大莢豌豆＝オオサヤエンドウ。「嫩莢」の嫩《どん》は若い、軟かなの意。莢は豆類のさやのこと。

■フランス産 インゲンマメ（マメ科）

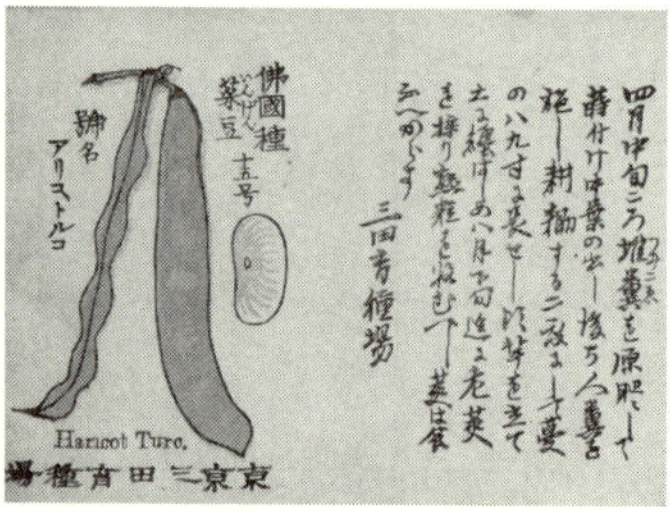

四月中旬ころ堆糞《つみこえ》を原肥にして蒔付け、中葉の出し、後ち人糞を施し耕耡〈こうじょ〉する二度にして、蔓の八九寸に長せし頃、竿を立て之に纏はしめ、八月下旬迄に老莢を採り熟粒を収むべし。莢は食うべからず。

三田育種場

仏国種　莢豆《いんげん》　十五号

号名　アリコ、トルコ

Haricot Ture

解説　乾燥種子用の品種である。老莢《ろうきょう》は熟したさや。莢は食べられない。「耕耡」は鋤で耕すこと。

■フランス産 インゲンマメ（マメ科）

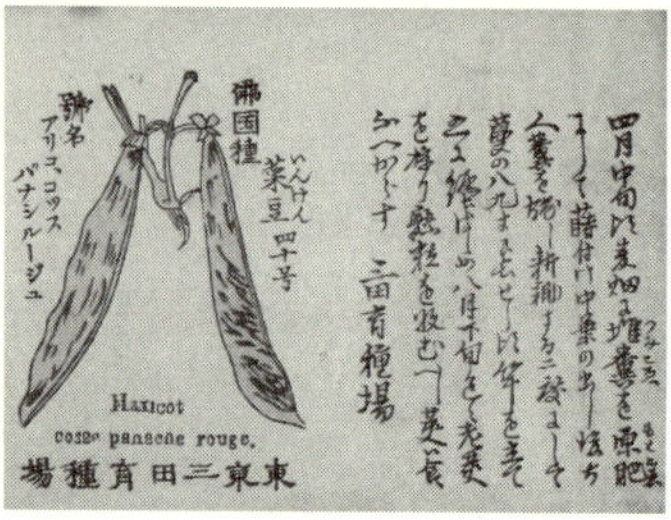

四月中旬ころ麦畑に堆糞《つみこえ》を原肥《もとごえ》にして蒔付け、中葉の出し後ち人糞を施し耕耡する二度にして、蔓の八九寸に長ぜし頃、竿を立て之に纏はしめ、八月下旬迄に老莢を採り熟粒を収むべし。莢ハ食うべからず。

三田育種場

仏国種　莢豆《いんけん》　四十号

号名　アアリコ、コッス　パナシルージュ

Haricot cosse panaene rouge.

■アメリカ産 インゲンマメ（マメ科）

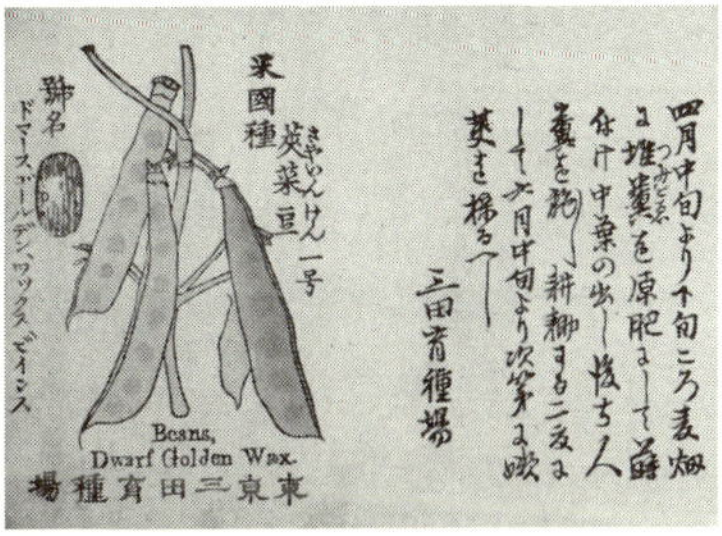

四月中旬ころより下旬ころ、麦畑に堆糞《つみごえ》を原肥にして蒔付け、中葉の出し後ち人糞を施し耕耡する二度にして、六月中旬より次第に嫩莢を採るべし。

三田育種場

米国種　莢菜豆《さやいんげん》　一号

号名　ドマースゴールデン、ワックス、ビインス

Dwarf Golden Wax.

解説　「嫩莢《どんきょう》」の嫩とは若い、やわらかなという意味。さやごと食べる種類。これは、黄莢インゲンといわれる種類で、図は黄色の莢を描いている。ワックスドビーンか。東北地方ではタマゴササゲとも呼ぶ。黄莢インゲンは日持ちが悪いので、緑色品種が好まれる。いわゆるインゲンマメは、江戸時代にも栽培されたが、普及したのは明治初年に多くの品種を導入し、各地で試作したことによる。短期間に収穫する矮性品種と長期間にわたり収穫する蔓性種とがある。これは、ドマース（ドワルフ）とあり、矮性品種であろう。

どちらが本当のインゲンマメか説が分かれる。普通、インゲンマメと呼ぶのは、ゴガツササゲとも呼ばれる本種のことである。『牧野新日本植物図鑑』によれば、万治元年（一六五八）年に隠元禅師が日本に来たときもたらしたというフジマメ（193頁）が本当のインゲンマメであるという。しかし、ゴガツササゲも隠元禅師がもたらしたという説もあって、はっきりしない。

■アメリカ産 ベニバナインゲン（マメ科）

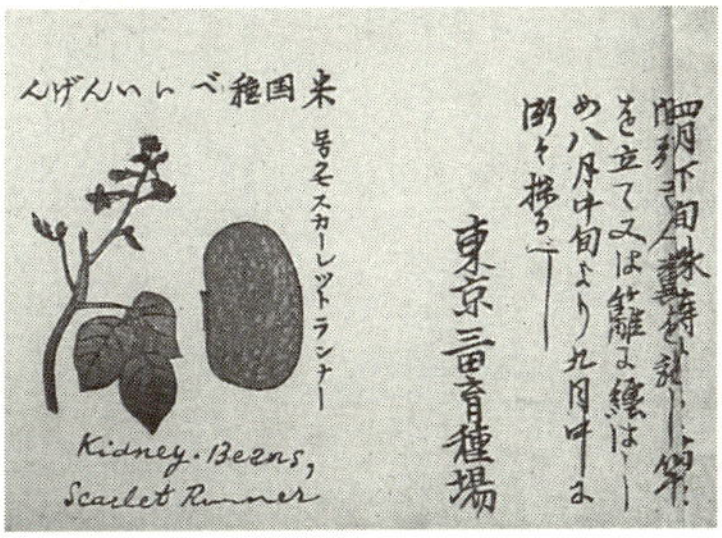

四月下旬株蒔し、苗を間引き人糞を施し、竿を立て又は籬に纏はしめ八月中旬より九月中に漸々採るべし。

東京三田育種場

米国種　べいいんげん

号名　スカーレットランナー

Kidney Beens Skalet Runner.

解説　「べいインゲン」は、ベニインゲンの誤記か、あるいは米（アメリカ）インゲンか。ベニバナインゲンは、南アメリカの原産で、江戸時代の末頃渡来し、もともと涼しい土地に適する種類。北海道と長野県の一部で栽培される。若い莢や種実は野菜とされるが、扁平で腎臓形をした完熟種実を主に甘納豆に加工する。花は朱赤色で、観賞用としても栽培される。図はその朱赤色の花を示している。ベニバナインゲンには、赤花の他に、白花の品種があり、白花のものは種実も白く、加工用には白粒種が好まれ、北海道の道南地域では白花品種が多く栽培されているという。

■アメリカ産 アスパラガス（ユリ科）

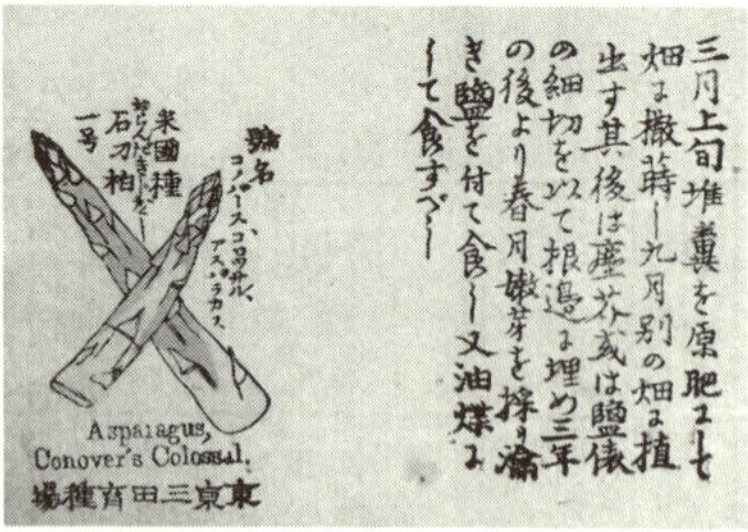

三月上旬堆糞を原肥にして畑に撒蒔し、九月別の畑に植出す。其後は塵芥或は塩俵の細切を以て根辺に埋め、三年の後より春月嫩芽を採り、淪き塩を付て食し又油炒にして食すべし。

米国種　おらんだきじかくし
石刁柏　一号
号名　コノバース、コロッサル、アスパラガス
Asparagus, Conover's Colossal.

解説「嫩芽《どんが》」は若い芽。「淪《ゆが》き」とは、ゆでること。「塩俵の細切を以て根辺に埋め」とあるのは、塩分の多いところを好む植物であることを意識していたと思われる。油炒《あぶらいため》。

アスパラガスは、小アジアなどの海岸などに自生、塩分の多いところを好む。雌雄異株である（フキ、ナガイモ、ホウレンソウなども同様）。「おらんだきじかくし」とは、天明年間にオランダによって伝来したことによる名で、オランダイチゴ、オランダナ（キャベツ）、オランダミツバ（セルリー）などと同様である。「きじかくし」とは、わが国に自生するキジカクシ（ユリ科）に似ていることから。「石刁柏」（石勺柏が正しいか?）、また野天門とも書いた。アスパラガスは、大正一二（一九二三）年に北海道岩内町で本格栽培されたが、盛り土をして新芽に光を当てず、ホワイト・アスパラガスとして缶詰加工され輸出された。現在では新芽に光を当てたグリーン・アスパラガスも一般的となっている。

■アメリカ産 メキャベツ（アブラナ科）

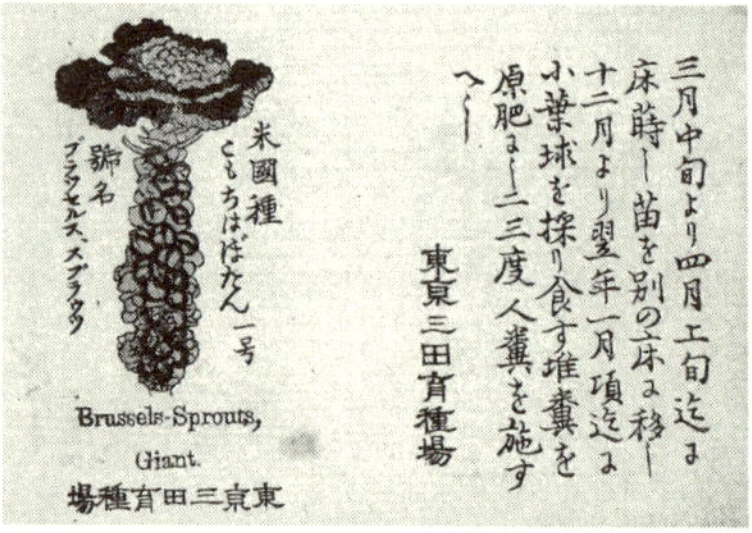

三月中旬より四月上旬迄に床蒔し、苗を別の床に移し、十二月より翌年一月頃迄に小葉球を採り食す。堆糞〈つみごえ〉を原肥にして二三度人糞を施すべし。

東京三田育種場

米国種　こもちはぼたん　一号
号名　ブラッセルス、スプラウツ
Brussels Sprouts.

解説 メキャベツは、明治初年に導入され、ブラッセル・スプラウト、こもちはぼたん、子持ち甘藍ともいう。ひめキャベッチ、キャベツは主茎の先が球になるのに対してメキャベツは、側芽が球になる。メキャベツは、キャベツあるいはケールから突然変異で生じたとされる。一六世紀にベルギーで作られ、ベルギーのブリュッセルで改良されたことからブラッセル・スプラウトの名がある。一八〇六年にアメリカに伝わる。さらにアメリカから日本に伝わるが、メキャベツは、わが国では現在でも業務用の野菜として使われる程度で、なぜか大衆野菜とはなっていない。

■アメリカ産キャベツ（アブラナ科）

春蒔は三月下旬より四月上旬に床蒔し、苗を別の床に移し、後、畑に植出し七月中旬より八月中旬迄に採る。秋蒔は八月中旬より九月上旬に蒔き、十二月中旬より翌年の三四月迄に採る。堆糞を原肥にし三四度人糞を施すべし。

米国種　甘藍《はぼたん》　一号

号名　アーレー、ヨーク、キャッベージ

Cabbage, Early York

解説　キャベツは、カンラン（甘藍）、タマナ（球菜）とも呼ばれ、葉が球形になる。半結球または球にならないケールから改良された。キャベツ（ケール）がわが国に伝ったのは宝永年間（一七〇四～一一）であるが、それは野菜としてよりも花ものとして栽培され、葉牡丹となった。甘藍は葉牡丹の別称である。いわゆる野菜としてのキャベツは、安政年間（一八五五頃）、横浜と函館で栽培され、北海道では北海道開拓使が栽培に成功した。明治二六（一八九三）年ころには東京近在で多く栽培される。呼び名は、明治時代には甘藍、大正時代には甘藍（キャベッジ）、昭和になるとキャベージ（甘藍）、タマナ、また昭和二〇年代からはキャベツが一般的となり定着した（『日本の野菜』）。

■アメリカ産キャベツ（アブラナ科）

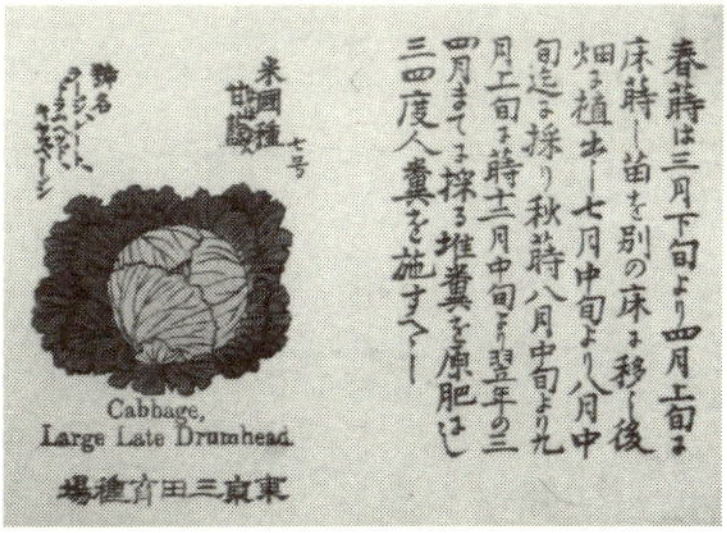

春蒔は三月下旬より四月上旬に床蒔し、苗を別の床に移し、後、畑に植出し七月中旬より八月中旬迄に採り、秋蒔は八月中旬より九月上旬に蒔き、十二月中旬より翌年の三四月迄に採る。堆糞を原肥にし三四度人糞を施すべし。

米国種　甘藍《はぼたん》　七号

号名　ラージ、レート、ドラムヘッド、キャッベージ

Cabbage, Large, Dramhead

■アメリカ産チシャ（キク科）

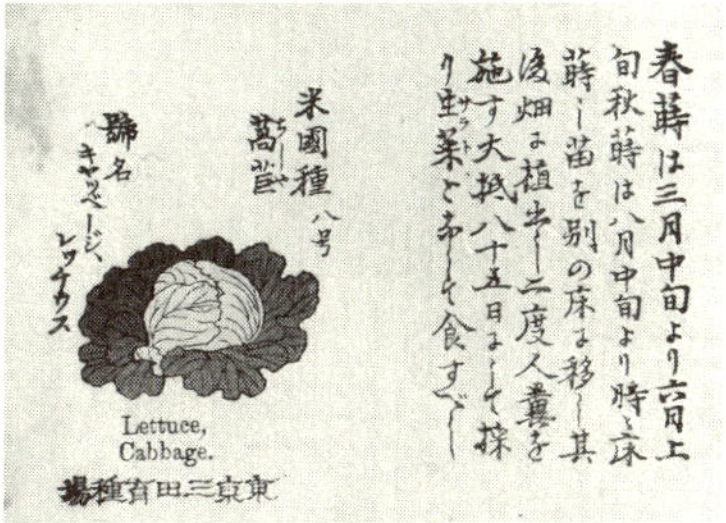

春蒔は三月中旬より六月上旬、秋蒔は八月中旬より時々床蒔し、苗を別の床に移し、其後畑に植出して二度人糞を施す大抵八十五日にして採り、生菜《サラト》となして食すべし

米国種　萵苣《ちしゃ》　八号

号名　キャッベージ、レッチウス

Lettuce, Cabbage.

解説　「キャッベージ、レッチウス」とあり、キャベツ状との意

味か、レタスの球となる種類である。英名をレタスと呼び、サラダナともいうチシャは、ヨーッパから北アメリカに入り、一九世紀末頃までに品種改良が進んだ。現在わが国で栽培するものはアメリカ産が多い。一方、わが国には萵苣《かきょ》（ちしゃ）はすでに天平六（七三四）年の記録にあり、中国経由で伝来し、奈良時代以前から栽培されていたが、結球しない種類である。結球する玉ヂシャは、文久二（一八六二）年にアメリカより渡来。さらに明治初年に玉ヂシャ一四品種、立ちヂシャ三品種、チリメンヂシャ三品種が導入された。戦後の進駐軍によるレタスの需要があり、東京オリンピックを契機に生野菜を食べる習慣が一般に定着して栽培が増加した。立ちヂシャは「米国種二号」（200頁）、結球する玉チシャは「米国種三号」（201頁）など、半結球の玉チシャはサラダナと呼ばれる。リーフレタスは「フランス産チリメンヂシャ」（米国種三号など）などである。チシャ、チサの名は、乳草かに由来するといわれる。チシャの仲間は、茎葉を切ると白い乳液を出す。ラクチュカリンという物質を含む。チシャ（レタス）の学名のラクチュカも、英語名のレタスもともに乳を意味するlactis に由来する。この乳液に沈静・催眠作用があり、不眠症に良いとされる。

レタスの種子を採るには、わが国の気候が適さず、現在では種子はほとんどアメリカから輸入。また、レタスの種子は、採種後二か月間は休眠し、赤色光があたると休眠が破れる性質がある。近赤外光では発芽しない。ヒユなども緑の葉を通過した光では発芽しない性質があり、発芽には特定の波長の光が必要なものもある。種子の発芽には温度、水分、空気が必要と教える教科書の表現は不十分である。

■アメリカ産キャベツ（アブラナ科）

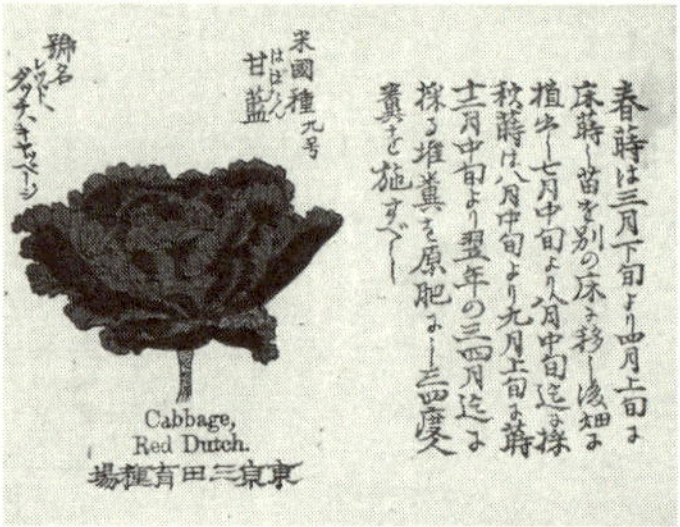

春蒔は三月下旬より四月上旬に床蒔し、苗を別の床に移し、後、畑に植出し七月中旬より八月中旬迄に採る。秋蒔は八月中旬より九月上旬に蒔、十二月中旬より翌年の三四月迄に採る。堆糞を原肥にし三四度人糞を施すべし。

米国種　甘藍《はぼたん》　九号

号名　レッド、ダッチ、キャッベージ

Cabbage, Red Dutch.

解説　生食用の赤（紫）キャベツである。

■アメリカ産キャベツ（アブラナ科）

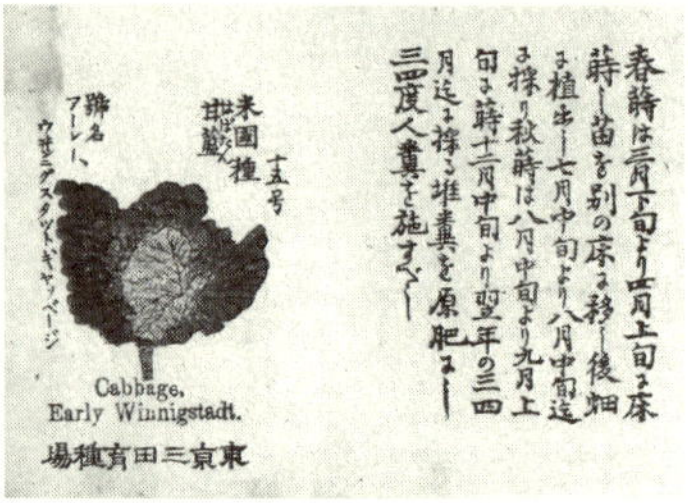

春蒔は三月下旬より四月上旬に床蒔し、苗を別の床に移し、後、畑に植出し七月中旬より八月中旬迄に採り、秋蒔は八月中旬より九月上旬に蒔、十二月中旬より翌年の三四月迄に採る。堆糞を原肥にし三四度人糞を施すべし

米国種　甘藍《はぼたん》　十五号

号名　アーレー、ウヰンニングスタット、キャッベージ

Cabbage, Eerly Winnigstadt.

■アメリカ産キャベツ（アブラナ科）

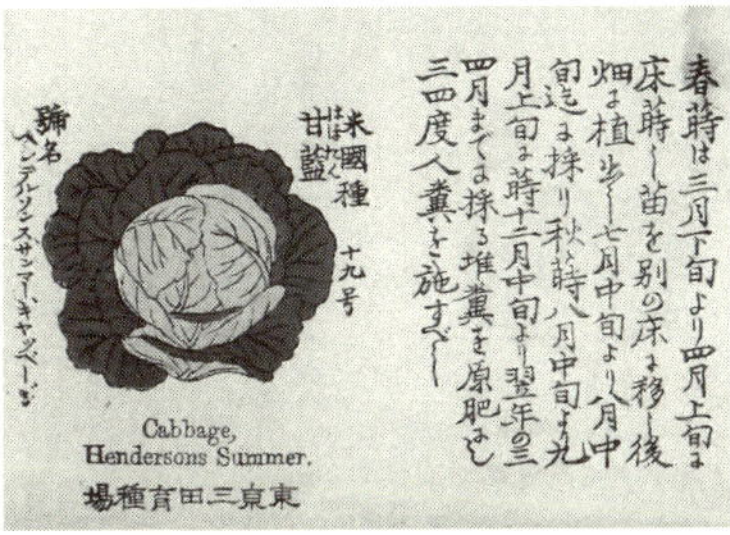

春蒔は三月下旬より四月上旬に床蒔し、苗を別の床に移し、後、畑に植出し七月中旬より八月中旬迄に採り、秋蒔は八月中旬より九月上旬に蒔、十二月中旬より翌年の三四月迄に採る。堆糞を原肥にし三四度人糞を施すべし。

米国種　甘藍《はぼたん》　十九号

号名　ヘンデルソンス、サンマー、キャッベージ

Cabbage, Hendersons Summer.

■キャベツ（アブラナ科）

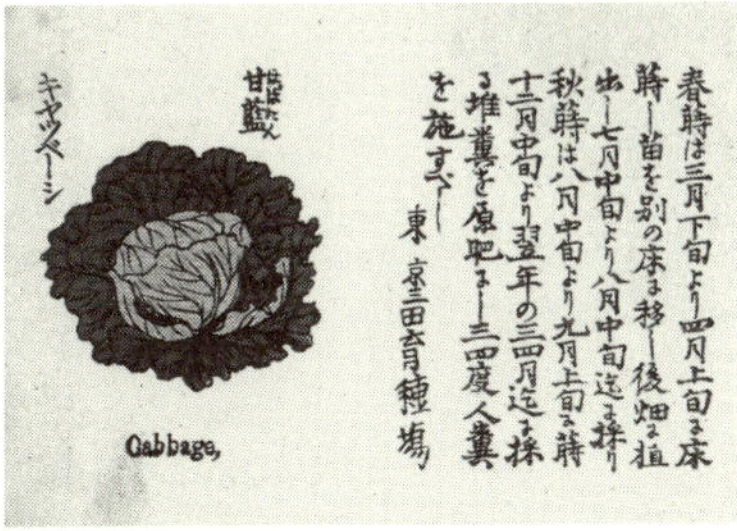

春蒔は三月下旬より四月上旬に床蒔し、苗を別の床に移し、後、畑に植出し七月中旬より八月中旬迄に採り、秋蒔は八月中旬より九月上旬に蒔、十二月中旬より翌年の三四月迄に採る。堆糞を原肥にし三四度人糞を施すべし

東京三田育種場

甘藍《はぼたん》

号名　キャッベージ

Cabbage.

■セルリー（セリ科）

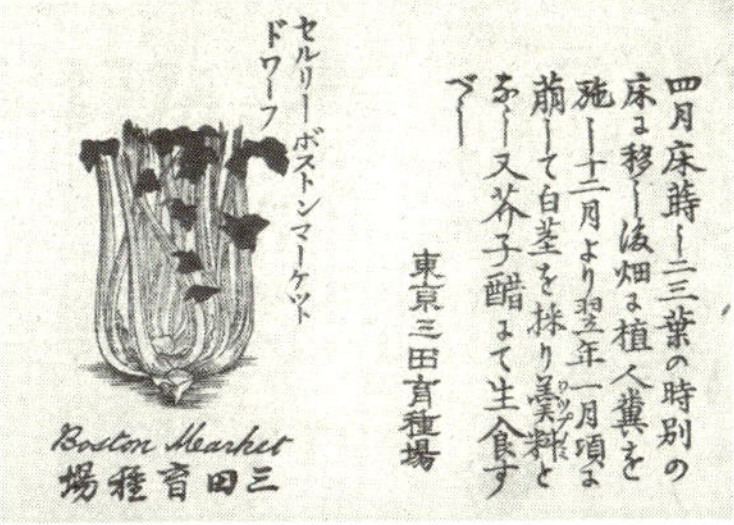

四月床蒔し二三葉の時別の床に移し、後、畑に植え、人糞を施し十二月より翌年一月頃に萌して白茎を採り羹料《ソップノミ》となし、芥子醋にて生食すべし。

東京三田育種場

セルリーボストンマーケットドワーフ

Boston Mearket

解説　「萌して」とは、土をかけ、あるいは新聞紙、ワラ、板囲いなどを用いて軟化栽培すること。

なお、現在では軟化させない淡緑色、緑色の品種が多い。「羹料」とは、スープの具とすること。芥子醋とは、カラシ酢のこと、醋は酢の別字。

セルリー、またはセロリは、薬用のチョウセンニンジンの一種と偽られて加藤清正が朝鮮出兵の時に持ち帰ったといわれ、キヨマサニンジンの名もある。その後オランダ人により長崎に伝来したことからオランダミツバとも呼ばれた。明治初年にアメリカより数品種が輸入された。後に出てくる塘蒿《おらんだみつば》がその一種である（204頁参照）。

セルリーは、その強い香りのため、わが国では長い間ほとんど一般に食べられることはなかったが、太平洋戦争後、とくに高度経済成長期、昭和三〇年代から消費が多くなった。消費者も、軟化栽培の必要がない生産のより簡単な緑色の品種を好むようになったことにもよる。

■チシャ（キク科）

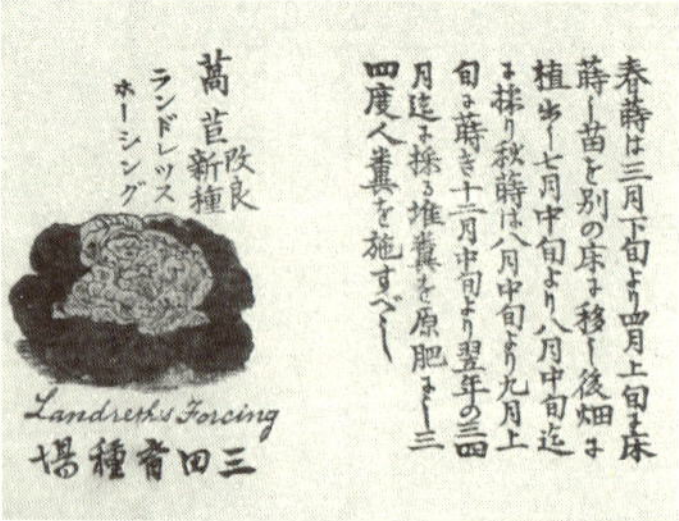

春蒔は三月下旬より四月上旬に床蒔し、苗を別の床に移し、後、畑に植え出し七月中旬より八月中旬までに採り、秋蒔は八月中旬より九月上旬に蒔き、十二月中旬より翌年の三四月迄に採る。堆糞を原肥にし三四度人糞を施すべし。

萵苣　改良新種　ランドレッス
ホーシング
Landreshis Forcing

解説　「改良新種」とあるが、日本で交配した可能性あり。

■ハボタン（アブラナ科）

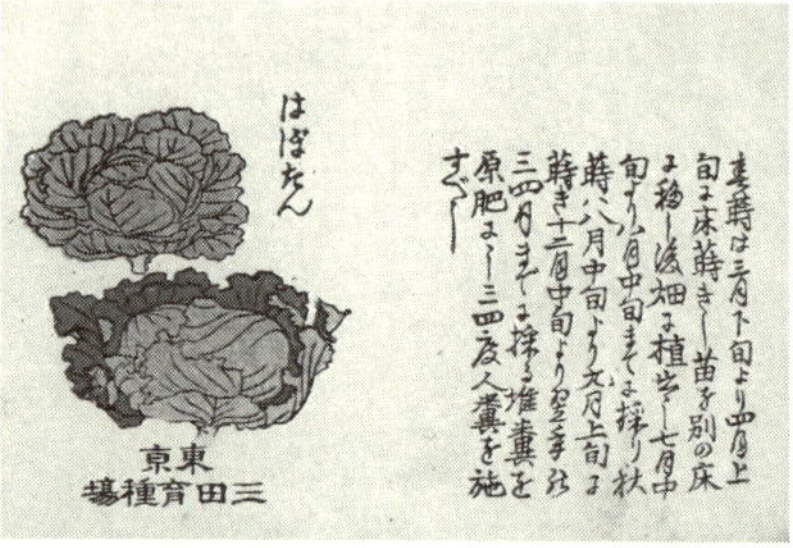

春蒔は三月下旬より四月上旬に床蒔し、苗を別の床に移し、後、畑に植出し七月中旬より八月中旬迄に採り、秋蒔は八月中旬より九月上旬に蒔十二月中旬より翌年の三四月迄に採る。堆糞を原肥にし三四度人糞を施すべし。

はぼたん
東京三田育種場

解説　宝永年間（一七〇四～一一）キャベツ（ケール）がわが国に伝るが、野菜ではなく観賞用の葉牡丹となった。その種のハボタンであろう。甘藍は葉牡丹の別称である。

■アメリカ産 チシャ（キク科）

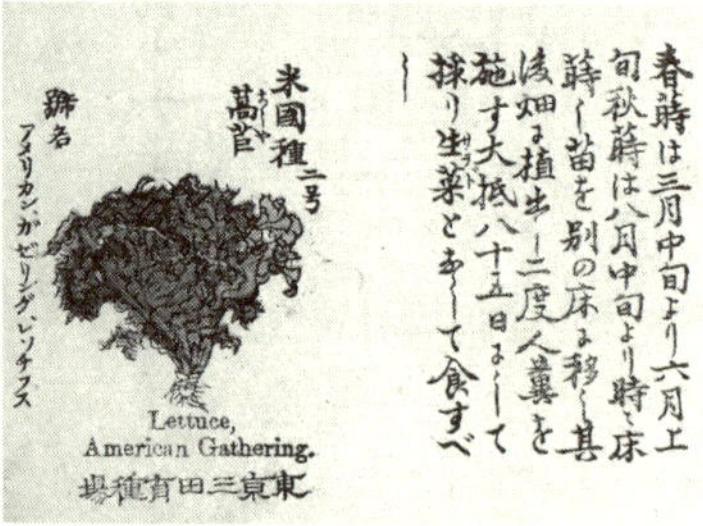

春蒔は三月中旬より六月上旬、秋蒔は八月中旬より時々床蒔し、苗を別の床に移し、其後畑に植出し、二度人糞を施す。大抵八十五日にして採り生菜《サラド》となして食すべし。

米国種　二号　萵苣《ちしゃ》
号名　アメリカン、ガゼリング、レッチフス（レッチウスの誤記か）
Lettuce, American Gathering.

解説　挿絵から見ていわゆる立ちヂシャであろう。チシャには、中国に多い茎と葉を食べる茎ヂシャ、サラダナ、結球するレタス、立ちヂシャなどがある。立ちヂシャは、葉が立ち、ゆるく結球する。このコス・レタスと呼ばれる種類を、戦後進駐軍が日本で礫耕栽培させたことは有名である。

■アメリカ産チシャ（キク科）

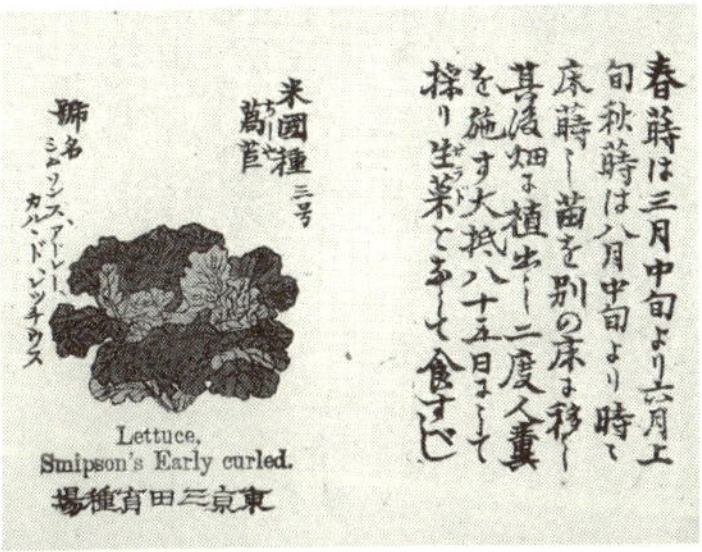

春蒔は三月中旬より六月上旬、秋蒔は八月中旬より時々床蒔し、苗を別の床に移し、其後畑に植出し、二度人糞を施す。大抵八十五日にして採り生菜《サラド》となして食すべし。

米国種　三号　萵苣《ちしゃ》

号名　シムソンス、アーレー、カル、ド、レッチウス

Lettuce, Simpson's Early curled.

■アメリカ産チシャ（キク科）

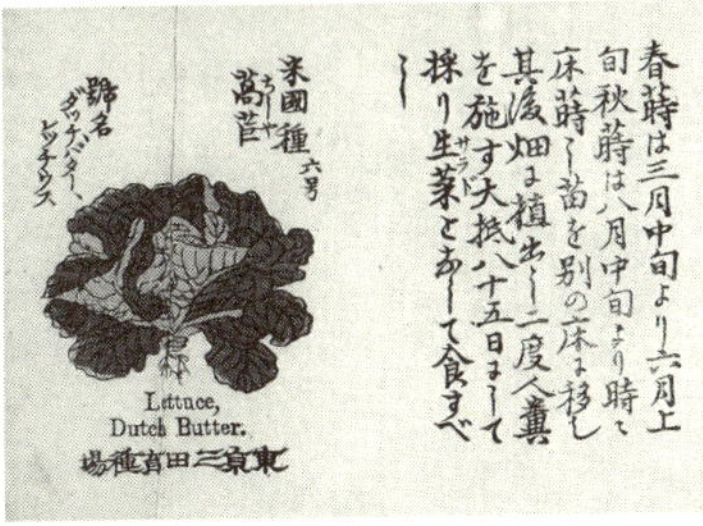

春蒔は三月中旬より六月上旬、秋蒔は八月中旬より時々床蒔し、苗を別の床に移し、其後畑に植出し、二度人糞を施す。大抵八十五日にして採り生菜《サラド》となして食すべし。

米国種　六号　萵苣《ちしゃ》

号名　ダッチバター、レッチウス

Lettuce, Dutch, Butter

■アメリカ産チシャ（キク科）

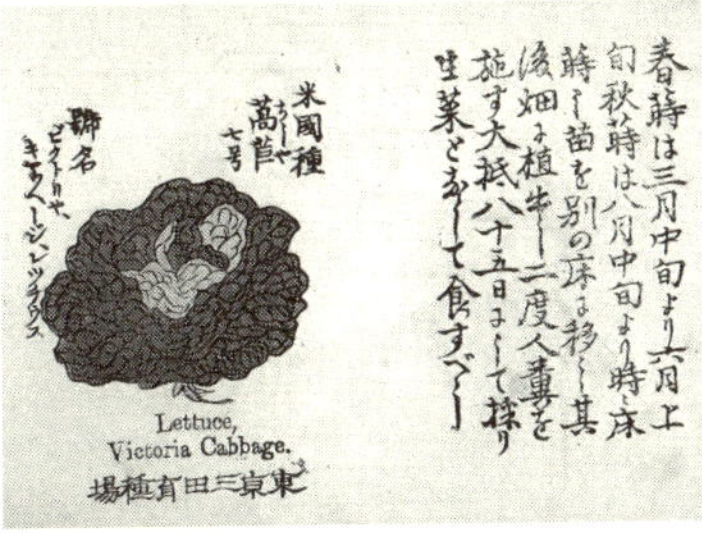

春蒔は三月中旬より六月上旬、秋蒔は八月中旬より時々床蒔し、苗を別の床に移し、其後畑に植出し、二度人糞を施す。大抵八十五日にして採り生菜となして食すべし。

米国種　萵苣《ちしゃ》　七号

号名　ビクトリア、キャッヘージ、レッチウス

Lettuce, Victoria Cabbege.

■アメリカ産チシャ（キク科）

春蒔は三月中旬より六月上旬、秋蒔は八月中旬より時々床蒔し、苗を別の床に移し、其後畑に植出し、二度人糞を施す。大抵八十五日にして採り生菜《サラト》となして食すべし。

米国種　十四号　萵苣《ちしゃ》

号名　ボストン、マーケット、レッチウス

Lettuce, Boston Market.

■アメリカ産チシャ（キク科）

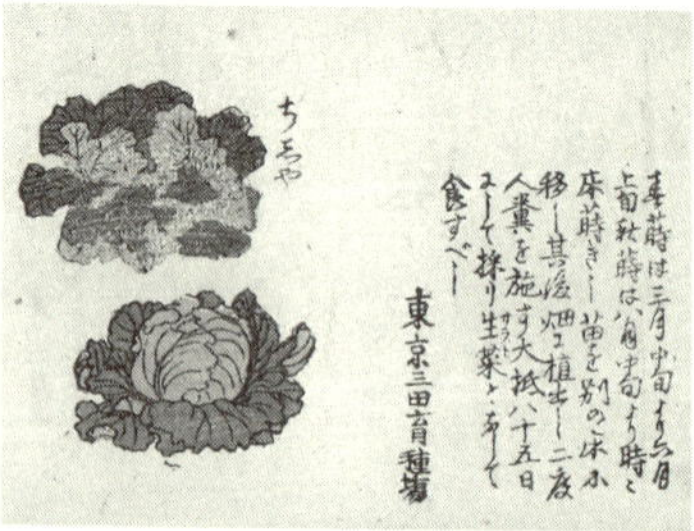

春蒔は三月中旬より六月上旬秋蒔は八月中旬より時々床蒔し苗を別の床に移し、其後畑に植出し二度人糞を施す。大抵八十五日にして採り生菜《サラト》となして食すべし。　東京三田育種場

ち志〈し〉や

■アメリカ産チシャ（キク科）
立ちヂシャ

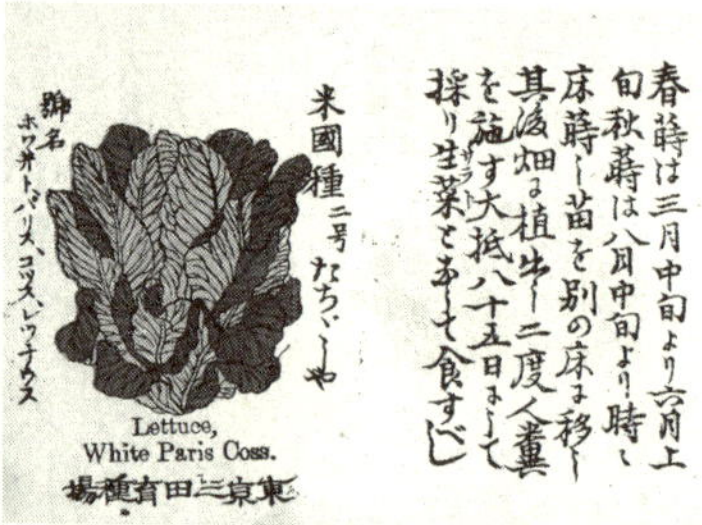

春蒔は三月中旬より六月上旬、秋蒔は八月中旬より時々床蒔し、苗を別の床に移し、其後畑に植出し、二度人糞を施す。大抵八十五日にして採り生菜《サラド》となして食すべし。

米国種　二号　たちぢしゃ

号名　ホワイト、パリス、コッス、レッチウス

Lettuce, White Paris Coss.

解説　立ちヂシャは、コス・レタスともいい、葉が立ちゆるく球になる。戦後進駐軍の需要に応じて礫耕栽培したのはこの種類の一種ではないかと思われる。コス・レタスの名は、地中海のギリシャのコス島で作られたことにちなむという。

なお、キク科のチシャと呼ぶ植物は、日本でも古くから栽培され、よく知られていたこともあって、その他キク科の本種に似た別の科のものにも、「チシャ」の名を与えている例がある。ホウレンソウを赤ヂシャ、唐ヂシャ、フダンソウを唐ヂシャ、チコリーを野生苦ヂシャと呼んだ（『日本の野菜』）。その他には、野草のカワヂシャ（ゴマノハグサ科）、帰化植物のオオカワヂシャ（ゴマノハグサ科）やノヂシャ（オミナエシ科）もある。ノヂシャはヨーロッパではサラダ菜として利用していることから、野のチシャという意味である。

■フランス産チシャ（キク科）
ちりめんぢしゃ

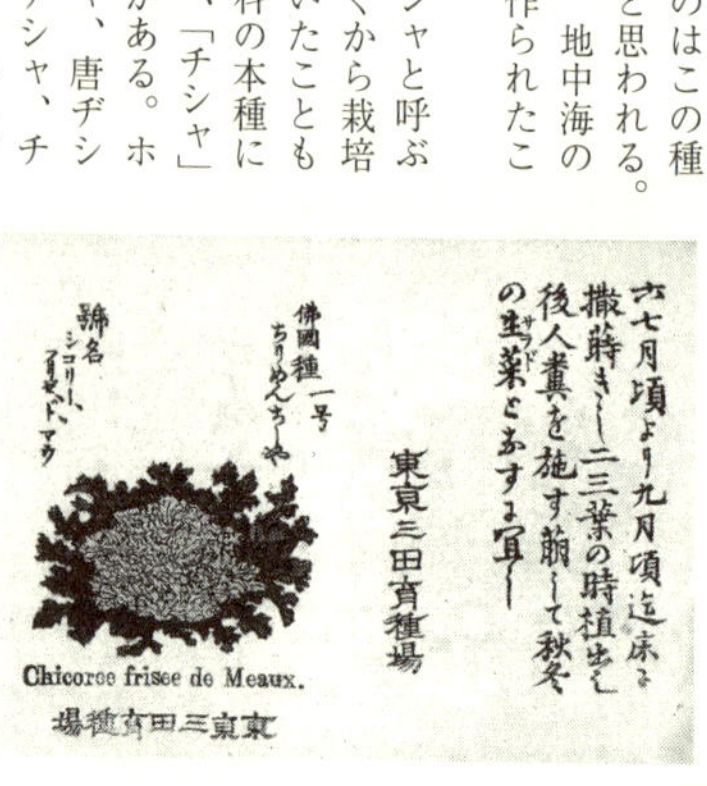

六七月より九月頃まで床に撒蒔きし、二三葉の時植出し、後、人糞を施す萠して秋冬の生菜《サラト》となすに宜し。　東京三田育種場

仏国種　一号　ちりめんぢしゃ

号名　シコリー、フリセ、ド、マウ

Chicoree frisee de Meaux.

解説　葉ヂシャは、リーフレタスともいい、商品名はサニーレタス。球にならず葉は軟らかで、縮緬《チリメン》ヂシャとも呼ぶ。

■フランス産 チシャ（キク科）

おんばこぢしゃ

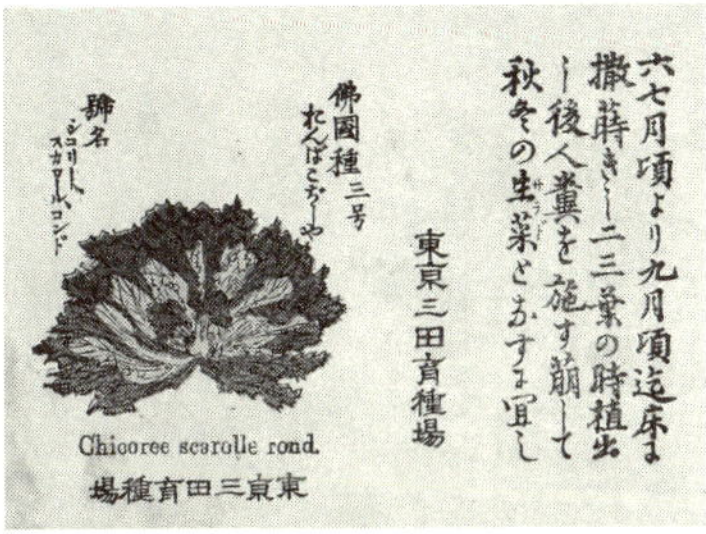

六七月より九月頃まで床に撒蒔し、二三葉の時植出し、後、人糞を施す。萠して秋冬の生菜《サラド》となすに宜し。　東京三田育種場

仏国種　三号　おんばこちしゃ

号名　シコリー、スカロール、コンド　Chicoree scarolle cond

解説　葉ヂシヤ。「萠《もや》して」とは、萌す、軟化させ、軟らかな葉を出させること。

■アメリカ産 ホウレンソウ（アカザ科）

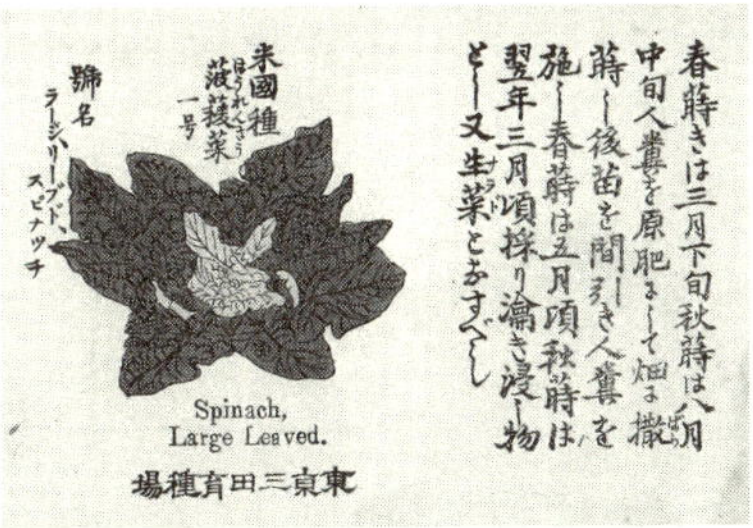

春蒔は三月下旬、秋蒔は八月中旬、人糞を原肥にして畑に撒蒔《ばら》し、後、苗を間引き人糞を施し、春蒔は五月頃、秋蒔は翌年三月頃採り、瀹き、浸し物とし又生菜《サラド》となすべし。　東京三田育種場

米国種　菠薐菜《ほうれんそう》　一号

号名　ラージ、リーブド、スピナッチ　Spinach, Large Leaved

解説　「瀹《ゆが》き」とは、ゆでること。

ホウレンソウは、わが国には中国から東洋種が一六世紀頃伝わったらしい。西洋種は、文久年間（一八六二頃）にフランスから導入された。東洋種は葉がうすく、葉先が尖り、根が濃紅色であるのにくらべ、西洋種は葉が厚く根元の赤みが淡く、土臭いが収量が多い。最近は中間的な品種が改良され多く出回っているが、その品種は一代雑種で、種子の供給は、欧米諸国からの輸入に頼っている。ホウレンソウは日照時間が長くなると、とうが立ち花が咲く。春播きするものは、抽薹《ちゅうたい》（とう立ち）しやすい。そこで抽薹しにくい種類の西洋種の種子は、多く北欧から輸入している。なお、ホウレンソウは、アスパラガスなどと同じく雌雄異株である。また、酸性の土地ではよく育たない。

■アメリカ産 ホウレンソウ（アカザ科）

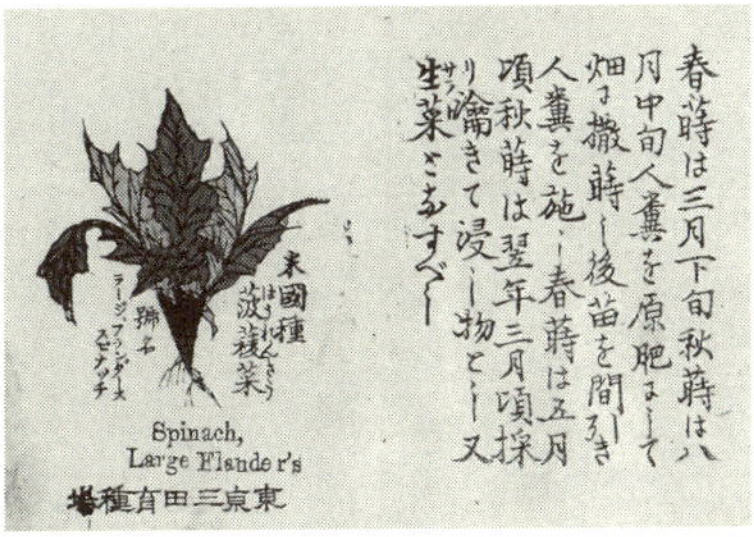

春蒔は三月下旬、秋蒔は八月中旬、人糞を原肥にして畑に撒蒔《ばら》し、後、苗を間引き人糞を施し、春蒔は五月頃、秋蒔は翌年三月頃採り、瀹《ゆが》きて浸し物とし又生菜《サラド》となすべし。

米国種　菠薐菜《ほうれんそう》

号名　ラージ、フランダース、スピナッチ　Spinach, Large Frander's

■アメリカ産 セルリー（セリ科）

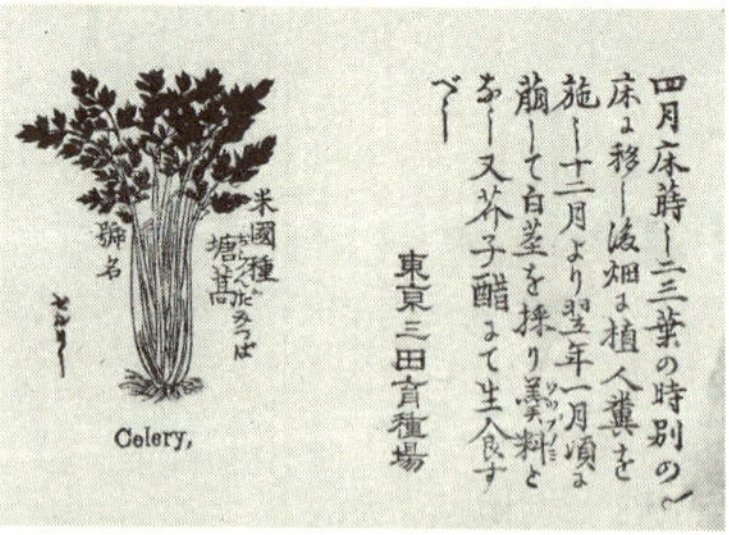

四月床蒔し、二三葉の時別の床に移し、後、畑に植え、人糞を施し十二月より翌年一月頃に萠して白茎を採り、羹料《ツップノミ》となし、又芥子醋にて生食すべし。

東京三田育種場

米国種　塘蒿《おらんだみつば》

号名　セルリー

Celery

解説　「羹料」は、スープの具。199頁参照。

■アメリカ産 タマネギ（ユリ科）

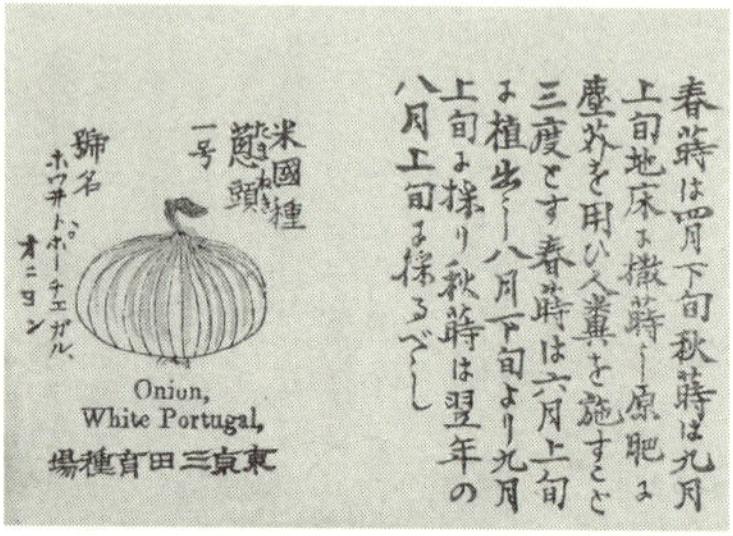

春蒔は四月下旬、秋蒔は九月上旬、地床に撒蒔し、原肥に塵芥用い人糞を施すこと三度とす。春蒔は六月上旬に植出し、八月下旬より九月上旬に採り、秋蒔は翌年の八月上旬に採るべし。

米国種　葱頭《たまねぎ》　一号

号名　ホワキト、ポーチュガル、オニヨン

Onion, White Portugal.

■アメリカ産 タマネギ（ユリ科）

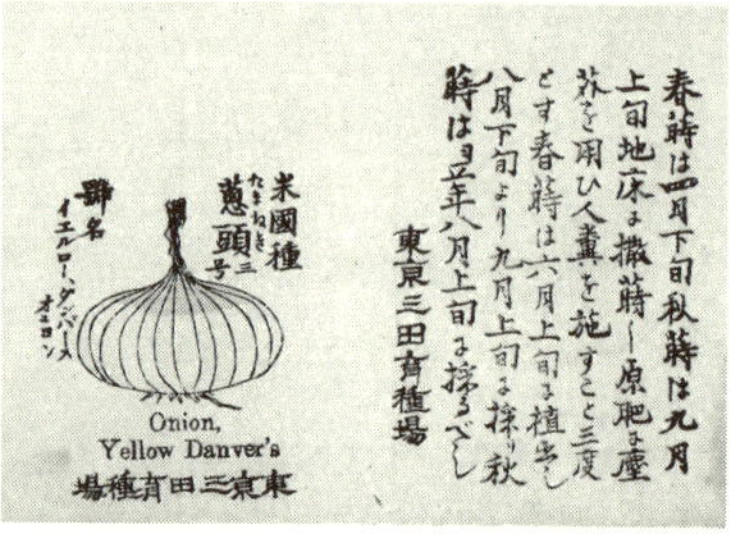

春蒔は四月下旬、秋蒔は九月上旬、地床に撒蒔し、原肥に塵芥を用い人糞を施すこと三度とす。春蒔は六月上旬に植出し、八月下旬より九月上旬に採り、秋蒔は翌年の八月上旬に採るべし。

東京三田育種場

米国種　葱頭《たまねぎ》　三号

号名　イエロー、ダンバース、オニヨン

Onion, Yellow Danver's

解説　タマネギには、大きく分けて、黄タマネギ、白タマネギ、赤（紫）タマネギがある。タマネギは、江戸時代には渡来していたが普及はしなかった。

明治四年に開拓使がアメリカから種子を取り寄せ札幌で試作したのが本格的栽培の始まりといわれ、その後欧米から多くの品種を導入した。この「イエロー・グローブ・ダンバース」こそ、明治四（一八七一）年に開拓使がアメリカから取り寄せた種類である。開拓使は明治初年に各地へこの種子を配付した。

札幌では明治一五～一六（一八八二～三）年には栽培は本格的になり、採種ができるまでなった。やがてこの品種から札幌黄玉葱が生まれた。また、大阪府では、明治一二（一八七九）年頃から大阪の泉州で本格的に栽培された。イエロー・ダンパースを中心に栽培したが、明治二五（一八九二）年にコレラが流行した際に、タマネギがコレラに効くといわれて消費が伸びた。また、牛鍋の流行とともに、大阪ではその付けあわせとして長ネギとともに使われた。大阪府からは泉州黄、今井早生、貝塚早生などの品種が生まれた。

海軍では、タマネギはその保存性、輸送の便利さ、調理の後片づけが簡単などの理由から軍艦内での料理に適し大いに利用され、とくにカレーの材料とされた。また、醤油とも相性がよく、家庭での利用も進んだ。

タマネギは、本州では春から初夏に収穫されるが、北海道では秋に収穫され、現在では全国一の生産地となっている。大阪府の生産高は北海道に次ぐ。二〇〇四年、タマネギの各家庭での年間消費量は、一五キログラム。

ここでは、北海道で行われた欧米で一般的な畑に直接種子を播く方法のほかに、苗を育てて本畑に植える方法が採用されている。すでに日本の内地の気候に適した栽培の工夫がなされていたと思われる（最近は北海道でも内地と同様な方法が採られている）。

■アメリカ産 タマネギ（ユリ科）

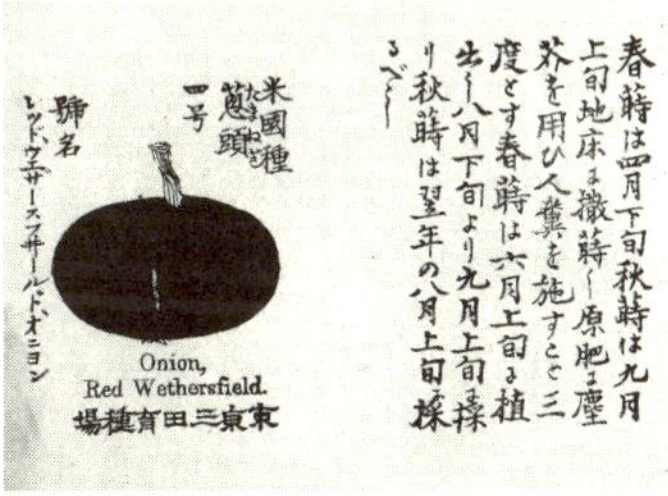

春蒔は四月下旬、秋蒔は九月上旬、地床に撒蒔し、原肥に塵芥を用い人糞を施すこと三度とす。春蒔は六月上旬に植出し、八月下旬より九月上旬に採り、秋蒔は翌年の八月上旬に採るべし。

米国種　葱頭《たまねぎ》　四号

号名　レッド、ウエザースフヰールド、オニヨン

Onion, Red Wethersfield

解説　赤タマネギは辛味が少ないため、生食用としてサラダの彩りに使われる。貯蔵性は劣る。

■タマネギ（ユリ科）

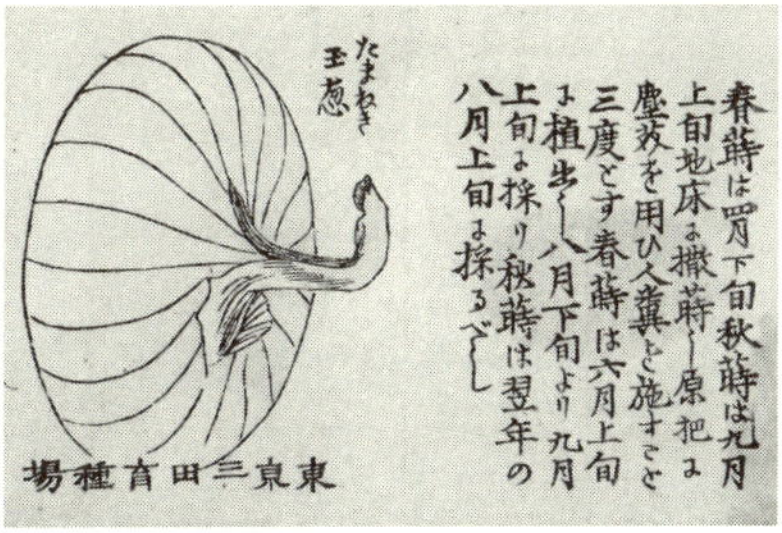

春蒔は四月下旬、秋蒔は九月上旬地床に撒蒔し、原肥に塵芥を用い人糞を施すこと三度とす。春蒔は六月上旬に植出し、八月下旬より九月上旬に採り、秋蒔は翌年の八月上旬に採るべし。

葱頭《たまねぎ》

解説　原産地の表示がないのは、輸入した種子から改良した品種であろうか。

■タマネギ（ユリ科）

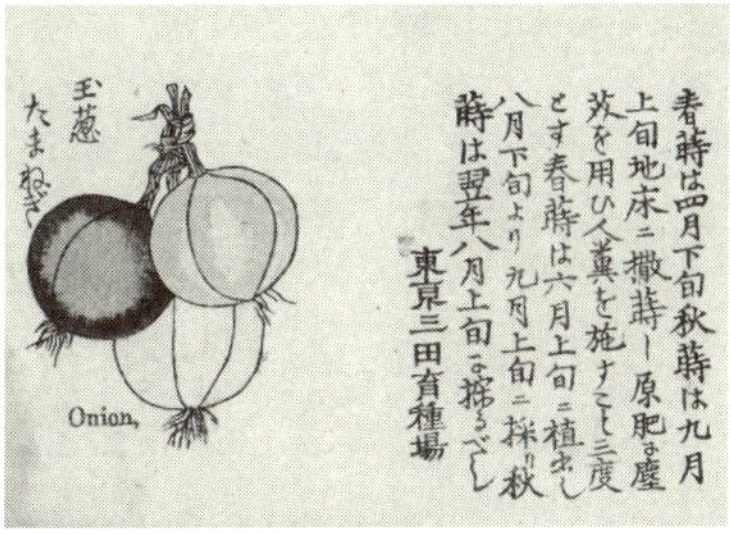

春蒔は四月下旬、秋蒔は九月上旬地床に撒蒔し、原肥に塵芥を用い人糞を施すこと三度とす。春蒔は六月上旬に植出し、八月下旬より九月上旬に採り、秋蒔は翌年の八月上旬に採るべし。

葱頭《たまねぎ》　Onion.

解説　ポテトオニオント呼ぶ小型のものか。日本ではほとんど栽培されないがロシアでは栽培は多い。

■ネギ（ユリ科）

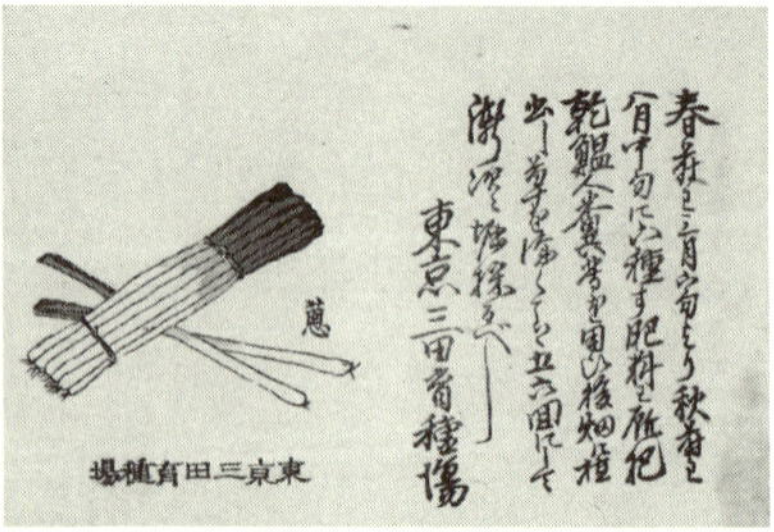

春蒔は三月下旬より、秋蒔は八月中旬に下種す。肥料は堆肥乾鰛人糞等を用ひ、後、畑に植出し草を除くこと五六回にして漸次に掘採るべし。

東京三田育種場

葱

解説　「乾鰛」は、ほしかのこと、鰛はいわし。

■タマネギ（ユリ科）

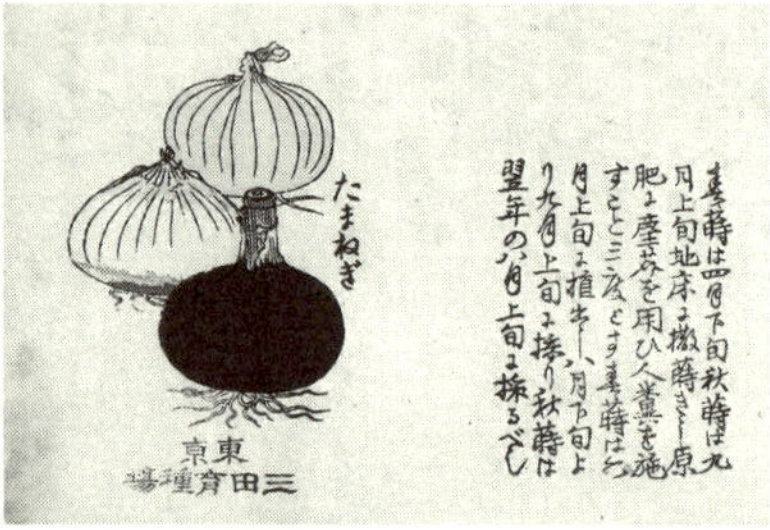

春蒔は四月下旬、秋蒔は九月上旬地床に撒蒔し、原肥に塵芥を用い人糞を施すこと三度とす。春蒔は六月上旬に植出し、八月下旬より九月上旬に採り、秋蒔は翌年の八月上旬に採るべし。

たまねぎ

■アメリカ産 リーキ（ユリ科）

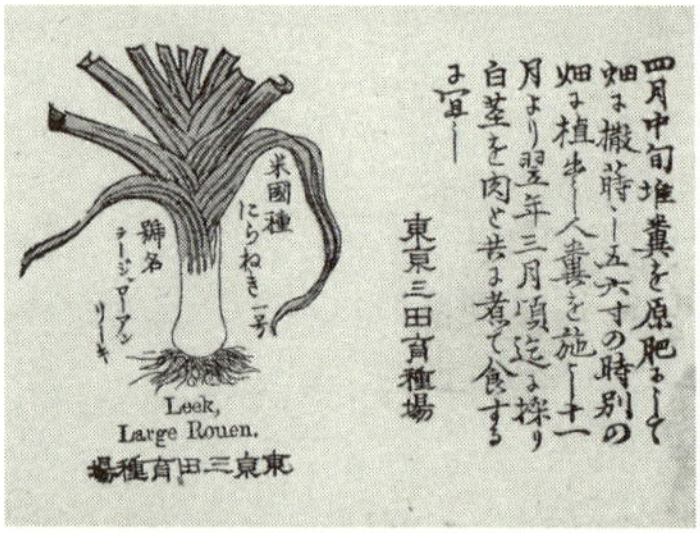

四月中旬堆糞を原肥にして畑に撒蒔し、五六寸の時別の畑に植出し人糞を施し、十一月より翌年三月頃迄に採り、白茎を肉と共に煮て食するに宜し。

東京三田育種場

米国種　にらねぎ　一号

号名　ラージ、ローアンリーキ

Leek, Large Rouen.

解説　リーキはヨーロッパでは古くから栽培された。日本への導入は明治初年、にらねぎと呼ばれたが、あまり普及しなかった。

■フランス産 テーブルビート（アカザ科）　さんごじゅな

四月上旬堆糞を原肥にして畑に畦蒔きし、後、苗を間引き人糞を施し八月中旬より十月中旬に採り、其根を薄く切りて生食し又淪き或は酢漬にして宜し。

東京三田育種場

仏国種　火焔菜《さんごじゅな》　三号

号名　ベタラフ、ルージ、ナン

Betterave rouge nain.

解説　テーブルビートは江戸時

代初期には渡来し、ウズ大根、錦大根、紅大根、珊瑚樹大根などと呼ばれた。明治初年に三種が導入されたが、あまり普及はしなかった。サラダの彩りに使われる。

■アメリカ産ニンジン（セリ科）

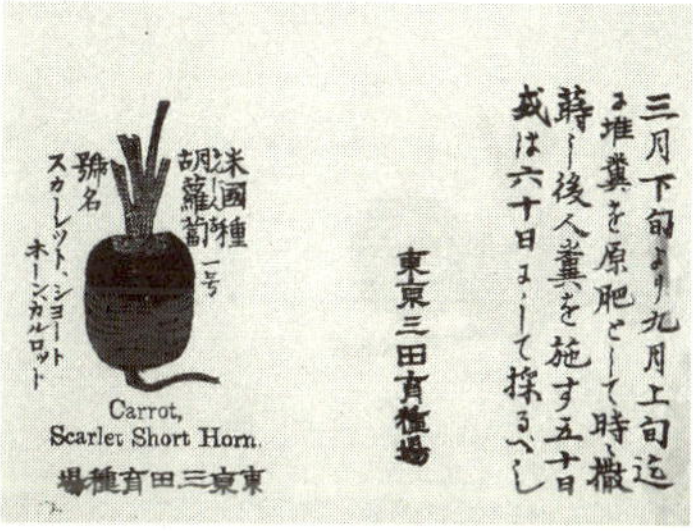

三月下旬より九月上旬迄に、堆糞を原肥として時々撒蒔し、後、人糞を施す。五十日或は六十日にして採るべし。

東京三田育種場

米国種　胡蘿蔔《にんじんな》　一号

号名　スカーレット、ショートホーン、カルロット

Carrot. Scarlet Short Hohn

解説　江戸時代に野菜のニンジンは薬用のニンジン（チョウセンニンジン、ウコギ科）と区別するため、「にんじんな」と呼んだ。その他にセリニンジン、ナニンジンなどともいった。『農業全書』ではニンジンと呼んでいる。一六世紀頃、東洋系の品種が日本へ渡来したらしい。明治初期に欧米の品種を導入した。明治・大正期には東日本で多く栽培川ニンジンは根の長い滝野された。国分ニンジンと札幌大長ニンジンは、西洋種から改良されたもの。現在では東洋系の品種は、大阪ニンジン、京ニンジンとも呼ぶ「金時」以外はほとんど栽培されず、五寸ニンジンと呼ぶ根の短い品種が主となっている。

■アメリカ産ニンジン（セリ科）

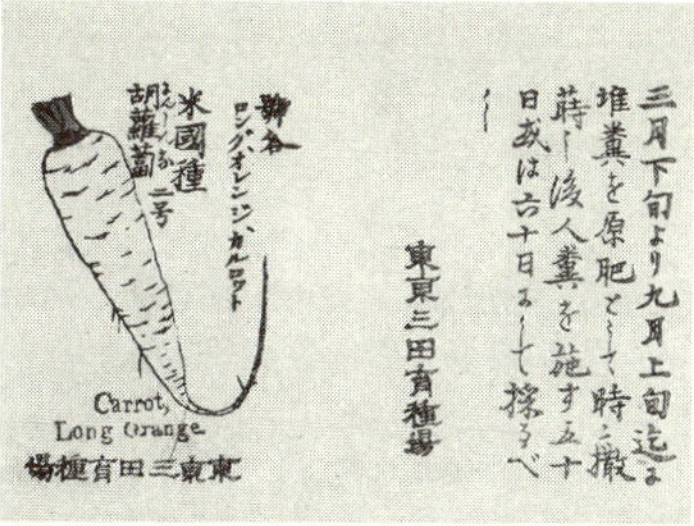

三月下旬より九月上旬迄に堆糞を原肥として時々撒蒔し、後、人糞を施す。五十日或は六十日にして採るべし。

東京三田育種場

米国種　胡蘿蔔《にんじんな》　二号

号名　ロング、オレンジ、カルロット

Carrot, Long, Orange.

■アメリカ産ニンジン（セリ科）

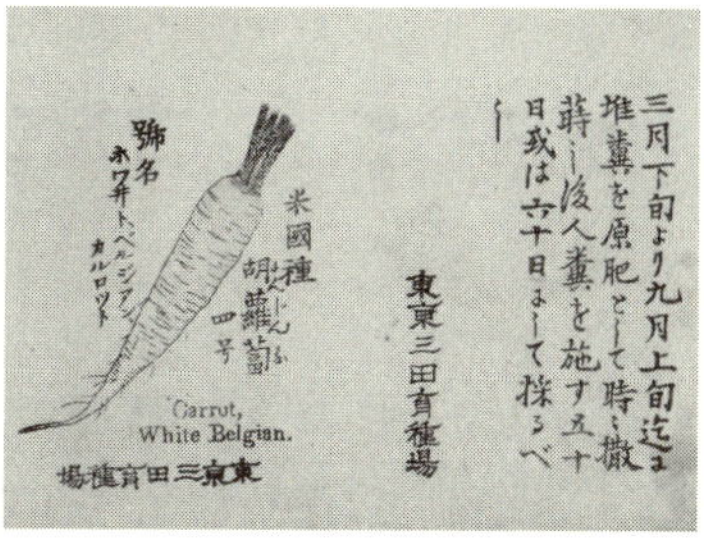

三月下旬より九月上旬迄に堆糞を原肥として時々撒蒔し、後、人糞を施す。五十日或は六十日にして採るべし。

東京三田育種場

米国種　胡蘿蔔《にんじんな》　四号

号名　ホワヰト、ベルジアン、カルロット

Carrot, White, Belgian.

■アメリカ産 ニンジン（セリ科）

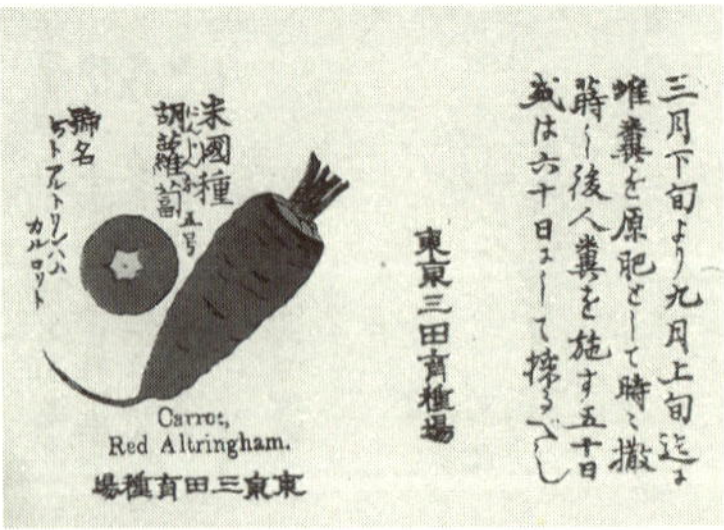

三月下旬より九月上旬迄に堆糞を原肥として時々撒蒔し、後、人糞を施す。五十日或は六十日にして採るべし。

東京三田育種場

米国種　胡蘿蔔《にんじんな》　五号

号名　レット　アルトリンハム

カルロット

Carrot, Red Altringham.

■フランス産 ニンジン（セリ科）

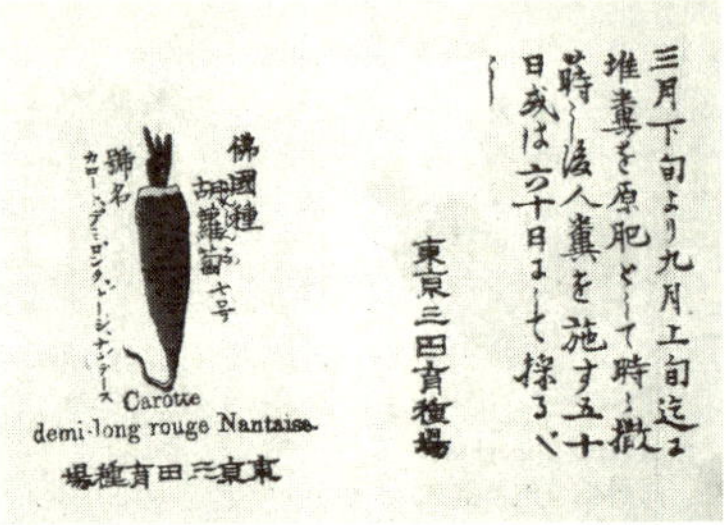

三月下旬より九月上旬迄に堆糞を原肥として時々撒蒔し、後、人糞を施す。五十日或は六十日にして採るべし。

東京三田育種場

仏国種　胡蘿蔔《にんじんな》　七号

号名　カロート、デミロング、レージ、ナンテース

Carotte demi-long rouge Nantaise.

■フランス産 ニンジン（セリ科）

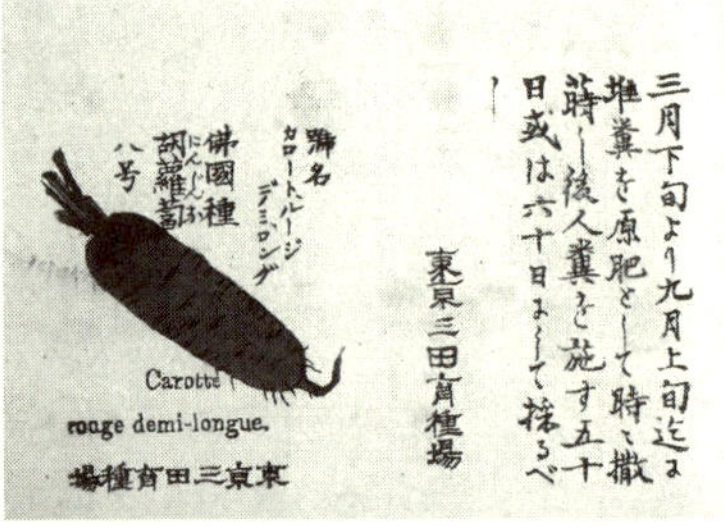

三月下旬より九月上旬迄に堆糞を原肥として時々撒蒔し、後、人糞を施す。五十日或は六十日にして採るべし。

東京三田育種場

仏国種　胡蘿蔔《にんじんな》　八号

号名　カロート、ルージ、デミロング

Carotte rouge demi-long.

■フランス産 ニンジン（セリ科）

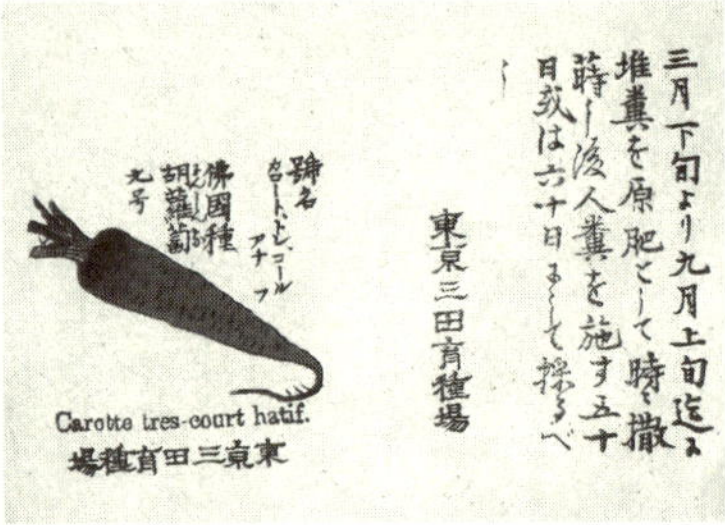

三月下旬より九月上旬迄に堆糞を原肥として時々撒蒔し、後、人糞を施す。五十日或は六十日にして採るべし。

東京三田育種場

仏国種　胡蘿蔔《にんじんな》　九号

号名　カロート、トレ、コールアナフ

Carotte tres-lcourt hatif.

■ニンジン（セリ科）

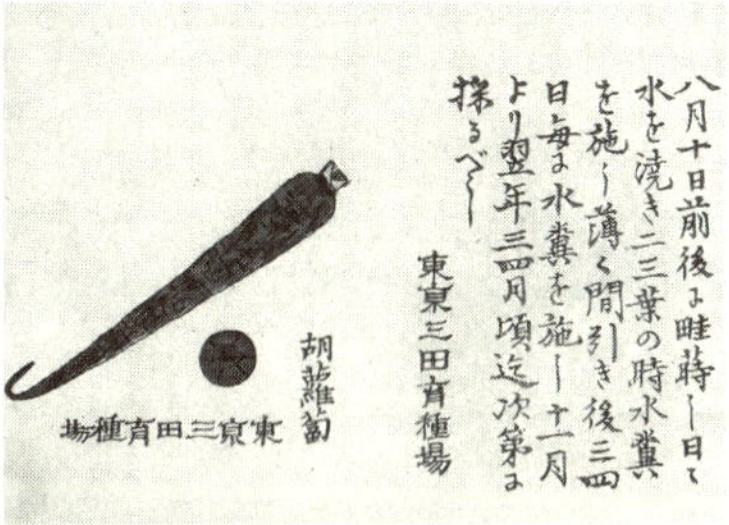

八月十日前後に畦蒔し、日々水を澆〈そそ〉き、二三葉の時水糞を施し、薄く間引き後三四日毎に水糞を施し、十一月より翌年三四月頃迄次第に採るべし。

東京三田育種場

胡蘿蔔

解説 「畦蒔《あぜまき》」は畦を作って種子を蒔くこと。「澆《ぎょう》」とは水を注ぐ意味。「水糞《みずごえ》」は液肥。

■ニンジン（セリ科）

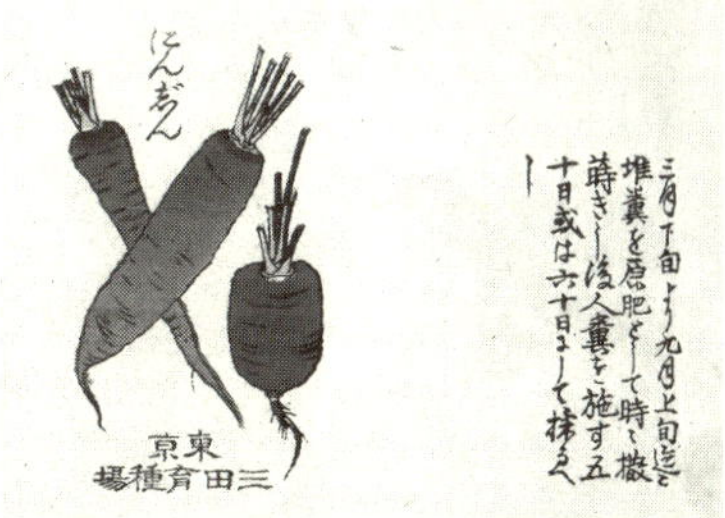

三月下旬より九月上旬迄に堆糞を原肥として時々撒蒔し、後、人糞を施す。五十日或は六十日にして採るべし。

東京三田育種場

にん志ん

■アメリカ産 ハツカダイコン（アブラナ科）

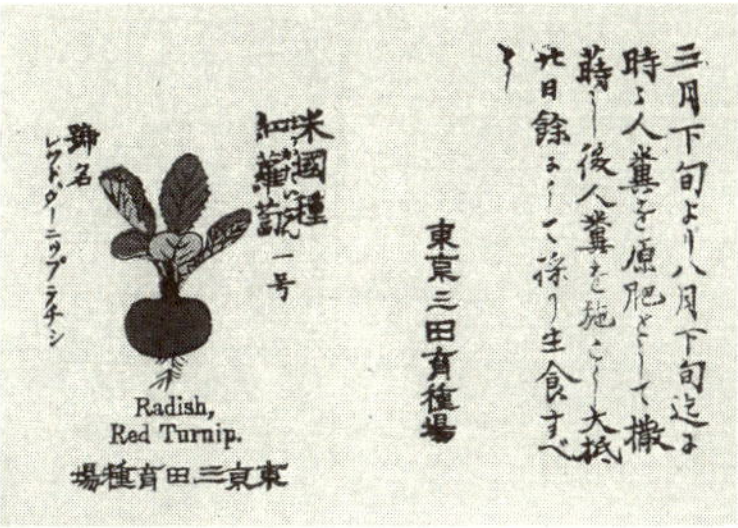

三月下旬より八月下旬迄に時々人糞を原肥として撒蒔し、後、人糞を施し、大抵二十日余にして採り生食すべし。

東京三田育種場

米国種　紅蘿蔔《はつかだいこん》　一号

号名　レッドターニップラチシ

Radish, Red Turnip.

■ハツカダイコン（アブラナ科）

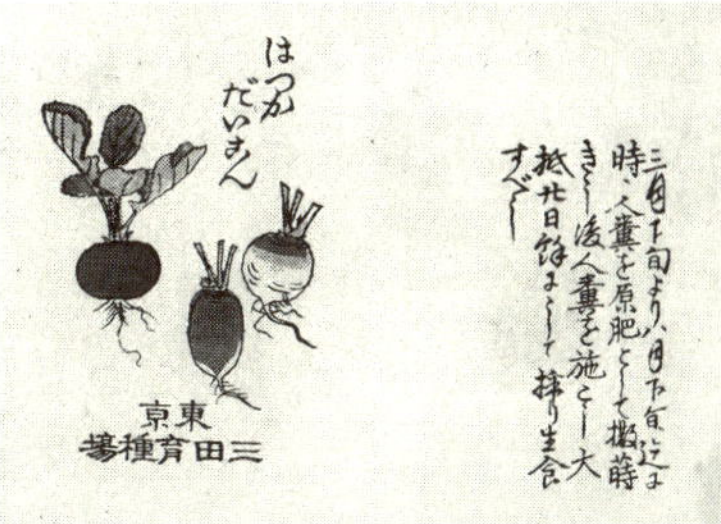

三月下旬より八月下旬迄に時々人糞を原肥として撒蒔し、後、人糞を施し大抵二十日余にして採り生食すべし。

はつかだいこん

■アメリカ産 ハツカダイコン（アブラナ科）

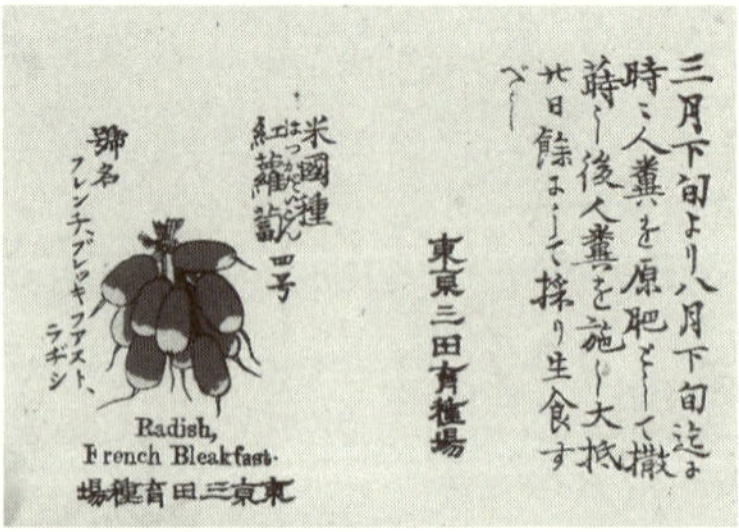

三月下旬より八月下旬迄に時々人糞を原肥として撒蒔し、後、人糞を施し、大抵二十日余にして採り生食すべし。

東京三田育種場

米国種　紅蘿蔔《はつかだいこん》　四号

号名　フレンチ、ブレッキフアスト、ラヂシ

Radish, French Bleackfast

■アメリカ産 ハツカダイコン（アブラナ科）

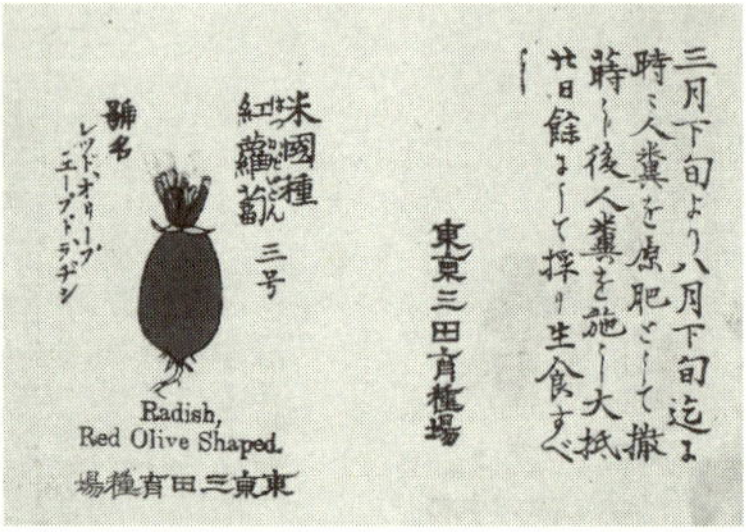

三月下旬より八月下旬迄に時々人糞を原肥として撒蒔し、後、人糞を施し、大抵二十日余にして採り生食すべし。

東京三田育種場

米国種　紅蘿蔔《はつかだいこん》　三号

号名　レッド、オリーブ、シェイプド、ラヂシ

Radish, Red Olive Saped.

■細根ダイコン（アブラナ科）

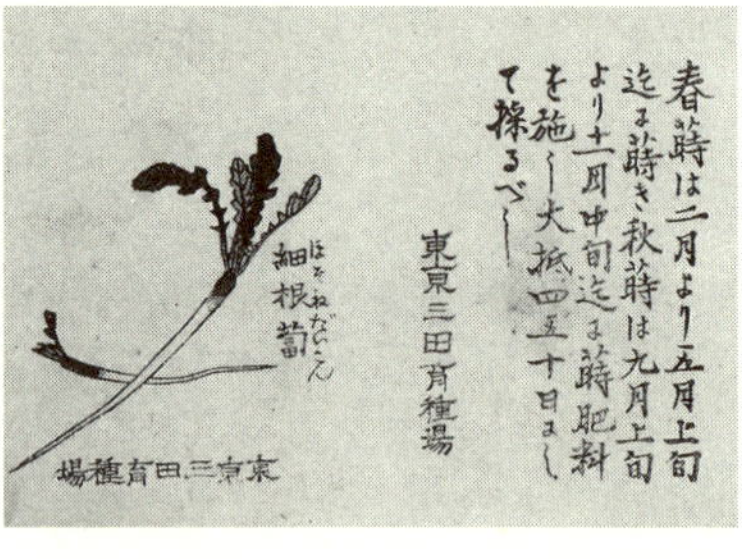

春蒔は二月より五月上旬迄に蒔き、秋蒔は九月上旬より十一月中旬迄に蒔、肥料を施し、大抵四五十日にして採るべし。

東京三田育種場

細根蔔《ほそねだいこん》

解説　細長い大根の代表には、守口漬けにする守口ダイコンがある。江戸時代に波多野ダイコン、秦野《はだの》ダイコン、はだなとも呼ばれたものも同じ系統であると思われていたが、守口ダイコンとは系統は異なるという（『日本の野菜』）。この「細根蔔」は、どの系統かは不明であるが、波多野ダイコンの可能性がある。江戸時代には、この波多野ダイコンが各地で作られていたらしい。春先用のダイコンとして栽培した。現在の守口ダイコンは、秋に種子を播き、播種後六五～九〇日で収穫するが、作られる地域が限られる。それに比べると本種は「大抵、四五十日にして採るべし」とあり栽培期間が短い。なお、東京で「細根大根」と称して、昭和二〇年代まで、葛飾区、足立区など東京近郊で盛んに作られたものがある。だが、それには当たるかどうかは不明。213頁「亀戸大根」参照。

■フランス産 ハツカダイコン（アブラナ科）

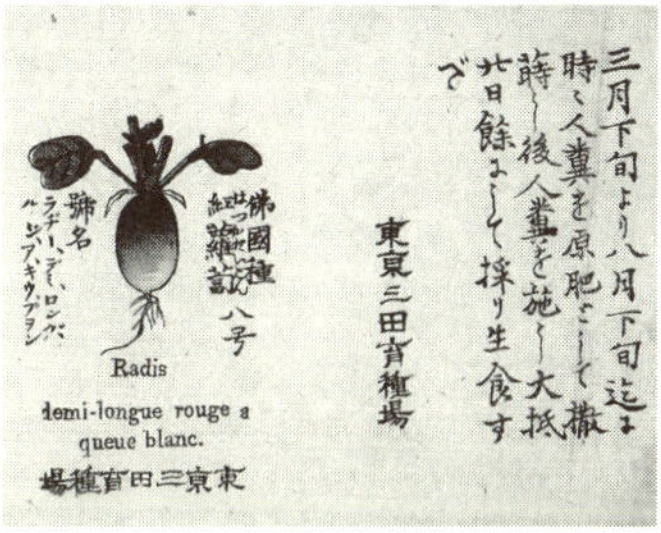

三月下旬より八月下旬迄に時々人糞を原肥として撒蒔し、後、人糞を施し、大抵二十日余にして採り生食すべし。

東京三田育種場

仏国種　紅蘿蔔《はつかだいこん》　八号

号名　ラジー、デミ、ロング、ルージ、ア、キウ、ブラン

Radis demi-longue rouge aqueue blancd.

解説　廿日《はつか》大根のことを日本ではラレシと呼ぶが、フランス語のラジ（Radis=ハツカダイコン）に由来するという説もある。

■夏ダイコン（アブラナ科）

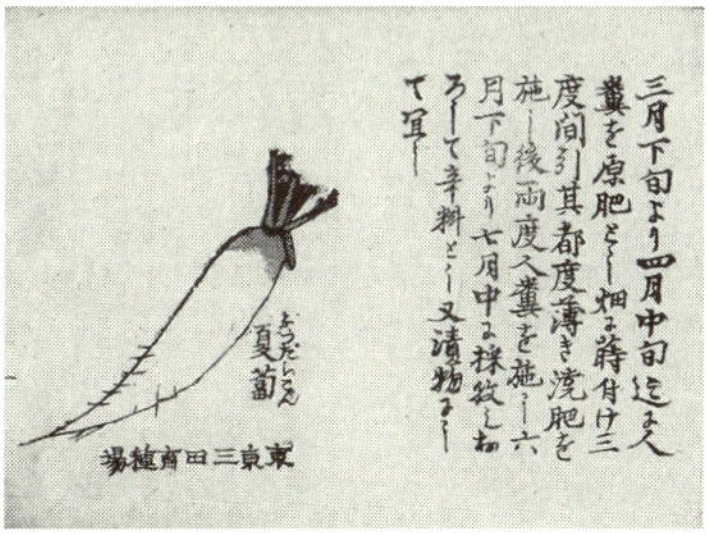

三月下旬より四月中旬迄に人糞を原肥として畑に蒔付け、三度間引き、其都度薄き澆肥を施し、後に両度人糞を施し、六月下旬より七月中に採収し、おろして辛料とし又漬物にして宜し。

東京三田育種場

夏　蔔《なつだいこん》

解説　其都度、その都度。「澆肥」は、濃度の薄い肥料。澆《ぎょう》はそそぐ意味もある。

■桜島大根（アブラナ科）

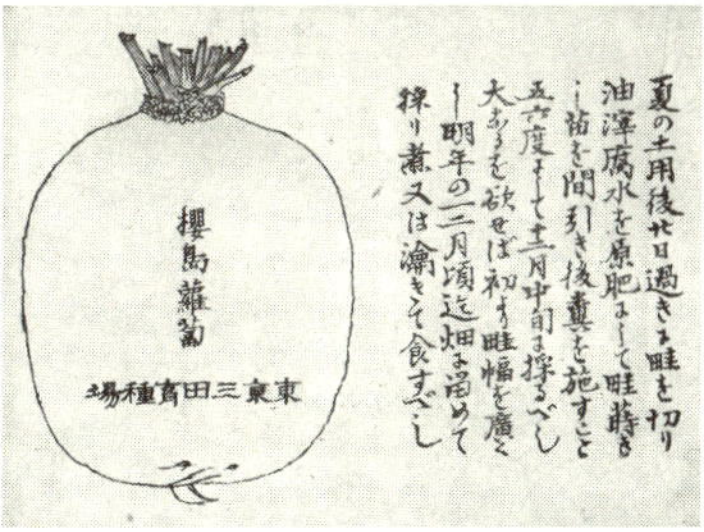

夏の土用後二十日過きに畦を切り、油滓腐水を原肥にして畦蒔きし、苗を間引き、後、糞を施すこと五六度にして、十二月中旬に採るべし。大なるを欲せば初より畦幅を広し明年の一二月頃迄畑に留めて採り、煮又は瀹きて食すべし。

桜島蘿蔔

解説　「桜島蘿蔔」は、鹿児島県の桜島特産のダイコンで、根は球形で、重さ四キロ～三〇キロにもなる。成育期間は五～六か月。「油滓《あぶらかす》」は、ダイズの油の絞り滓。

■尾張方領大根（アブラナ科）

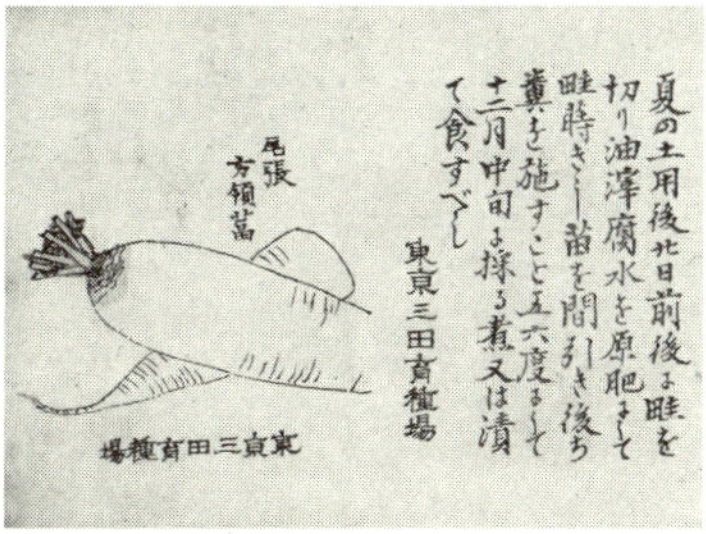

夏の土用後二十日前後に畦を切り油滓腐水を原肥にして畦蒔きし、苗を間引き、後ち、糞を施すこと五六度にして十二月中旬に採る。煮又は漬て食すべし。

東京三田育種場

尾張方領蔔

解説　「尾張方領蔔」は、方領大根のことで、愛知県甚目寺町方領地区で作られた煮物用の品種。ふろふき大根とする。宮重大根とともに愛知県の代表的な品種。

■練馬大長大根（アブラナ科）

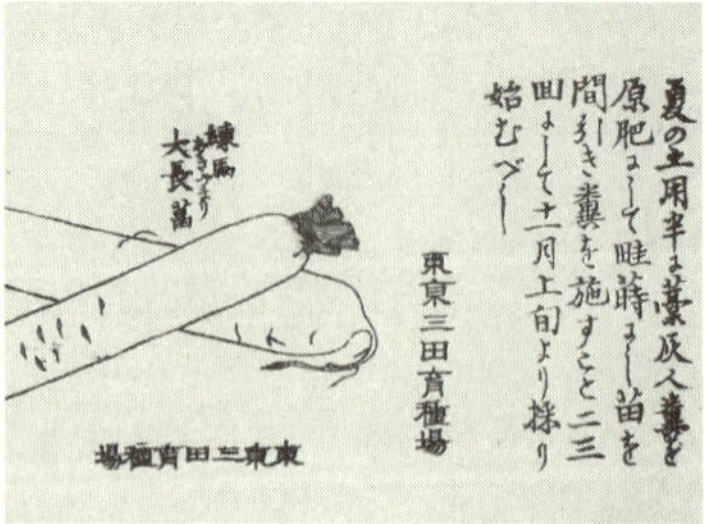

夏の土用半に藁灰〈わらばい〉人糞を原肥にして畦蒔きし、苗を間引き糞を施すこと二三回にして十一月上旬に採り始むべし。

東京三田育種場

練馬大長《あきづまり》蔔

解説　東京都練馬区を中心に作られたいわゆる練馬大根にも様々なタイプがある。沢庵漬け専用の練馬大長（尻細）、煮物用のつまり、早く収穫できるみの早生などあり、「練馬大長蔔」は、円筒形のタイプでそれらの一種。

■尾張宮重大根（アブラナ科）

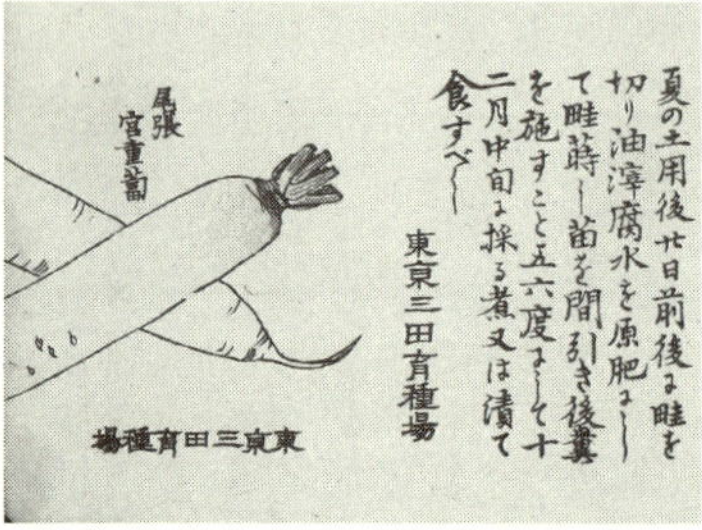

夏の土用後二十日前後に畦を切り油滓腐水を原肥にして畦蒔きし、苗を間引き、後、糞を施すこと五六度にして十二月中旬に採る。煮又は漬て食すべし。

東京三田育種場

尾張宮重蔔

解説　「尾張宮重蔔」は、愛知県春日町宮重地区が原産地で江戸時代からの品種。青首で用途が広い。この品種から、いわゆる青首ダイコンが作られた。

■二年子大根（アブラナ科）

九月中旬より下旬に人糞を原肥にして畑に蒔付、三度に間引、一二月迄に三四度人糞を施し、翌春三月より五月迄に漬物とし又は煮或はおろしとして食すべし。

東京三田育種場

二年子

解説　秋に種子を播き、年を越して翌年の春に収穫するので、二年子という。実際には丸二年かかるわけではない。越年生、二年草というのと同じ。

■聖護院大根（アブラナ科）

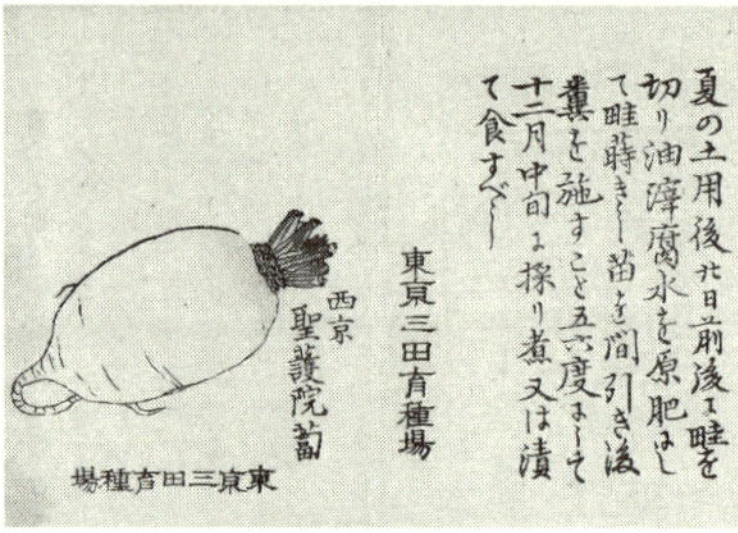

夏の土用後二十日前後に畦を切り油滓腐水を原肥にして畦蒔きし、苗を間引き、後、糞を施すこと五六度にして十二月中旬に採る。煮又は漬て食すべし。

東京三田育種場

西京聖護院蔔

解説　京都市左京区聖護院の地域で江戸時代（文政年間）頃から栽培された秋大根で、根部は球状。苦みが少なく煮崩れしにくいので、冬の煮物、おでん用とされる。

■ねずみ大根（アブラナ科）

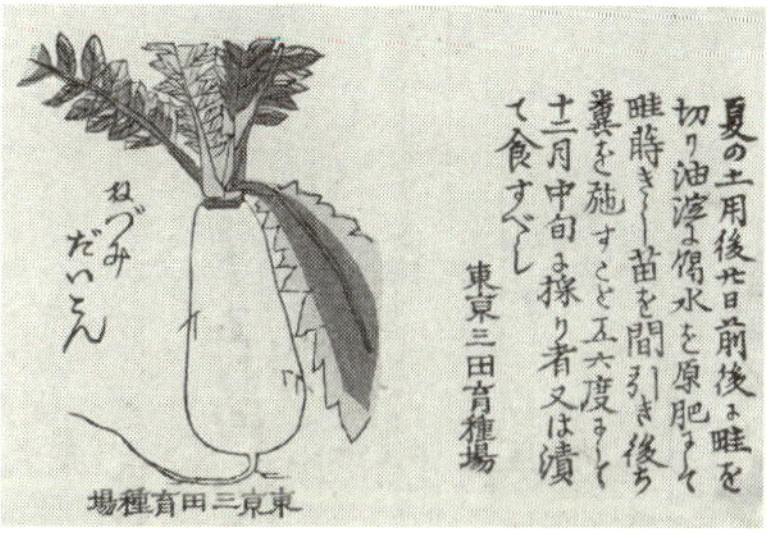

夏の土用後二十日前後に畦を切り油滓に腐水を原肥にして畦蒔きし、苗を間引き、後ち、糞を施すこと五六度にして十二月中旬に採る煮又は漬て食すべし。

東京三田育種場

ねずみだいこん

解説　根部が短く尻が太くて小さな根が出る形がネズミに似ていることからその名がある。江戸時代から滋賀県伊吹山麓の坂田郡（彦根市、長浜市、坂田郡の旧名）の産として有名近江・上に図がある）。（『日本産物志』また、長野県坂城町ねずみ地区、中之条地区にも「ねずみ大根」、「中之条大根」と称する似た形のダイコンがある。長野県ではそのしぼり汁を信州蕎麦のつゆとする。

■亀戸大根（アブラナ科）

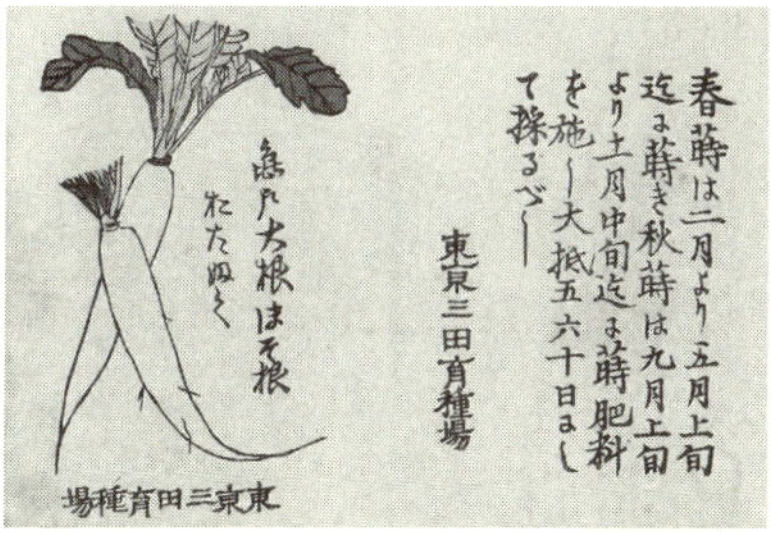

春蒔は二月より五月上旬迄に蒔き、秋蒔は九月上旬より十一月中旬迄に蒔き、肥料を施し大抵五六十日にして採るべし。

東京三田育種場

亀戸大根　ほそ根　おたふく

解説　「おたふく」とは、お多福、おかめのこと。葉の形が丸いことからその名があるという。根部は二五〜三〇センチと短く、多くは葉と根を一緒に浅漬けとする。

なお、「細根大根」と称し、一夜漬けなどにして、うな重や天丼などのお新香として使われたものがある。昭和二〇年代まで、葛飾区、足立区など東京近郊で盛んに作られ、「お茶屋もの」ともいわれ、料亭などに需要があった。「亀戸大根　ほそ根」とあるが、それを指したものかは不明。

■カブ（アブラナ科）

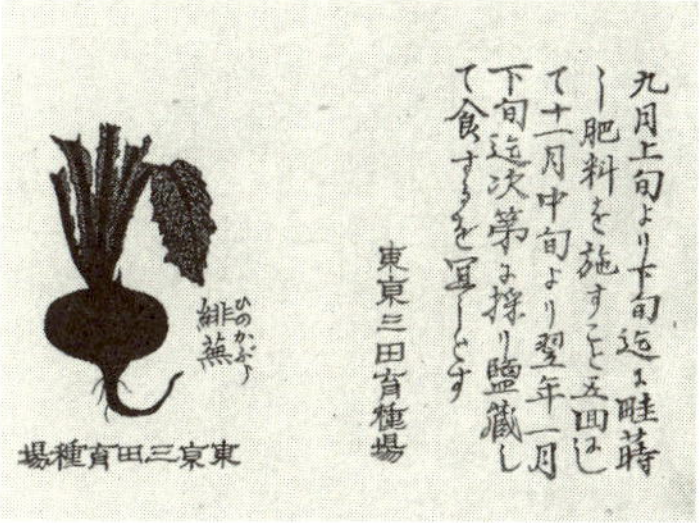

九月上旬より下旬迄に畦蒔して、肥料を施すこと五回にして、十一月中旬より翌年一月下旬迄次第に採り、塩蔵して食するを宜しとす。

東京三田育種場

緋蕪《ひのかぶら》

解説　赤カブの一種であろう。赤い色のカブで有名なのに滋賀県の「万木《ゆるぎ》カブ」、「蛭口カブ」がある。長崎県の長崎赤カブもある。

■カブ（アブラナ科）

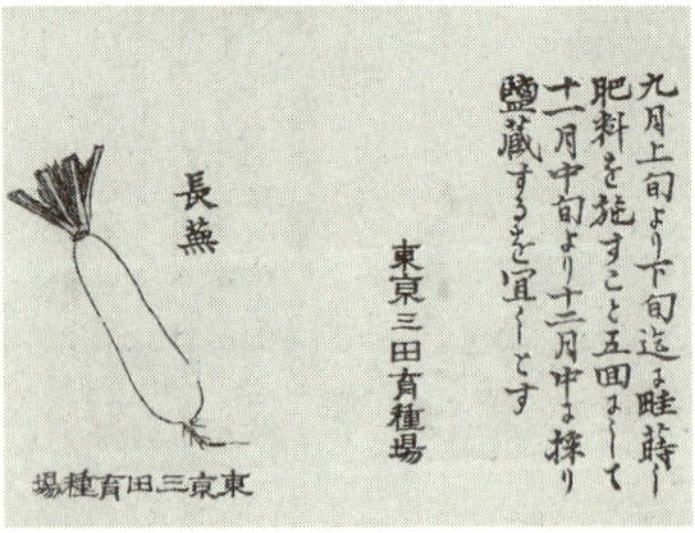

九月上旬より下旬迄に畦蒔して、肥料を施すこと五回にして、十一月中旬より十二月中に採り、塩蔵するを宜しとす。

東京三田育種場

長蕪

解説 根部の長い種類。岩手県には長カブが多い（『日本の野菜』）。

■日野菜（アブラナ科）

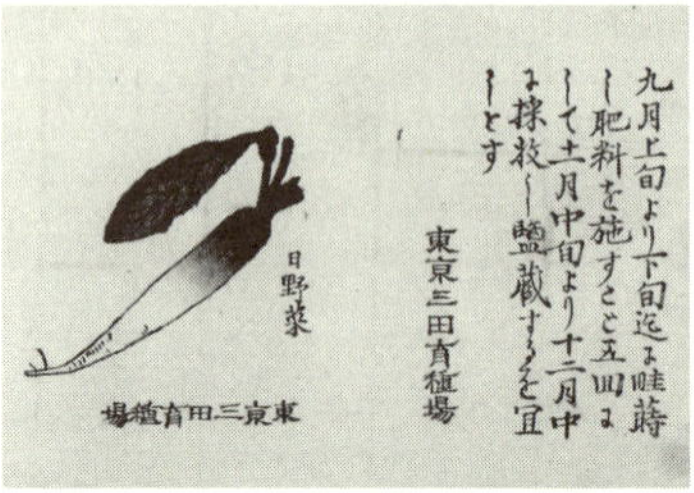

九月上旬より下旬迄に畦蒔して肥料を施すこと五回にして、十一月中旬より十二月中に採収し、塩蔵するを宜しとす。

東京三田育種場

日野菜

解説 滋賀県日野町に江戸時代より作られていたもの。「緋の菜」、「あかな」、「えびな」とも呼ばれた。このカブには辛味があり、切って塩漬けするのを「桜漬け」、まるごとぬか漬けにするのを「えび漬け」という。

■カブ（アブラナ科）

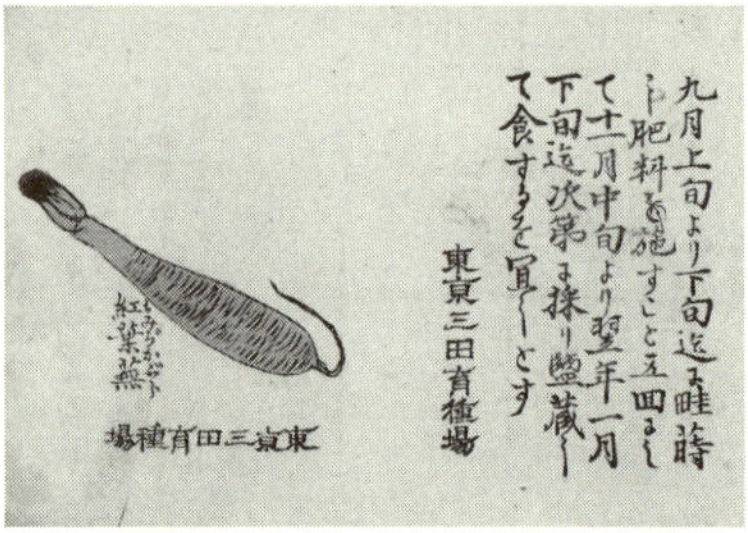

九月上旬より下旬迄に畦蒔して肥料を施すこと五回にして、十一月中旬より翌年一月下旬迄〈まで〉、次第に採り、塩蔵して食するを宜しとす。

東京三田育種場

紅葉蕪《もみじかぶら》

■カブ（アブラナ科）

九月上旬より下旬迄に畦蒔して、肥料を施すこと五回にして、十一月中旬より翌年一月下旬迄次第に採り、煮又塩蔵して食するを宜しとす。

東京三田育種場

解説 首が青い（緑色の）品種である。

■カブ（アブラナ科）

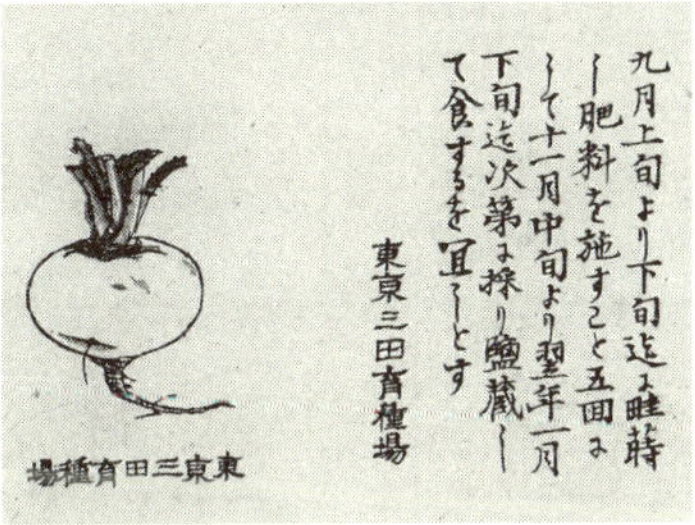

九月上旬より下旬迄に畦蒔して、肥料を施すこと五回にして、十一月中旬より翌年一月下旬迄次第に採り、塩蔵して食するを宜しとす。

東京三田育種場

■カブ（アブラナ科）

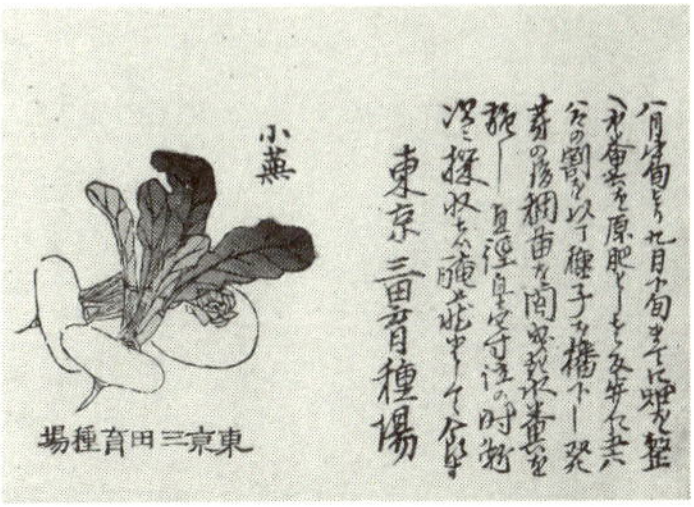

八月中旬より九月下旬迄に、畑を整へ水糞を原肥として、壱反毎に五六合の割を以て種子を播下し、発芽の後、稚苗を間曳〈まひ〉き、水糞を施し直径壱寸位の時、漸次採収し、塩蔵にして食す。

東京三田育種場

小蕪

解説　「水糞」は水肥、液肥。「壱反」は約三〇〇坪、約一〇〇〇平米。なお、小カブについては、この図のものか定かではないが、東京都葛飾区で作られていた金町小カブは、明治一〇年頃三田育種場のフランス産のカブの種子を譲り受け、栽培するうちに在来種と交雑してできたという（『江戸・東京ゆかりの野菜と花』）。青物に乏しい春先に収穫する。

■広東菜（アブラナ科）

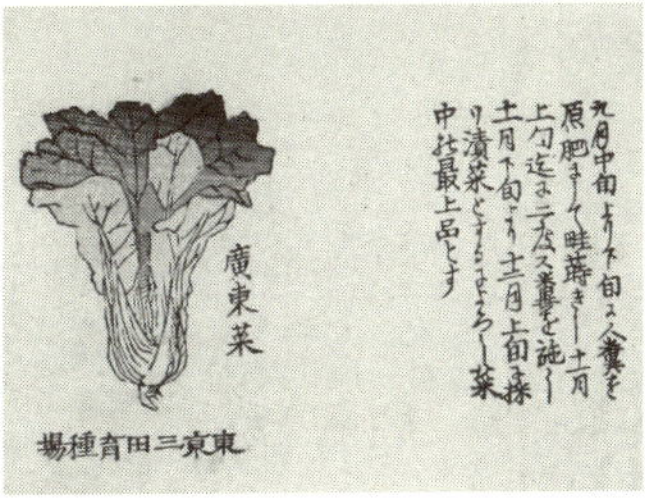

九月中旬より下旬に人糞を原肥として畦蒔し、十一月上旬迄に二度水糞を施し、十一月下旬より十二月上旬に採り、漬菜とするによろし。菜中の最上品とす。

広東菜

解説　清国から導入した菜。

■フランス産フダンソウ（アカザ科）

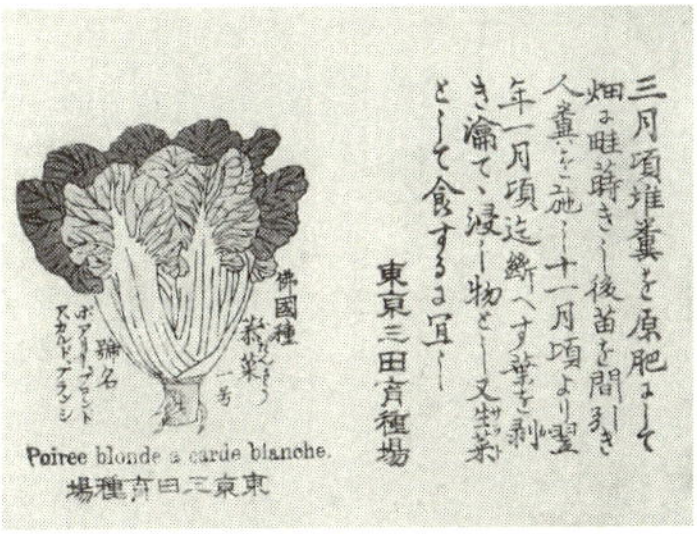

三月頃堆糞を原肥にして畑に畦蒔きし、後、苗を間引き人糞を施し、

十一月頃より翌年一月頃迄、断〈た〉へず葉を剥《か》き淪て浸し物とし、又、生菜《サラド》として食するに宜し。

東京三田育種場

仏国種　菾菜《ふだんさう》　一号

号名　ポアリー、ブロンド、アカルド、アランシ

Poiree blonde a carde blanche.

解説　「ふだんさう（フダンソウ）」は、不断草の意味で、砂糖ダイコン、テーブルビート（216頁参照）

などと同じ種の変種でアカザ科の植物。日本では江戸時代には栽培されていた。唐萵《とうぢさ》ともいう。夏に出回る数少ない菜。

■三河島菘（アブラナ科）

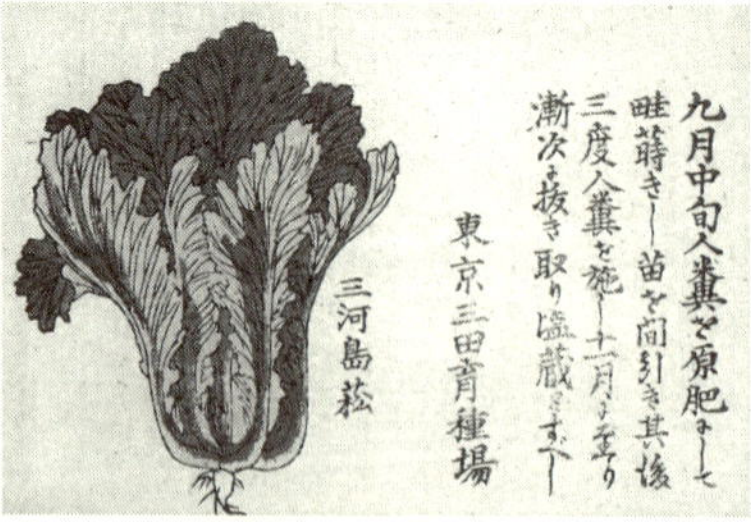

九月中旬人糞を原肥にして畦蒔し、間引き、其後、三度人糞を施し、十一月に至り漸次抜き取り、塩蔵とすべし。

東京三田育種場

三河島菘

解説　本文第二部参照。

■カラシナ（アブラナ科）

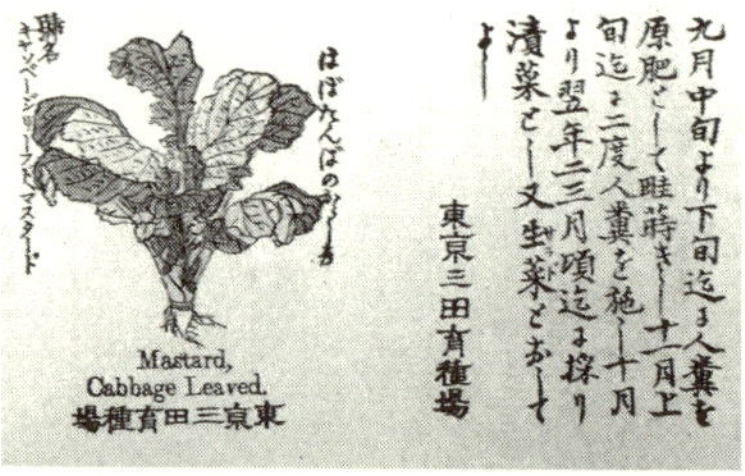

九月中旬より下旬迄に人糞を原肥にして畦蒔し、十一月上旬迄に二度人糞を施し十月より翌年二三月頃迄に採り、漬菜としまた生菜《サラダ》となしてよし。

東京三田育種場

はぼたんばのからしな

号名　キャッベージリーフトマスタード

Mastard.Cabbage Leaved

解説　「はぼたんばのからしな」とは、葉がハボタン（キャベツ）の葉に似たカラシナという意味。カラシナは、種子を芥子《からし》とするが、その仲間のタカナは漬菜とされる。在来品種では、カツオ菜、三池タカナ、山潮菜など。中国のザアサイもカラシナの仲間である。

■カリフラワー（アブラナ科）

九月上旬より中旬に床蒔きし、苗を別の床に移し、後、畑に植出し堆糞を原肥とし、後人糞を施して翌年一月より三月迄に花球を採るべし。

東京三田育種場

花椰菜〈はなやさい〉　七号

号名　ビチス、アウトムン、ジヤイアントカウリーフラウアー

Califlower, Vitch's Autumn Giant.

解説　「花椰菜〈はなやさい〉」は、明治初年に導入された。『舶来穀菜要覧』には「花椰菜《はなはぼたん》」とある（『日本の野菜』）。カリフラワーは、中心部にかたまって現れるつぼみを食用にするキャベツの変種である。同様な変種にブロッコリーがある。

カリフラワーの品種改良はデンマークで進み、ヨーロッパでは重要な野菜となる。日本では、明治、大正期にはあまり普及せず、昭和三〇年代になって需要が高まった。とくに最近では栽培が急増している。

■タイサイ（アブラナ科）

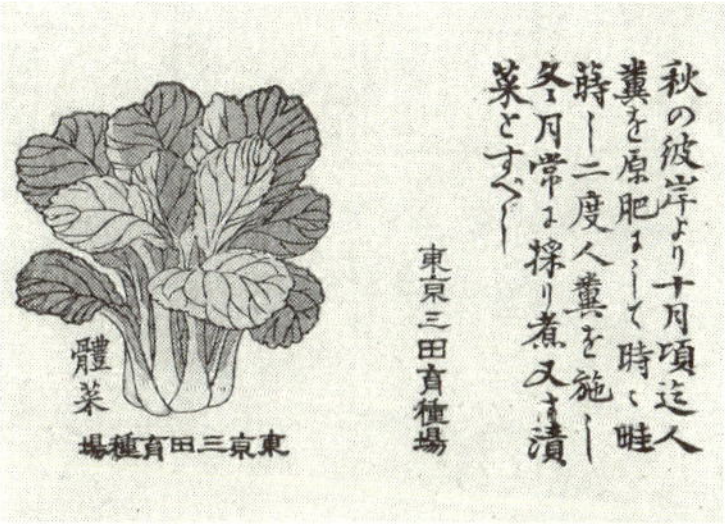

秋の彼岸より十月頃迄に人糞を原肥にして時々畦蒔し、二度人糞を施し冬月常に採り、煮又は漬菜とすべし。

東京三田育種場

体菜

解説　体菜は、山東菜とともに明治初年（明治八年か）に清国から導入された菜である。現在は杓子菜《しゃくしな》、ホテイ菜の名で普及している。

■カリフラワー（アブラナ科）

九月上旬より中旬に床蒔きし、苗を別の床に移し、後、畑に植出し堆糞を原肥とし、後人糞を施こし、翌年一月より三月迄に花球を採るべし。

東京三田育種場

花椰菜　五号

号名　レノルマンヅ、ショウトステム、カウリーフラウアー

Califlower.Lenormand's Short Stem

■カリフラワー（アブラナ科）

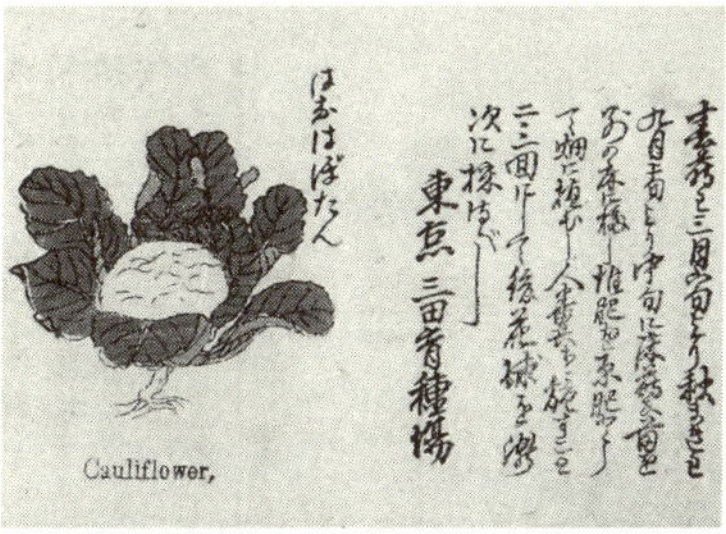

春蒔わ〈は〉、三月下旬より、秋蒔は九月上旬より中旬に床蒔し、苗を別の床に移し堆肥を原肥にして畑に植出し、人糞を施すこと二三回にして、後花球を漸次に採るべし。

東京三田育種場

はなはぼたん

Califlower.

■アメリカ産ブロッコリー（アブラナ科）

三月下旬より四月上旬に床蒔きし、苗を別の床に移し、後、畑に植出し堆糞を原肥にして、後人糞を施し、翌年二月より四月頃迄に花球を採るべし。

東京三田育種場

米国種　きだちはなはぼたん

一号

号名　アーレー、ホワヰトケーズ、ブロツコリ

Broccoli. White Cape.

解説　カリフラワーの仲間のブロッコリーは、多くは緑色のつぼみが枝に付く。ブロッコリーとはイタリア語で枝の意味。ブロッコリーはイタリアで発達したが、長く他の国には伝わらず、一八～一九世紀になってイギリスやアメリカに紹介されイタリアン・ブロッコリー、イタリアン・アスパラガスなどと呼ばれた。日本には、明治初年に導入されたが、交雑などしやすく種子の採取が難しく、普及しなかった。現在栽培されているものは、昭和二五年頃に進駐軍の需要があり栽培され、昭和四〇年代から生産が急増したものである。

■ハクサイ（アブラナ科）

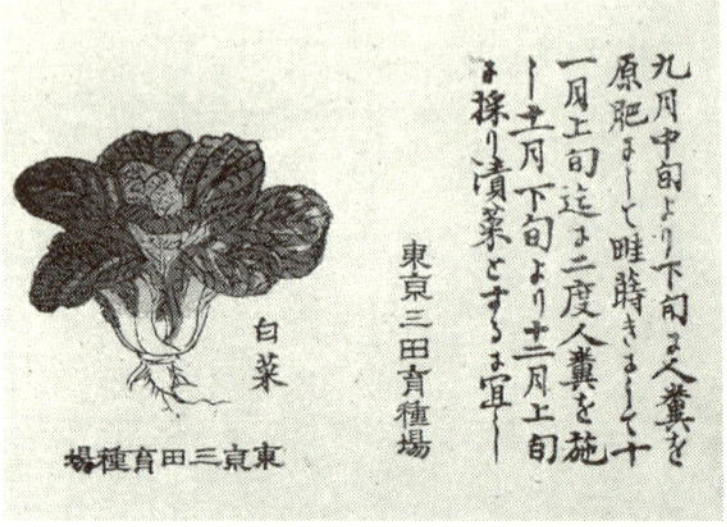

九月中旬より下旬に人糞を原肥にして畦蒔きして、十一月上旬迄に二度人糞を施し、十一月下旬より十二月上旬に採り、漬菜とするに宜し。

東京三田育種場

三田育種場白菜

解説　ハクサイは、明治八年に清国から導入されたが、その後もいくつかのタイプのものが導入された。119頁参照。

■京菜（アブラナ科）

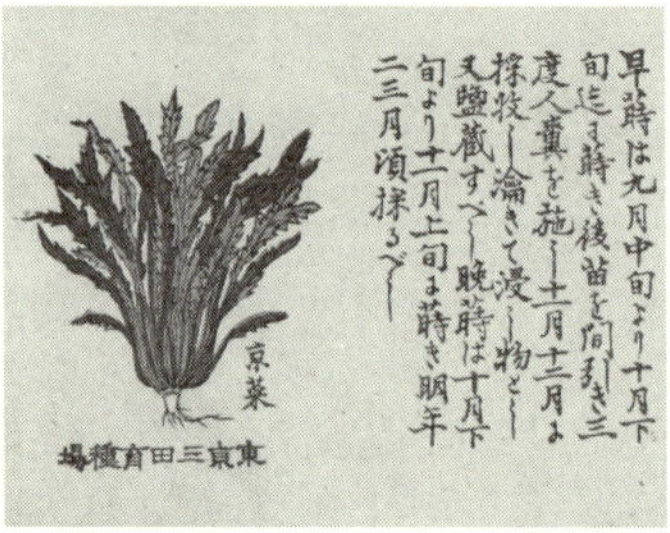

早播は九月中旬より十月下旬迄に蒔き、後、苗を間引き三度人糞を施し、淪きて浸し物としまた塩蔵すべし。遅蒔は十一月上旬に蒔き、明年二三月頃に採るべし。

京菜

解説　京菜は、水菜ともいい、わが国独特の漬菜である。一つの株は、六〇〇～一〇〇〇葉を生ずる。千筋京菜の名もある。壬生菜《みぶな》（後出）は、この京菜の変種である。

■山東菜（アブラナ科）

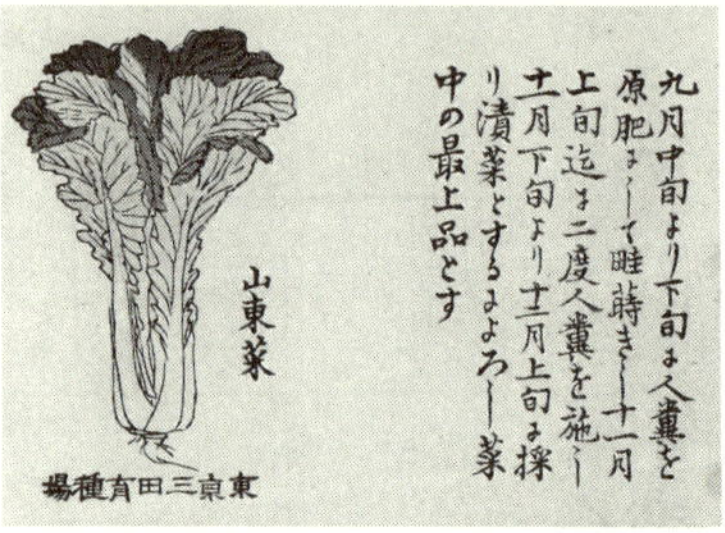

九月中旬より下旬に人糞を原肥にして畦蒔きして、十一月上旬迄に二度人糞を施し、十一月下旬より十二月上旬に採り、漬菜とするによろし。菜の中の最上品とす。

山東菜

解説　明治八年に清国から導入。「菜の中の最上品とす」とあり、大変評価が高い。三河島菜は、山東菜から改良されたのではないかとの説は、山東菜の導入の年が明らかであり、否定される。

■壬生菜（アブラナ科）

九月中旬より十月下旬に畦蒔きし、後、苗を間引き三度人糞を施し、十一月十二月に採収し、渝きて浸し物とし或は塩蔵してよろし。

東京三田育種場

壬生菜

解説　壬生菜《みぶな》は、前出京菜の変種であるが、葉のふちに切れ込みがない。

■小松菜（アブラナ科）

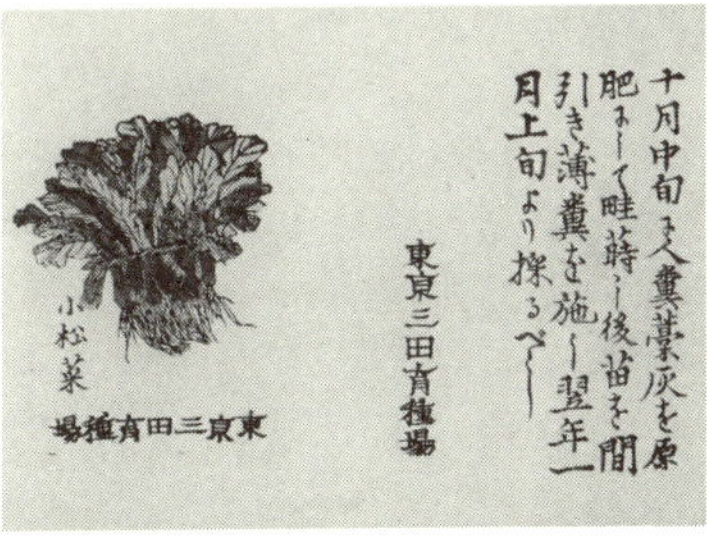

十月中旬に人糞藁灰を原肥にして畦蒔きし、後、苗を間引き薄糞を施し、翌年一月上旬より採るべし。

東京三田育種場

小松菜

解説　『武江産物志』にも、「冬菜　小松川」とあり、江戸時代から江戸川区の小松川地区辺で作られていた菜の子孫。冬に出荷するものを「冬菜」、春に出すものを「うぐいす菜」といった。現在では関東で多く栽培されている。

■砂川ゴボウ（キク科）

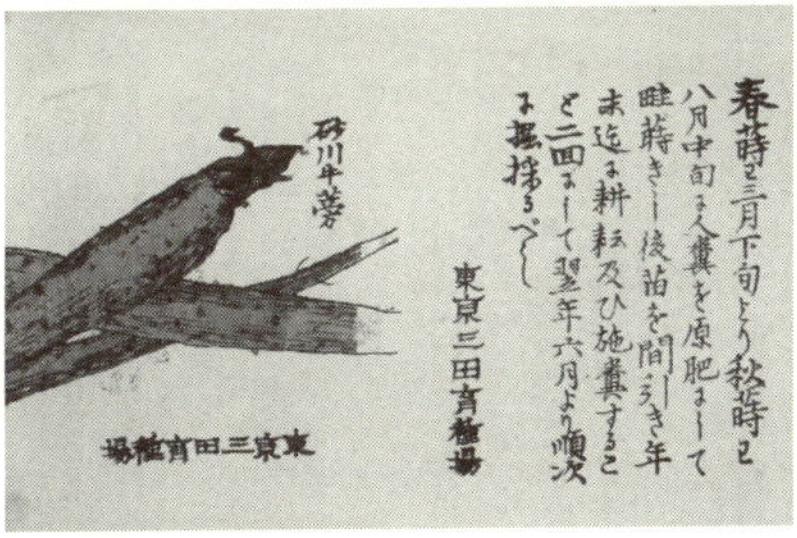

春蒔は三月下旬より、秋蒔は八月中旬に人糞を原肥にして畦蒔きし、後、苗を間引き、年末までに耕耘及び施肥すること二回にして、翌年六月より順次掘り採るべし。

東京三田育種場

砂川牛蒡

解説　ゴボウの根を食用に改良したのは日本だけで、中国ではゴボウの果実を牛蒡子、悪実といい消炎、解毒、解熱剤とした。「砂川牛蒡」は、北多摩郡立川の砂川地区（立川市砂川町）で江戸時代から作られていたゴボウ。参勤交替で江戸へ来た大名が各地へその種子を持ち帰ったことから名高くなった。北区の滝野川ゴボウとともに江戸・東京のゴボウの代表的なもの。野菜としてのゴボウは、シーボルトによって、文政四（一八二一）年にオランダへ伝えられたのが、欧米へ紹介された初めという。欧米人はゴボウを知らず、太平洋戦争中に長野県の満島捕虜収容所で、捕虜にキンピラゴボウを食べさせたことが、捕虜虐待とされ、一九四五年に終身刑とされた横浜裁判の判決例がある（後に釈放）。

■バラモンジン（キク科）

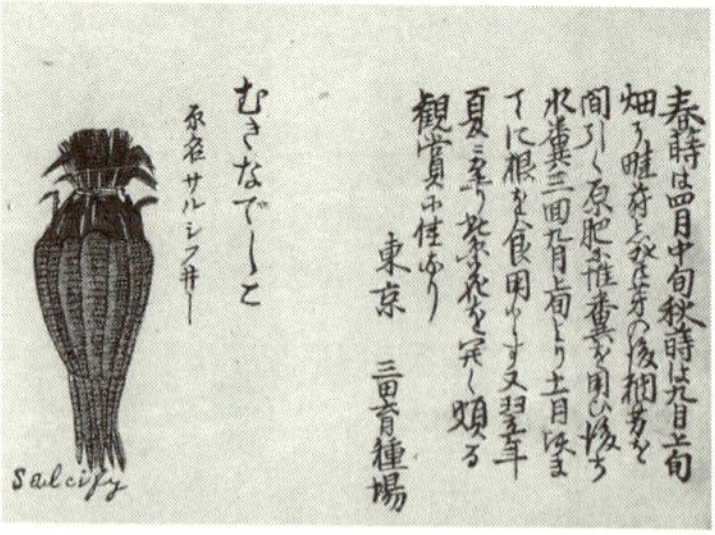

春蒔は四月中旬、秋蒔は九月上旬畑に畦蒔し、発芽の後、稚苗を間引く。原肥に堆糞を用ひ、後ち水糞三回、九月上旬より十一月までに根を食用にす。又翌年夏に至り紫花を開く頗る観賞に佳なり。

東京三田育種場

むきなでしこ

原名　サルシフヰー　Salcify

解説　むきなでしこ（ムギナデシコ）は、ヨーロッパや北アジアでは野生し、また栽培され、ゴボウに似た白色の多肉の根を野菜として食用にされる。ベジタブルオイスター、オイスタープランツともいう。セイヨウゴボウとも。紫の花は「頗《すこぶ》る観賞に佳なり」とあるように切り花とする。バラモンジン（婆羅門参）とは正しくは別の植物の漢名。ムギナデシコの名は、嘉永年間からの呼び名でバラモンジンよりも古い。しかし、ナデシコ科とは無関係のキク科の本種に、ムギナデシコの名はふさわしくないとする学者の意見もある。

■オクラ（アオイ科）

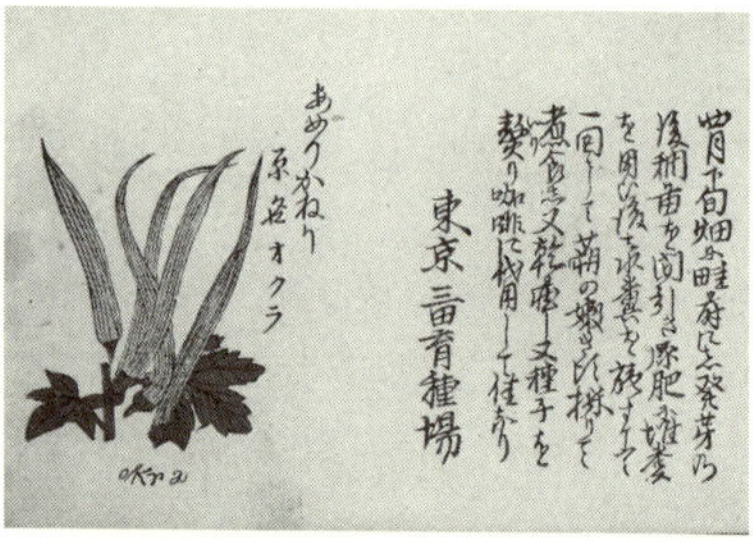

四月下旬畑に畦蒔にし、発芽の後稚苗を間引き、原肥に堆糞を用ひ、後、水糞施すこと一回にして、蒴の嫩〈わか〉き頃採りて煮食し又乾燥しまた種子を焚り、珈琲の代用にして佳なり。

東京三田育種場

あめりかねり

原名　オクラ　Okra

解説　「蒴《さく》」とは、蒴果、乾燥果のこと。オクラは、戦前には観賞用か完熟した種子を炒ってコーヒーの代用とするなどの利用にとどまっていた。最近、高い栄養価に注目され、生産も多くなっている。

オクラを「あめりかねり」ともいった。世界の熱帯地方で広く栽培されている。アメリカには一八世紀に伝わり、一九世紀に栽培が広がる。わが国には明治六年に渡来したという。アメリカから来たので「あめりかねり」の名がある。「ねり」とは、紙すきの際に使うトロロアオイ（アオイ科）のことで、本種によく似た花を開くが、葉は掌状に五～九片に深く裂け裂片は細長く荒いきょ歯がある。それに対してオクラの葉は、心臓形で三～五浅裂にとどまる。

■コールラビ（アブラナ科）

春蒔は三月上旬より四月下旬迄〈まで〉、秋蒔は九月上旬より下旬迄、床に撒蒔〈ばらまき〉し、二三葉の時別の床に移し、五六葉の時畑に植出し、原肥に堆糞を用ひ後水糞を施す事数度、地上の球根を採り煮食す。

東京三田育種場

かぶらはぼたん

Kohl-Rabi.

解説 一六世紀頃からヨーロッパで栽培され出し、中国に伝わり、中華料理によく使われる。日本へは明治初年に導入されたが、大衆野菜としてはあまり普及していない。近年家庭菜園などで栽培される。「かぶらはぼたん」のほか、蕪菁甘藍《かぶらかんらん》、球茎甘藍とも呼ぶ。ケールの仲間で茎の肥大するもの。コールとはキャベツ、ラビはカブの意味である。球の皮を剥きサラダ、和え物、漬け物にする。

■コールラビ（アブラナ科）

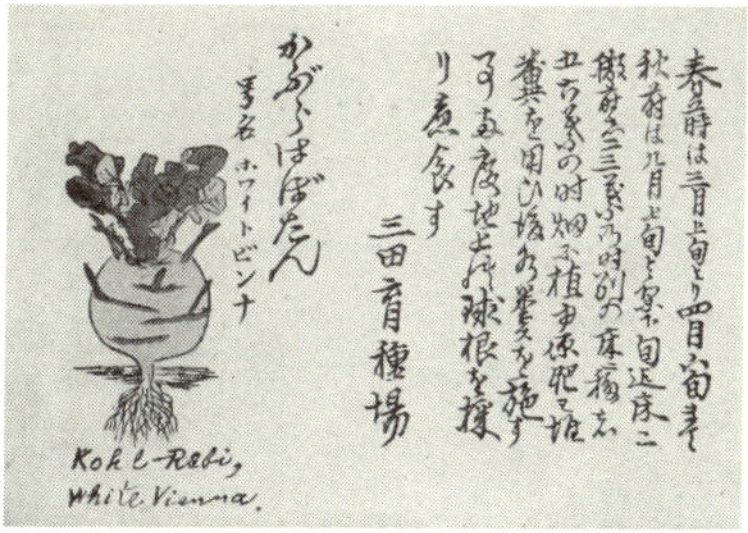

春蒔は三月上旬より四月下旬迄、秋蒔は九月上旬より下旬迄、床に撒蒔し二三葉の時別の床に移し、五六葉の時畑に植出し、原肥に堆糞を用ひ後水糞を施す事数度、地上の球根を採り煮食す。

東京三田育種場

かぶらはぼたん

号名　ホワイトビンナ

Kohl-Rabi, White Bianna.

■清国産ナス（ナス科）

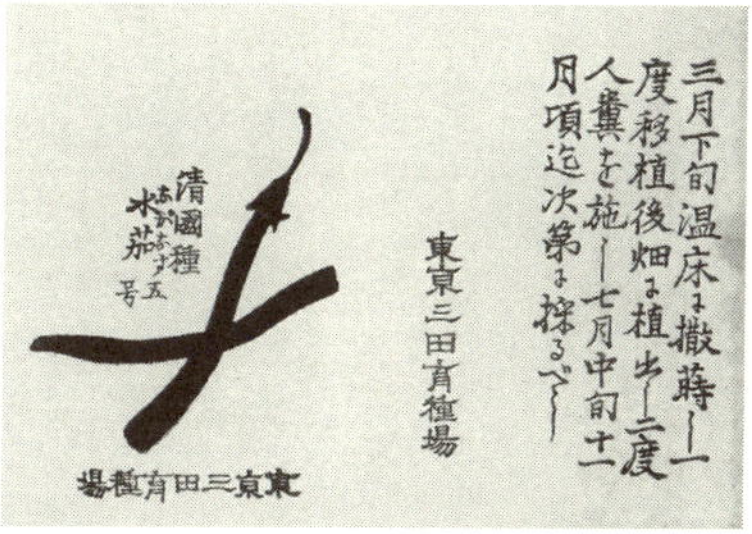

三月下旬温床に撒蒔し、一度移植後畑に植出し、二度人糞を施し七月中旬十一月頃迄次第に採るべし。

東京三田育種場

清国種　水茄《ながなす》　五号

■アメリカ産ナス（ナス科）

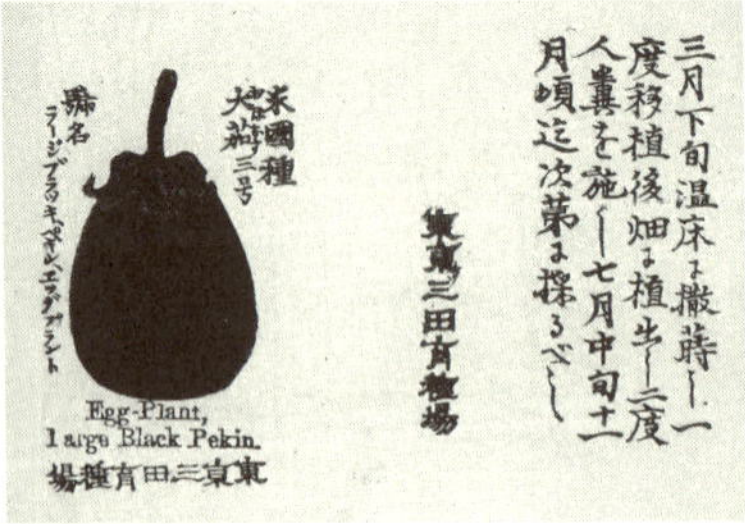

三月下旬温床に撒蒔し、一度移植後畑に植出し、二度人糞を施し七月中旬十一月頃迄、次第に採るべし。

東京三田育種場

米国種　大茄《おほなす》　三号

号名　ラージブラッキ、ペキン、エッグプラント

Egg-Plant, Large Black Pekin.

■清国産ナス（ナス科）

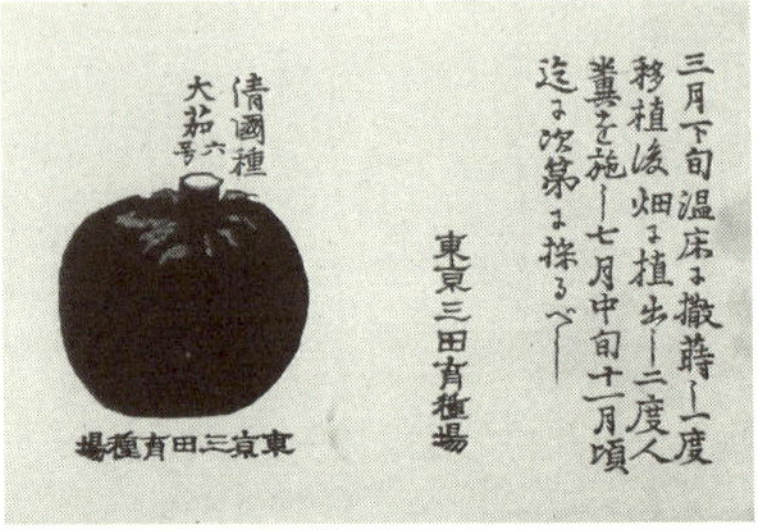

三月下旬温床に撒蒔し、一度移植後畑に植出し、二度人糞を施し七月中旬十一月頃迄、次第に採るべし。

東京三田育種場

清国種　大茄　六号

■ナス（ナス科）

三月下旬温床に撒蒔し、一度移植後畑に植出し、二度人糞を施し七月中旬十一月頃迄、次第に採るべし。

東京三田育種場

佐土原種　水茄《ながなす》

解説　宮崎県佐土原町の名に由来の長茄子で、江戸時代から栽培され有名。現在でも「佐土原」という長茄子の品種もあるが、古い品種から改良された別ものらしい。

■ナス（ナス科）

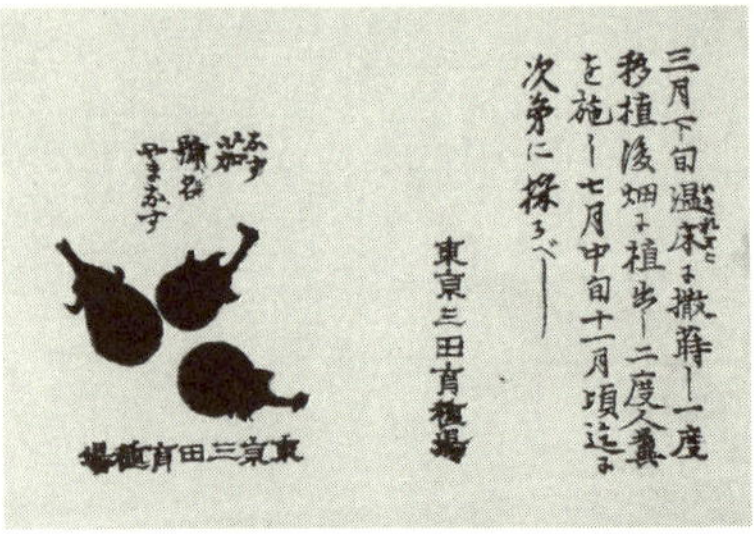

三月下旬温床《いきれとこ》に撒蒔し、一度移植し、後、畑に植出し、二度人糞を施し七月中旬十一月頃迄、次第に採るべし。

東京三田育種場

茄《なす》

号名　やまなす

解説　「温床」の「いきれ」とは、熱、温、むれることで、「草いきれ」などと使う。寒い時期に苗床をあたためる熱源には、都市

のごみ、雑木林の落ち葉、家畜のねわらなどが使われた。なお、昔から初物は珍重され、ナスやキュウリの早出し、促成栽培は静岡県の三保、江戸の砂村、大阪の今宮、京都の聖護院などで行われた。

■キュウリ（ウリ科）　節生

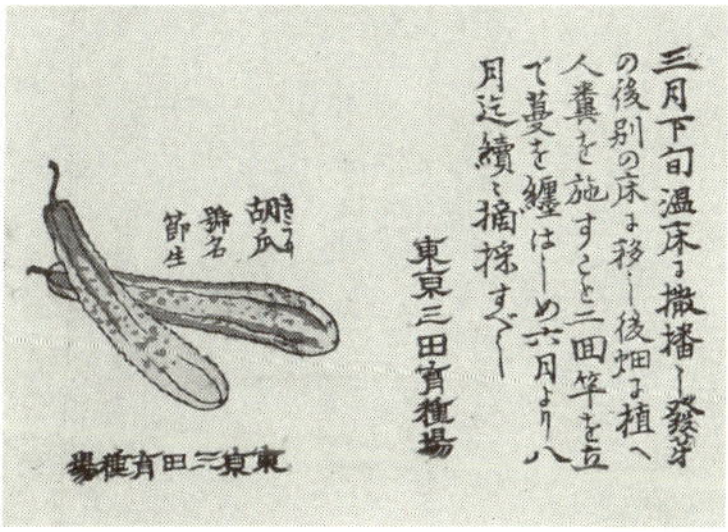

九月下旬温床に撒播し、発芽の後別の床に移し、後、畑に植へ人糞を施すこと二回、竿を立て蔓を纏はしめ、六月より八月迄續々摘採すべし。

東京三田育種場

胡瓜《きうり》

号名　節生

解説　「節生」は、節成とも書き、ふしなりと読み、親づるに実が成るものをいう。江戸の古い品種に砂村青節成、砂村葉込がある。これに対して、節から出た側枝（子づる）に実が成るものを、「枝成《さすなり》」という。豊島郡尾久町（荒川区尾久）で明治の中頃にできた豊島枝成もその例。

■キュウリ（ウリ科）　八人枕

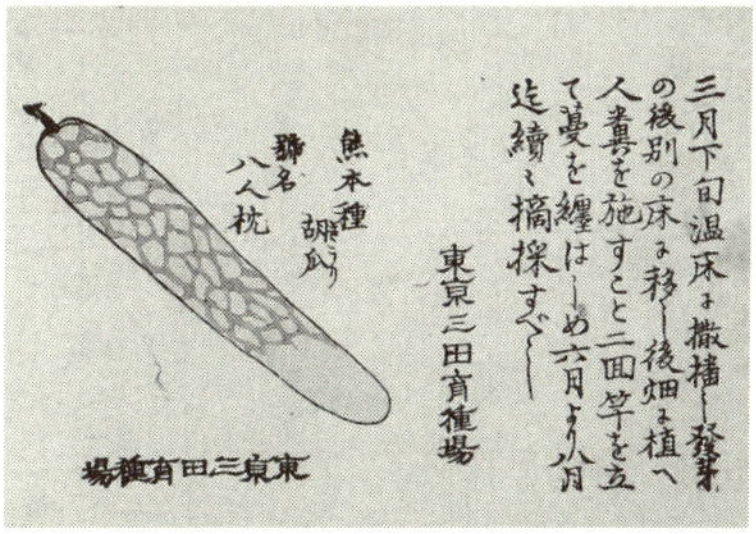

九月下旬温床に撒播し、発芽の後別の床に移し、後、畑に植へ人糞を施すこと二回、竿を立て蔓を纏はしめ、六月より八月迄、續々摘採すべし。

東京三田育種場

熊本種　胡瓜《きうり》

号名　八人枕

解説　キュウリは、『農業全書』には「是下品の瓜にていなかに多く作る物なり。都はまれなり」としているが、『草木六部耕種法』（佐藤信淵著・一八三三年）には「胡瓜は諸瓜の最初に出来るものにして世上甚だ珍重す」としている。時代と地域の差と思われる。従来は漬け物とされたが、戦後にサラダとして使われるようになり、周年栽培されるようになった。サラダとしては、果実の下半分が白くなる半白系のものは色が見栄えせず苦味を生じるので現在ではほとんど栽培されていない。

■キュウリ（ウリ科）　やまきうり

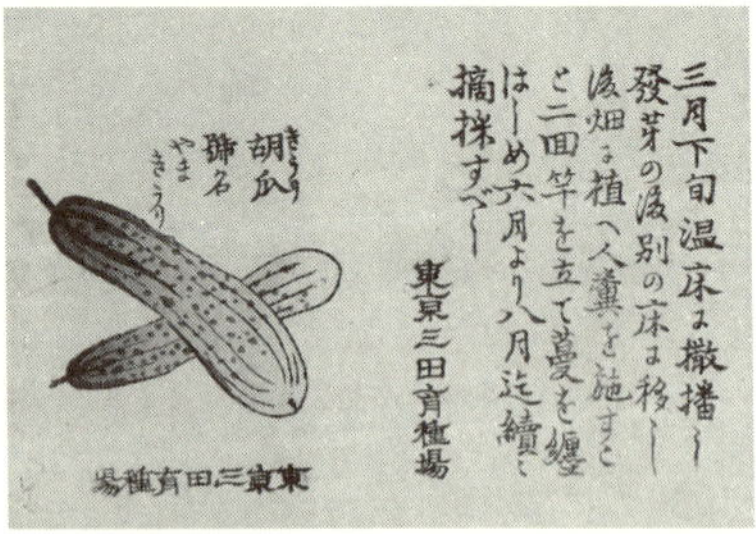

九月下旬温床に撒播し、発芽の後別の床に移し、後、畑に植へ人糞を施すこと二回、竿を立て蔓を纏はしめ、六月より八月迄、續々摘採すべし。

東京三田育種場

胡瓜《きうり》

号名　やまきうり

■キュウリ（ウリ科）

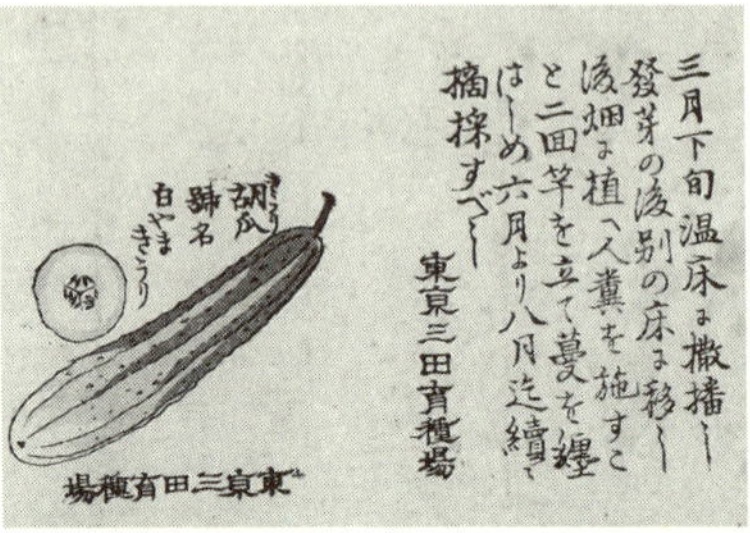

九月下旬温床に撒播し、発芽の後別の床に移し、後、畑に植へ人糞を施すこと二回、竿を立て蔓を纏はしめ、六月より八月迄、續々摘採すべし。

東京三田育種場

胡瓜《きうり》

号名　白やまきうり

■アメリカ産スイカ（ウリ科）

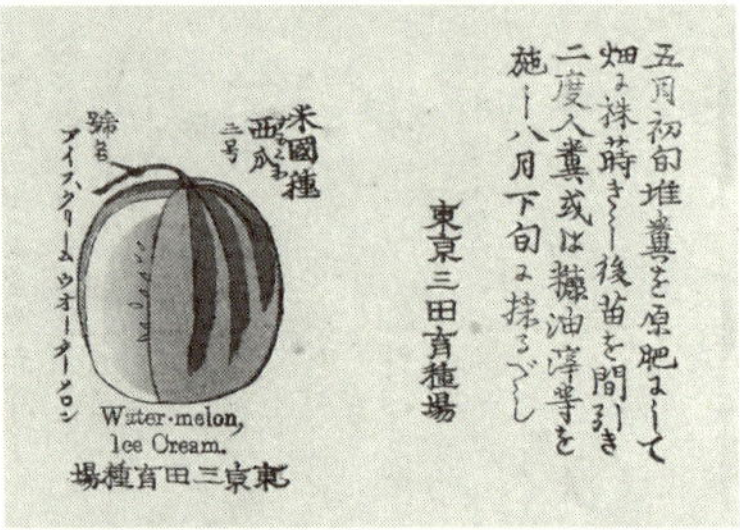

五月初旬堆糞を原肥にして畑に株蒔きし、後、苗を間引き二度人糞或いは糠〈ぬか〉、油滓〈あぶらかす〉等を施し、八月下旬に採るべし。

東京三田育種場

米国種　西瓜《すゐくわ》　三号

号名　アイスクリーム、ウオーターメロン

Water-melon, Ice Cream.

■アメリカ産スイカ（ウリ科）

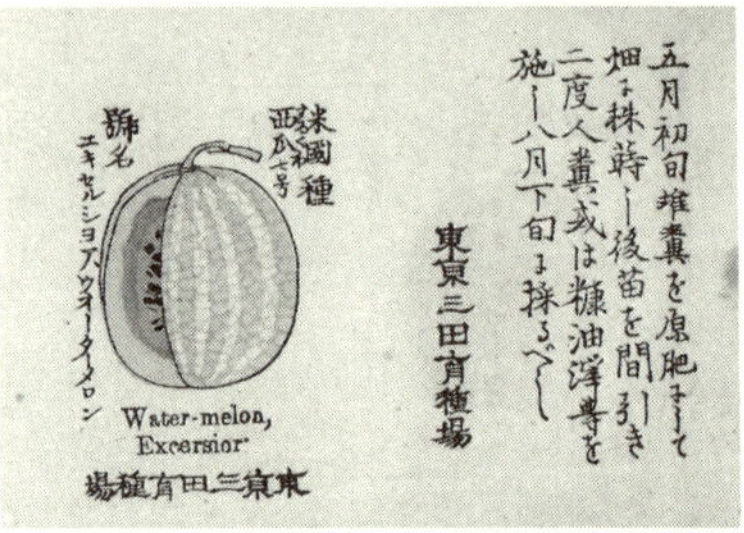

五月初旬堆糞を原肥にして畑に株蒔きし、後、苗を間引き二度人糞或いは糠油滓等を施し、八月下旬に採るべし。

東京三田育種場

米国種　西瓜《すゐくわ》　七号

号名　エキセルショア、ウオーターメロン

Water-melon,Excersior.

■アメリカ産 スイカ（ウリ科）

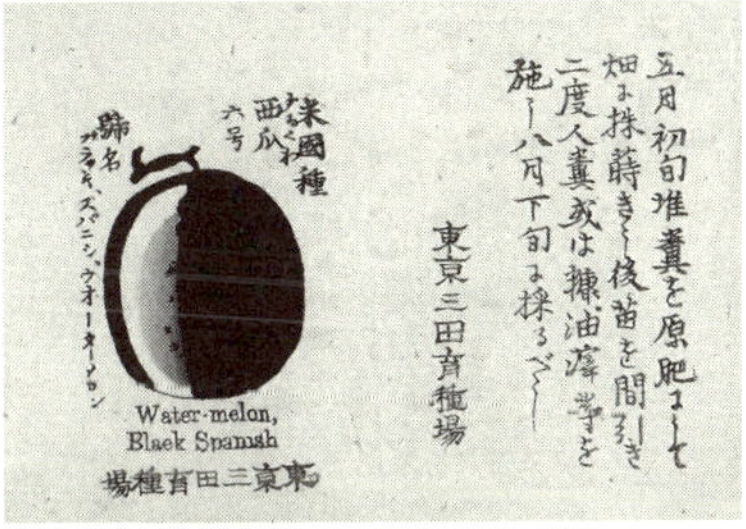

五月初旬堆糞を原肥にして畑に株蒔きし、後、苗を間引き二度人糞或いは糠油滓等を施し、八月下旬に採るべし。

東京三田育種場

米国種　西瓜《すゐくわ》　六号

号名　ブラッキ、スパニッシュ、ウオーターメロン

Water-melon, Black spanish.

■アメリカ産 スイカ（ウリ科）

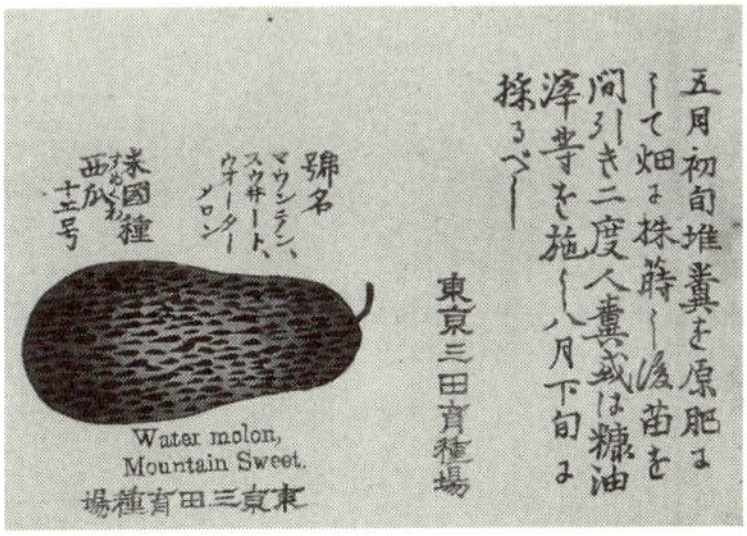

五月初旬堆糞を原肥にして畑に株蒔きし、後、苗を間引き二度人糞或いは糠油滓等を施し、八月下旬に採るべし。

東京三田育種場

米国種　西瓜《すゐくわ》　十二号

号名　マウンテン、スウヰート、ウオーターメロン

Water-melon, Mountain Sweet.

■アメリカ産 マクワウリ（ウリ科）

五月初旬堆糞を原肥にして畑に株蒔きし、後、苗を間引き二度人糞を施し、八月中旬より下旬迄に採るべし。

東京三田育種場

米国種　甜瓜《まくわうり》　一号

号名　グリインシトロン、マスクメロン

Mask-melon, Green Citron.

■アメリカ産 マクワウリ（ウリ科）

五月初旬堆糞を原肥にして畑に株蒔きし、後、苗を間引き二度人糞を施し、八月中旬より下旬迄に採るべし。

東京三田育種場

米国種　甜瓜《まくわうり》　九号

号名　カサバ、マスクメロン

Mask-melon, Casaba.

■清国産　スイカ（ウリ科）

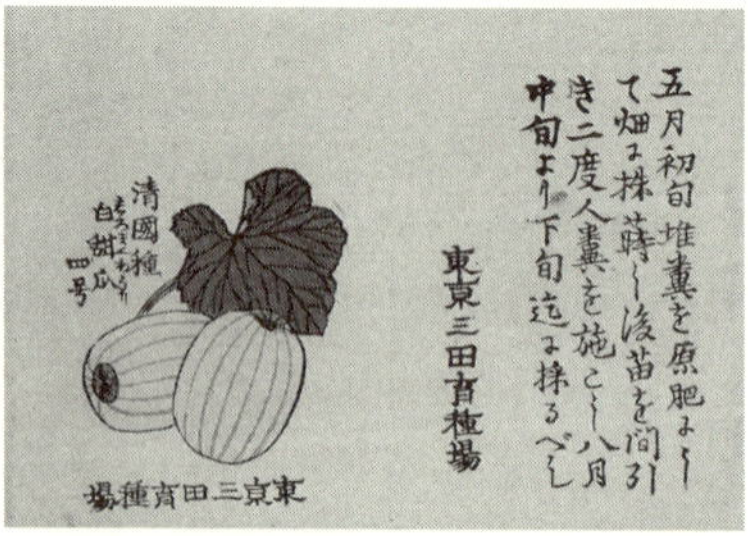

五月初旬堆糞を原肥にして畑に株蒔きし、後、苗を間引き二度人糞を施し、八月中旬より下旬迄に採るべし。

東京三田育種場

清国種　白甜瓜《しろまくわうり》　四号

■菊座カボチャ（ウリ科）

三月下旬温床に撒蒔し、一度移植して、後、畑に植出し二度人糞を施し、八月頃採り、煮て食用にすべし。

東京三田育種場

菊座南瓜

解説　いわゆる菊座カボチャである。この一種に新宿の内藤カボチャ、一名淀橋カボチャ、それに次頁のちりめん南瓜などがある。残念ながら今ではともに絶滅した。戦国時代から安土桃山の頃に渡来したカボチャであるが、江戸で一般に普及したのは元文の頃（一七四〇年頃）という。その後、カボチャは、栽培が容易で栄養価が高く、長期の貯蔵ができることからたちまちにして、生活に密接した野菜となった。容貌の醜い男をののしる「かぼちゃ野郎」、ずんぐりした不美人を「カボチャに目鼻」と形容するなどにも使われるほどに普及した。

いわゆるカボチャには、菊座カボチャ（ボウブラ）とヒョウタン形のトウナス（西京カボチャ）とがあり、両者を日本カボチャともいう。幕末から明治以降にクリカボチャなど西洋カボチャが加わる。その他にペポカボチャ（オモチャカボチャ）がある。

■西京カボチャ（ウリ科）

三月下旬温床に撒蒔し、一度移植して、後、畑に植出し二度人糞を施し、八月頃採り、煮て食用にすべし。

東京三田育種場

西京かぼちゃ

解説　『牧野新日本植物図鑑』でトウナスと呼ぶもの。京都市左京区銀閣寺の南西の鹿ケ谷《ししかたに》で栽培されていたことから、鹿ケ谷カボチャ、また西京カボチャと呼ばれた。

■ちりめんカボチャ（ウリ科）

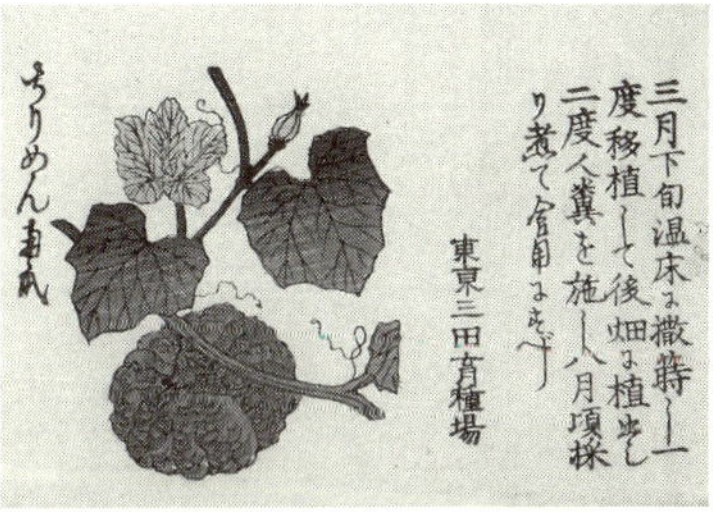

三月下旬温床に撒蒔し、一度移植して、後、畑に植出し二度人糞を施し、八月頃採り、煮て食用にすべし。

東京三田育種場

ちりめん南瓜

解説　縮緬南瓜は全国的に栽培された。居留木橋縮緬南瓜《いるぎばしちりめんかぼちゃ》は、荏原郡大崎町居木橋（現在の品川区大崎辺・地名は居木橋と書く）付近で栽培されていた。菊座カボチャの一種で、早生、小形でこぶが多い。現在は絶滅。

■アメリカ産 カボチャ（ウリ科）

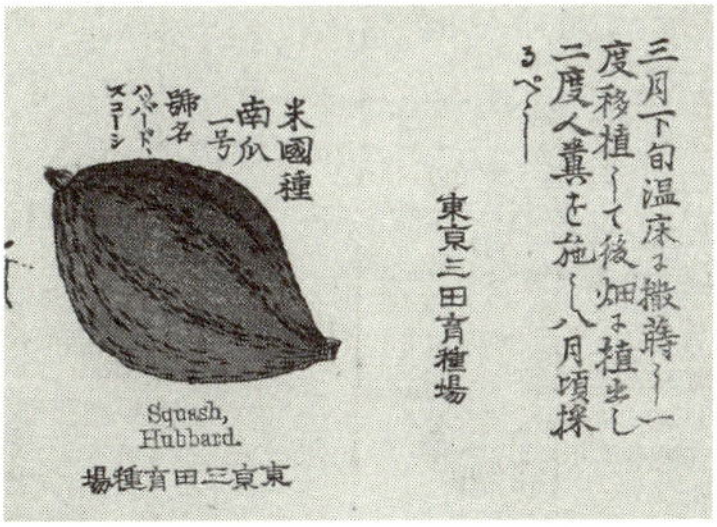

三月下旬温床に撒蒔し、一度移植して、後、畑に植出し二度人糞を施し、八月頃採るべし。

東京三田育種場

米国種　南瓜一号

号名　ハッバード、スコーシ

解説　いわゆる西洋カボチャで、クリカボチャと呼ばれる種類の一つ。果実は大きく斧でなければ割れないほど堅いのでマサカリ南瓜とも呼ばれる。これとデリシャスという種類との交雑でうまれたクリカボチャは一般に普及した。

■カボチャ（ウリ科）

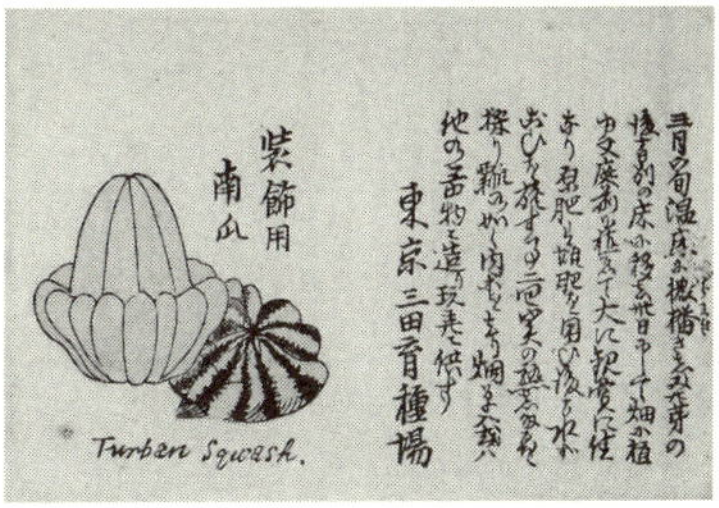

三月下旬温床に撒播《ばらまき》き、発芽の後十日、別の床に移し三十日にして畑に植ゆ。又庭前に植えて大に観賞に佳なり。原肥に堆肥を用ひ、後、水ごひを施す事二回。実の熟したるを採り瓢の如く肉を去り、煙草入或は他の器物を造り玩弄に供す。

東京三田育種場

装飾用南瓜　Turban Squash.

解説　「瓢《ひょう》」は、ヒョウタン。玩《がん》弄《ろう》に供すとは、もてあそぶもの、おもちゃとする。Turban Squashとは、クリカボチャの一種で、この装飾用南瓜に対する英名としては、さらに調査が必要か。

この装飾用南瓜とは、ペポカボチャと呼ばれるものか。この仲間には食用にはならないが、オモチャカボチャの名で観賞用とされるものもある。なお、最近流行のズッキーニは、ペポカボチャの一品種である。

■ユウガオ（ウリ科）

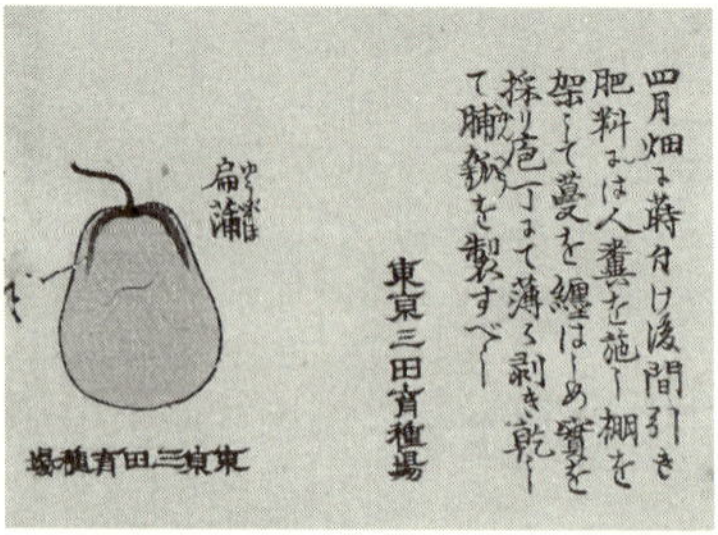

四月畑に蒔付け、後間引き肥料には人糞を施し、棚を架して蔓を纏〈まと〉はしめ、実を採り包丁にて薄く剥き乾して脯瓢《かんぴょう》を製すべし。

扁蒲《ゆうがほ》　東京三田育種場

解説　「脯瓢」は、干瓢《かんぴょう》に同じ。

■ユウガオ（ウリ科）

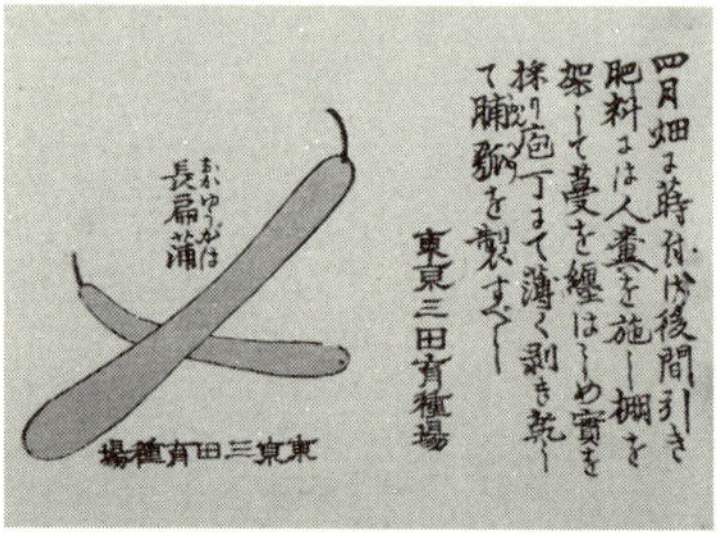

四月畑に蒔付け、後間引き肥料には人糞を施し、棚を架して蔓を纏はしめ、実を採り包丁にて薄く剥き乾して脯瓢《かんぴょう》を製すべし。

長扁蒲《ながゆうがほ》　東京三田育種場

解説　ユウガオは容器とするヒョウタンと同じ種の植物で、苦味の少ないものを食用とする。『農業全書』に食用とする長ユウガオの図がある。

■トウガン（ウリ科）

三月下旬温床に撒蒔し、一度移植し、後、畑に植出し、二度人糞を施し七月中旬十一月頃まで次第に採るべし。

平形冬瓜《ひらかたたうくわん》　東京三田育種場

解説　トウガンは古くから栽培され、収穫後翌春まで貯蔵ができることから冬瓜の名がある。汁の実やあんかけ、三杯酢にする。また、「干瓢のようにしてもユウガオに劣らず」（『農業全書』）という。

■トウガン（ウリ科）

五月上旬煉糞《ねりごえ》に油滓を混じて原肥となし、床に撒蒔し、後、畑に植出し、二度人糞油滓を施し晩秋に採るべし。

大冬瓜《おほたうくわん》　東京三田育種場

■トマト（ナス科）

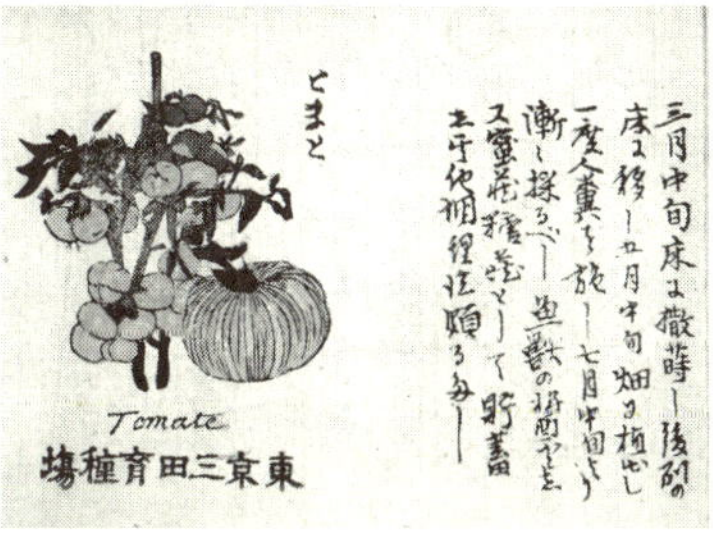

三月中旬床に撒蒔し後別の床に移し、九月中旬畑に植出し、一度人糞を施し七月中旬より漸々採るべし。魚獣の醤とし又蜜蔵糖蔵として貯蓄し、其他調理法頗〈すこぶる〉多し。

東京三田育種場

とまと　Tmate.

解説　この図のトマトは、どれも黄色である。

■トマト（ナス科）

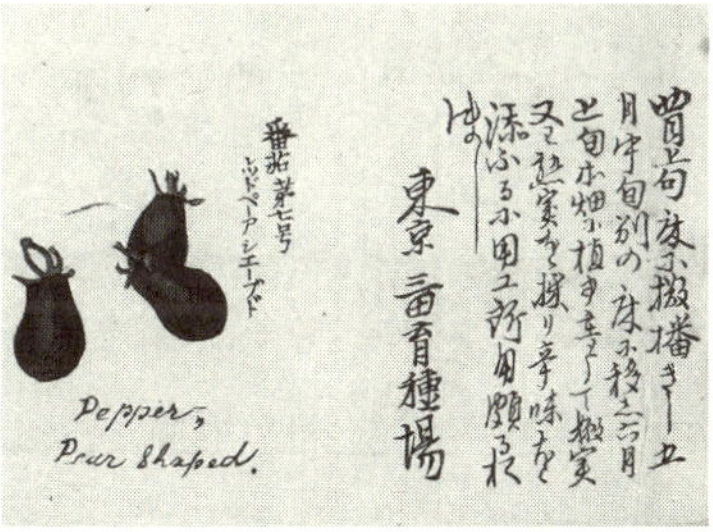

四月上旬床に撒播きし、五月中旬別の床に移し、六月上旬に畑に植ゆ。主として嫩実〈どんじつ〉を又は熟実を採り、辛味を添ふるに用ゆ。所用頗るおほし。

蕃茄　第七号　レッドペーアシエーブド

Pepper, Pear Shaped.

解説　「蕃茄」とは、トマトのことだが、英語にはペパーとある。「嫩実」とは、若い果実。

■トマト（ナス科）

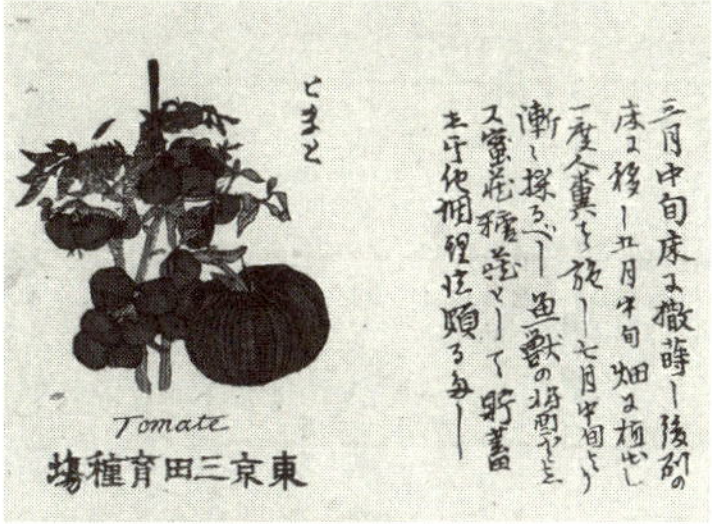

三月中旬床に撒蒔し後別の床に移し、五月中旬畑に植出し、一度人糞を施し七月中旬より漸々採るべし。魚獣の醤とし又蜜蔵糖蔵として貯蓄し其他調理法頗る多し。

東京三田育種場

とまと　Tmate.

■トマト（ナス科）

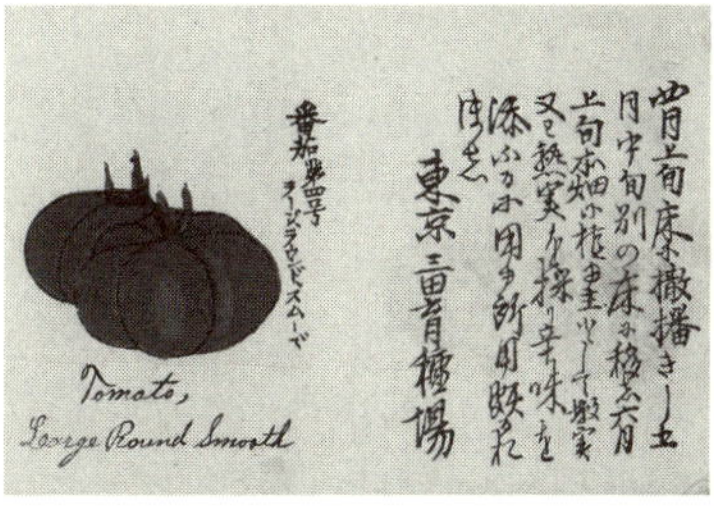

四月上旬床に撒播きし、五月中旬別の床に移し六月上旬本畑に植ゆ。主として嫩実又は熟実を採り辛味添ふるに用ゆ。所用頗るおほし。

東京三田育種場

蕃茄　第四号　ラージ ラウンド スムーズ

Tomate. Leage Round Smooth.

■トマト（ナス科）

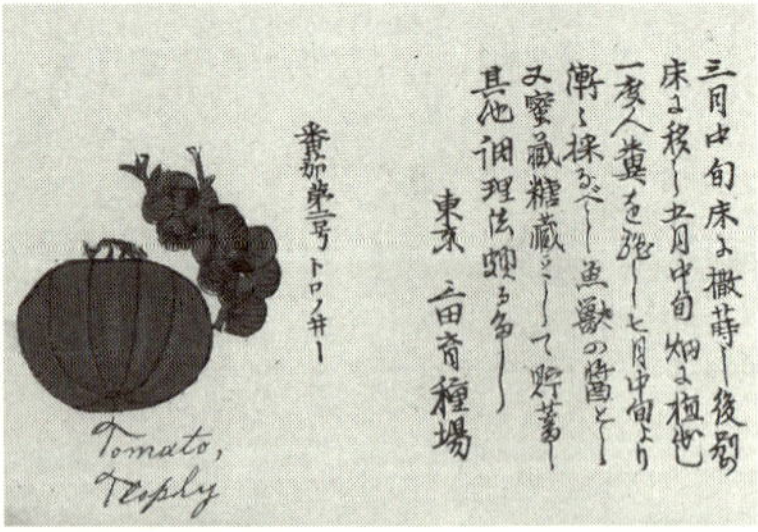

三月中旬床に撒蒔し後別の床に移し、五月中旬畑に植出し、一度人糞を施し七月中旬より漸々採るべし。魚獣の醤とし又蜜蔵糖蔵として貯蓄し其他調理法頗る多し。

東京三田育種場

蕃茄　第二号　トロフィー

Tomate.Tlophy.

■トウガラシ（ナス科）

四月上旬床に撒播きし、五月中旬別の床に移し、六月上旬本畑に植ゆ。主として嫩実又は熟実を採り辛味添ふるに用ゆ。所用すこぶるおほし。

東京三田育種場

蕃椒　第四号　ラージベル

Pepper, Leage Bell.

解説　「嫩実《どんじつ》」は若い実。「蕃椒」はトウガラシのこと。

■トウガラシ（ナス科）

四月上旬床に撒播きし五月中旬別の床に移し、六月上旬本畑に植ゆ。主として嫩実又は熟実を採る。此種は全く辛味なく却て甘味あり。焼き或は煮て食用にとするに甚だ美味なり。

東京三田育種場

蕃椒　第一号　スイート、スパニッシュ

Pepper, Sweet Spanish.

解説　「蕃椒」とはトウガラシのことだが、その果実の形からは現在ピーマンと呼ぶものにつながるものか。現在一般化しているピーマンとは、フランス語のピマンに由来するが、本来のものとは異なり、欧米型と在来種との交配種を総称した日本語化した名である。果実は、緑の時期のものを食用とするが、完熟すると赤くなる。

■日光トウガラシ（ナス科）

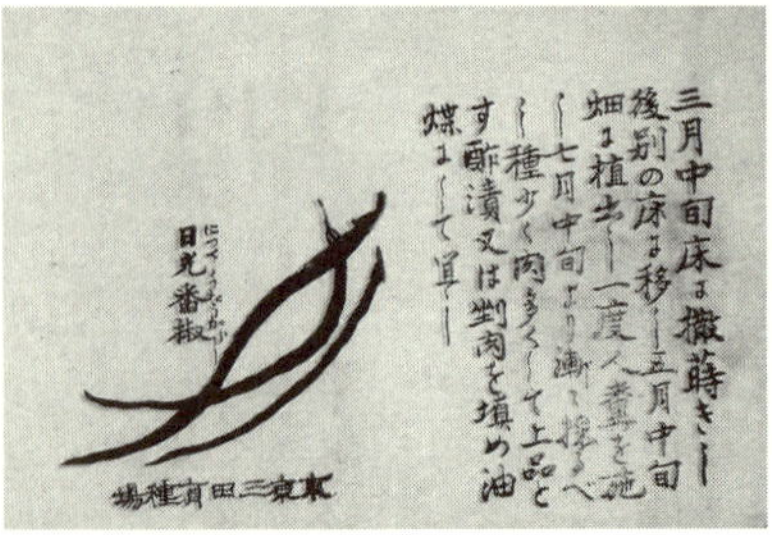

三月中旬床に撒蒔し後別の床に移し、五月中旬畑に植出し、一度人糞を施し七月中旬より漸々採るべし。種〈たね〉少く肉多くして上品とす。酢漬又は剉肉〈ざにく〉を填め油炒にして宜し。

日光《にっくわう》蕃椒《たうがらし》　Pepper, Sweet Spanish.

解説　「剉肉」は切り肉、「填め」はうずめる、みたすこと。

「日光蕃椒」は、栃木県日光の特産で、日光の修験僧が身体を暖めるのに食べたという。日光参りの土産とされた。晩生種で、長円筒形の大形果で辛味は最強、生食用、加工用とする。

■トウガラシ（ナス科）

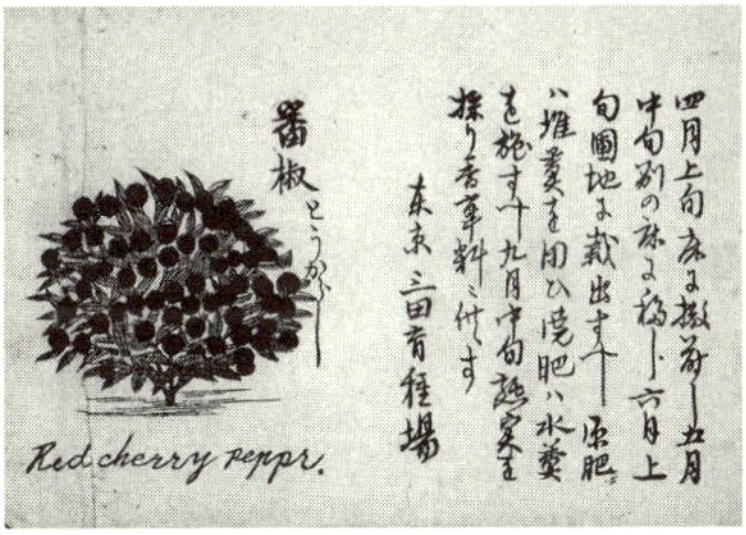

四月上旬床に撒播きし五月中旬別の床に移し六月上旬圃地に栽出すべし。原肥は堆糞を用ひ澆肥は水糞を施すべし。九月中旬熟実を採り香辛料に付す。

東京三田育種場

蕃椒　とうがらし　Red cherry pepper.

解説　「澆肥《ぎょうひ》」とは薄い水肥のこと。

■トウガラシ（ナス科）

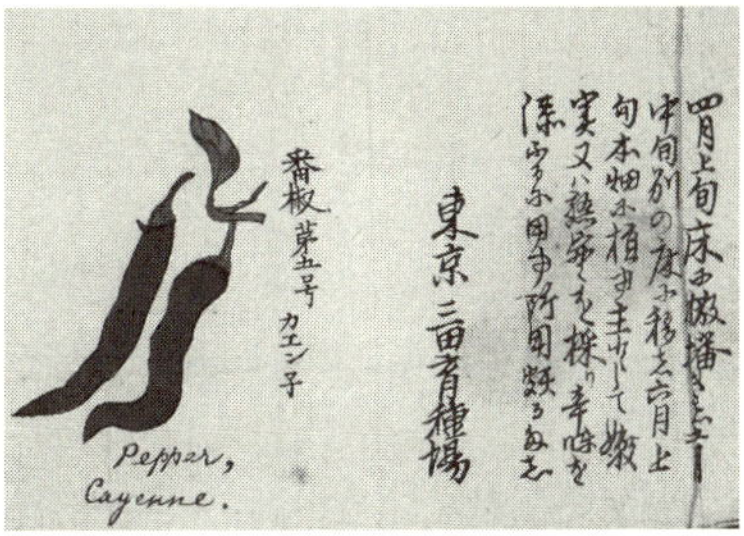

四月上旬床に撒播きし五月中旬別の床に移し、六月上旬本畑に植ゆ。主として嫩実又は熟実を採り辛味を添ふるに用ゆ。所用頗る多し。

東京三田育種場

蕃椒　第五号　カエン子〈ネ〉　Pepper, Cayenne.

■トウガラシ（ナス科）

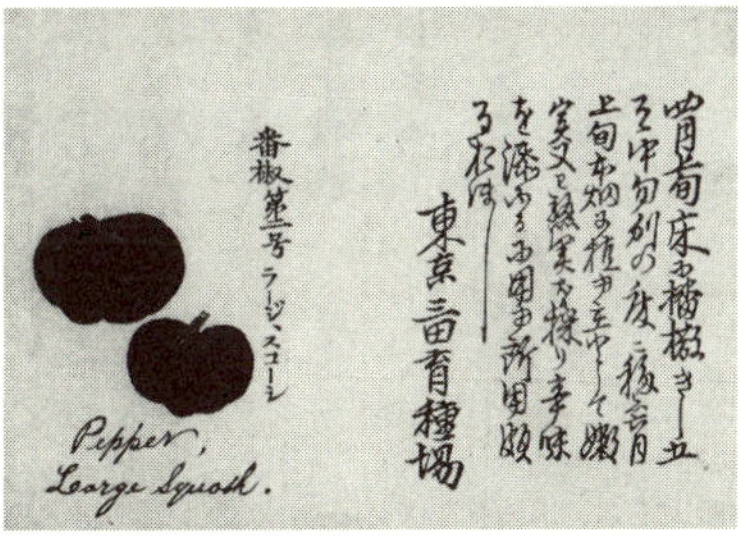

四月上旬床に播撒きし五月中旬別の床に移し、六月上旬本畑に植ゆ。主として嫩実又は熟実を採り辛味を添ふるに用ゆ。所用頗るおほし。

東京三田育種場

蕃椒　第二号　ラージ、スコーシ　Pepper, Learge Squosh.

あとがき［むすびにかえて］

最近、「スローフード」という言葉をよく耳にする。いつも漫然と食べている食べ物を、じっくり見なおし、料理やその素材について考えることから生活を大切にしようということのようだ。また、仏教用語には「身土不二」という言葉がある。身近なところでとれたものを食べていれば健康であるとの意味だそうだ。「地産地消」という言葉も使われる。江戸では、まさにそうした近隣からの季節に応じたとりたての野菜を食べていた。

江戸の市街地と農村とは、主に舟運によって結ばれ、農産物の生産ばかりか、流通、販売にも川が深く関わっていた。市街地から排出された屎尿さえも下肥として農村で使われ、野菜となって市街地へ戻っていった。江戸の野菜は川が育てたといっても過言ではない。江戸が東京と変っても、昭和三九（一九六四）年、東京オリンピックの頃までは、まだそんな状況が続いていた。

なぜ最近こうしたことが言われるのか。日本では、とくに高度経済成長と共に、食事の内容や味の好みの変化に加えて、農業人口の減少もあり、野菜など食材の生産者と消費者との距離が離れてしまった。お隣の韓国では、「農都不二」とも言われており、この事態はひとり日本だけの問題でもないらしい。

一方で、都心のビルの地下で「銀行金庫跡に野菜畑」（二〇〇五年一月九日付『朝日新聞』）が作られたという記事には、驚かされる。しかし、いまや植物工場として、建屋やビル内で湿度、光、二酸化炭素濃度、培養液などを人工的に制御しながら、野菜などを季節に関係なく生産するところが現実にある。狭い空間での大量生産が可能で、市場の需給に合わせて効率よく生産できる。人工光だけを光源にする完全制御方式と、太陽光を併用する方式とがある。植物工場普及振興会によると、完全制御方式では、現在、サラダ菜やレタスなどを生産しているところも国内一六カ所あるという。いつでもどこでも同じものが生産できる。

これで単なる「もの」としての野菜は生産可能である。しかし、そこで作られる野菜を、文化や歴史という観点から見たとき、どういうことになるのだろうか。

かつての農業は、気候、土壌など地域のさまざまな条件に制限されながら、それを逆に利用する工夫をして行なわれていた。そこから生産された野菜は単なる「もの」ではなく、地域の文化や歴史を伝承するものであった。

例えば、正月の雑煮の様子は全国各地で異なり、丸餅、角餅、すまし汁、味噌仕立て、あんこが入るものなどいろいろある。東京の雑煮は、角餅、すまし汁で、なかの具は多少異なるものの、共通しているのはコマツナを入れることである。もともと雑煮とは、地元でとれたものを、五穀を守りその年の福徳をつかさどるとされる年神様へ捧げる意味から始まったという。地元の文化の伝承でもあったのだ。

文化面だけではなく、植物としての遺伝子の問題からも、まだ地域野菜の品種が残っているところでは、郷土料理と共に地域野菜の遺伝子を残していく必要がある。それは、資源としての遺伝子の保存につながるのである。

特産品の野菜作りを教育に取り入れている学校が都内でも少数ながら出てきてはいる。練馬区のダイコンをはじめ、江東区の亀戸大根を校庭で作る試みや、北区では、滝野川ゴボウ、滝野川ニンジン（原種に近い種）を学校で栽培したり、給食の残飯を堆肥にして農村へ送って、それを使ってゴボウとニンジンなどを栽培してもらい、給食に取り入れるなどされている。北区には歴史的に苗種商が多かったことにもよるのであろう。

地域野菜の見直しが必要な理由は、他にもある。失われた自然を都市に回復しようと活動してきた私にとって、人の意のままになる現代の農業や園芸技術の進歩自体は結構なことだとしても、それが往々にして人々の自然に対する考え方に誤解を与え、本当の自然回復を考える際の大きな障害になっていると感じるからである。

その地域本来の自然環境、自然の歴史や現状を調べることもせず、「全国画一的な自然回復」が行なわれる傾向があり、学校などでのビオトープという名の「箱庭づくり」が、商品として売られていることは問題であろう。一見自然らしく庭づくりをしても、そこにさまざまな地域からの植物を持ち込み、魚や昆虫まで放流する。その地域の自然との接点を無視して、地域と無関係な「ビオトープ」を完成させて終わる例が多いからである。

それどころか、自治体ですら東京の台地と低地のそれぞれの自然について理解しておらず、河川敷の利用や都市公園の設計でも同じ傾向が見られる。植栽する樹木の選択ひとつにも、地域の自然の歴史はほとんど無視されている例が数多い。地域の自然環境を回復しようとするときに、その資料のひとつとして、その地域の昔の農業の様子を振り返ることは大切である。

江戸時代から高度成長期以前の農業は、舟運の他に、川の気候緩和の機能や地形、地質などの地域の特質によっても支えられていた。川へそそぐ農業用水路には、産卵のためにフナやナマズなどの魚が上ってきた。隅田川には中洲《なかす》があり、岸辺は石組みや杭で補強されていても、石垣の穴にはウナギやカニが棲み、百本杭、千本杭などは魚釣りの名所となっていた。江戸湾には広大な干潟があった。河川敷の草原や台地の上の雑木林は生きものの生息や移動の拠点であり、それらは生きものを都市へ導く回廊でもあった。

現在でも、荒川・隅田川では、タンカーがガソリンや化学薬品を運ぶ一方で、木材の原木が筏に組まれて運ばれている。川の果たしている役割はそればかりではない。川の気候緩和の機能については、最近とくに注目されている。都市ではヒートアイランド現象が問題となっているが、都市を流れる河川は、それ自体、水蒸気を供給し、気温を低下させる能力を持っている。また、海風の通り道としての役割も果たし、大気の構造に影響を及ぼして、都市にあっては、住民にとって暮らしやすい環境を作り出しているのだ。

高度経済成長期に公害で生きものが失われた都内の河川は、現在ではわずかだが自然が回復するまでになった。東京の東北部の自然環境に大きな影響を持つ荒川については、十分とはいえないまでも、河川全体を通じての自然再生まで叫ばれている。荒川の特質から、洪水の時には中流で水を遊ばせることで、下流への直接の影響を和らげて被害を防いできた。その影響でサクラソウやハンノキの生える荒川独特の自然が育まれ、野菜も作られてきた。そうした環境を活かして川に自然を回復し、その自然をさらに川から都市全域へ広げることによって、本当に人の住める街づくりを目指した都市計画に活かすべきである。つまり、川だけではなく、堤内地（市街地側）の自然回復が一体とならなければならない。それには、これまで話してきたような、地域の自然環境に応じて行なわれていたかつての農業の考え方を、河川敷の利用から都市公園の設計などにも取り入れるべきであろう。

隅田川や荒川の景観などが議論される機会はあっても、自然環境とは無縁の話題に終始している例が多過ぎるように思う。セーヌ川のものまねを主張しても、パリやニューヨーク、ロンドンなどでは人口一人当たりの公園面積は東京の何倍あるのかに触れ、砂漠並みの東京の緑被率を問題視する人はほとんどいない。

川岸に超高層ビルを林立させようとする彼らの目には、川面を通る風が気温を下げて地域の気候を調節している事実や、また、ビルの建ち並ぶ川のコンクリート護岸にさえも貴重な自然が回復しつつあるという現実は、見えてはいないようである。都市の川でも、護岸にはフジツボやカキが付着し、川口の干潟には多くのカニやトビハゼやゴカイが棲み、渡り鳥などの水鳥に餌を与え、またヨシ原は水質を改善し、そこに依存するさまざまな生きものを養い、春にはアユの稚魚が上流に向かって荒川や隅田川を泳いでいくのである。

都市の自然回復と再開発を見直すためにも、とくに自然環境の貧しい荒川・隅田川の流域に自然を回復するためのヒントとして、江戸の農業や漁業、それに庶民の生活を振り返ることも必要であろう。それには、自分が住む地域の自然の歴史や特徴を再認識する必要がある。そこで作られていた名産の野菜を知ることも、そのひとつではなかろうか。よそのものまねではない街づくりを考える資料、手がかりとしていただければ幸いである。

末筆ながら、今回の出版について、多くの方々に資料のご提供をいただくなどお世話になった。ここに厚くお礼を申し上げる。また、本書を編集していただいた八坂書房と担当の三宅郁子さんに感謝申し上げる。

二〇〇五年八月末日

野村圭佑

参考文献（書名五十音順）

『荒川ふるさと文化館常設展示図録』 荒川区 荒川ふるさと文化館 二〇〇〇年
『江戸古地図物語』 南和男・北島正元共著 毎日新聞社 一九七五年
『江戸図屛風を読む』 水藤真・加藤貴共編 東京堂出版 二〇〇〇年
『江戸東京生業物価事典』 三好一光編 青蛙房 一九六〇年
『江戸東京年表』 大浜徹也・吉原健一郎編著 小学館 一九九三年
『江戸・東京の四季菜』 板橋区郷土資料館 二〇〇一年
『江戸・東京ゆかりの野菜と花』 ＪＡ東京中央会・農山漁村文化協会 一九九二年
『江戸の自然誌 武江産物志を読む』 野村圭佑著 どうぶつ社 二〇〇二年
『江戸の食生活』 原田信男著 岩波書店 二〇〇三年
『江戸名所図会』 斎藤月岑ほか著〈一八三六（天保七）年〉 鈴木棠三・朝倉治彦校注 角川書店 一九七五年
『江戸名所花暦』 岡山鳥著・長谷川雪旦画〈一八二七（文政一〇）年〉 今井金吾校注 八坂書房 一九九四年
『大江戸八百八町』 江戸東京博物館 二〇〇三年
『大江戸番付づくし』 石川英輔著 実業之日本社 二〇〇一年
『花壇地錦抄』 三之丞伊藤伊兵衛著〈一六九五（元禄八）年〉 加藤要校注 東洋文庫（平凡社） 一九八六年
『穀菜弁覧 初篇』 竹中卓郎著 三田育種場 一八八九年 国立国会図書館蔵
『肥やしのチカラ』 葛飾区郷土と天文の博物館 二〇〇五年
『サラダ野菜の植物史』 大場秀章著 新潮社 二〇〇四年

『多摩川絵図 今昔 源流から河口まで』今尾恵介著 けやき出版 二〇〇一年
『地方野菜大全』 タキイ種苗出版部 農山漁村文化協会 二〇〇二年
『東京市町名沿革史』 東京市役所 一九三八年
『東京の自然史』 貝塚爽平著 紀伊国屋書店 一九七九年
『日本産物志』 伊藤圭介著 文部省 一八七三年
『日本史年表』 歴史学研究会編 岩波書店 一九九五年
『日本の野菜』 青葉高著 八坂書房 二〇〇〇年
『農業全書』 宮崎安貞・貝原楽軒著〈一六九七(元禄一〇)年〉岩波文庫 一九三六年
『白菜のなぞ』 板倉聖宣著 平凡社 二〇〇二年
『話の泉』 和田信賢著 中央社 一九五〇年
『備荒草木図』 建部清庵著〈天保四(一八三三)年〉農村漁村文化協会 一九九六年
『ふるさと江戸・東京の野菜栽培攷』 福井功著 私家版 一九八九年
『ふるさとの野菜』 農耕と園芸編集部編 誠文堂新光社 一九七九年
『本草図譜』 岩崎常正著〈一八二八(文政一一)年〉国立国会図書館蔵(国立国会図書館貴重書画像データベース http://www.ndl.go.jp)
『本草図譜総合解説』 北村四郎ほか著 同朋舎出版 一九八八年
『牧野新日本植物図鑑』 牧野富太郎著 北隆館 一九八九年
『まわってめぐってみんなの荒川』 野村圭佑編著 あらかわ学会・どうぶつ社 二〇〇〇年
『三田育種場物産帖』(『穀菜弁覧 初篇』に同じ) 荒川ふるさと文化館蔵
『南葛飾郡誌』 東京府南葛飾郡役所 一九二三年
『守貞謾稿』 喜田川守貞著〈一八五三(嘉永六)年〉東京堂出版 一九九二年

【ナ行】

【ハ行】

野菜名索引

（穀物、果物、きのこ、海草、食用野草などを含む）

著者紹介
野村圭佑（のむら けいすけ）

1942年 東京生まれ。早稲田大学第一法学部卒業。長年、自然が回復した工場跡地を利用したトンボ公園の実現のための活動や荒川・隅田川の自然回復に取り組む。毎日新聞郷土提言賞論文コンクールで「回復した自然を生かし、東京の下町にトンボ公園・自然体験園の建設を」（1989年度）、「自然と治水の調和した隅田川へ」（1993年度）が、共に東京都最優秀賞。
主な著書：『隅田川のほとりによみがえった自然』（プリオシン・どうぶつ社）、『原っぱで会おう』（八坂書房）、『下町によみがえったトンボの楽園』（大日本図書、1998年度産経児童出版文化賞推薦）、『まわってめぐってみんなの荒川』（あらかわ学会・どうぶつ社、2000年度産経児童出版文化賞）、『江戸の自然誌 「武江産物志」を読む』（どうぶつ社）、『川から地球が見えてくる』（荒川クリーンエイド・フォーラム・どうぶつ社）、『都市に自然を回復するには』（どうぶつ社）など。

この本は（財）河川環境管理財団の
河川整備基金の助成を受けています。

江戸の野菜──消えた三河島菜を求めて

2005年9月30日　初版第1刷発行

著　者　野村圭佑

発行所　特定非営利活動法人 荒川クリーンエイド・フォーラム
〒132-0033 東京都江戸川区東小松川3-35-13-204
TEL 03-3654-7240 FAX 03-3654-9188
E-mail: info@cleanaid.jp
URL: http://www.cleanaid.jp

発売元　（株）八坂書房
〒101-0064 東京都千代田区猿楽町1-4-11
TEL 03-3293-7975 FAX 03-3293-7977
E-mail: info@yasakashobo.co.jp
URL: http://www.yasakashobo.co.jp

印刷・製本　モリモト印刷（株）

 ISBN 4-89694-861-0